全国高等教育自学考试指定教材

法学类专业

# 宪 法 学

（含：宪法学自学考试大纲）

（2019年版）

全国高等教育自学考试指导委员会　组编

主　编　胡锦光

副主编　王　锴　徐振东

撰稿人　（按撰写章节为序）

　　　　胡锦光　王书成　张德瑞　王　锴

　　　　王丛虎　曾　娜　秦奥蕾　张献勇

　　　　沈跃东　尤晓红　徐振东

审稿人　王　磊　任　进　陈　征

图书在版编目(CIP)数据

宪法学/胡锦光主编. —北京:北京大学出版社,2019.6
全国高等教育自学考试指定教材
ISBN 978-7-301-30509-6

Ⅰ.①宪…　Ⅱ.①胡…　Ⅲ.①宪法学—中国—高等教育—自学考试—教材　Ⅳ.①D921.01

中国版本图书馆 CIP 数据核字(2019)第 086893 号

本书采用出版物版权追溯防伪凭证,读者可通过手机下载 APP 扫描封底二维码,或者登录互联网查询产品信息。

| | |
|---|---|
| 书　　　名 | 宪法学<br>XIANFAXUE |
| 著作责任者 | 胡锦光　主编 |
| 责任编辑 | 周　菲 |
| 标准书号 | ISBN 978-7-301-30509-6 |
| 出版发行 | 北京大学出版社 |
| 地　　　址 | 北京市海淀区成府路 205 号　100871 |
| 网　　　址 | http://www.pup.cn |
| 电子信箱 | law@pup.pku.edu.cn |
| 新浪微博 | @北京大学出版社　@北大出版社法律图书 |
| 电　　　话 | 邮购部 010-62752015　发行部 010-62750672　编辑部 010-62752027 |
| 印　刷　者 | 河北滦县鑫华书刊印刷厂 |
| 经　销　者 | 新华书店 |
| | 787 毫米×1092 毫米　16 开本　15.5 印张　339 千字<br>2019 年 6 月第 1 版　2021 年 2 月第 3 次印刷 |
| 定　　　价 | 32.00 元 |

未经许可,不得以任何方式复制或抄袭本书之部分或全部内容。
**版权所有,侵权必究**
举报电话:010-62752024　电子信箱:fd@pup.pku.edu.cn
图书如有印装质量问题,请与出版部联系,电话:010-62756370

# 组编前言

21世纪是一个变幻莫测的世纪,是一个催人奋进的时代。科学技术飞速发展,知识更替日新月异。希望、困惑、机遇、挑战,随时随地都有可能出现在每一个社会成员的生活之中。抓住机遇、寻求发展、迎接挑战、适应变化的制胜法宝就是学习——依靠自己学习、终生学习。

作为我国高等教育组成部分的自学考试,其职责就是在高等教育这个水平上倡导自学、鼓励自学、帮助自学、推动自学,为每一个自学者铺就成才之路。组织编写供读者学习的教材就是履行这个职责的重要环节。毫无疑问,这种教材应当适合自学,应当有利于学习者掌握和了解新知识、新信息,有利于学习者增强创新意识、培养实践能力、形成自学能力,也有利于学习者学以致用,解决实际工作中所遇到的问题。具有如此特点的书,我们虽然沿用了"教材"这个概念,但它与那种仅供教师讲、学生听,教师不讲、学生不懂,以"教"为中心的教科书相比,已经在内容安排、编写体例、行文风格等方面都大不相同了。希望读者对此有所了解,以便从一开始就树立起依靠自己学习的坚定信念,不断探索适合自己的学习方法,充分利用自己已有的知识基础和实际工作经验,最大限度地发挥自己的潜能,达到学习的目标。

欢迎读者提出意见和建议。

祝每一位读者自学成功。

全国高等教育自学考试指导委员会

2018年5月

# 作者简介

**胡锦光** 中国人民大学法学院教授、博士生导师、法学博士,中国人民大学宪政与行政法治研究中心主任,兼任中国宪法学研究会副会长、北京市宪法学研究会副会长、中国法学会香港基本法澳门基本法研究会副会长等。

**王 锴** 北京航空航天大学法学院教授、博士生导师、法学博士,兼任中国宪法学研究会常务理事、北京市宪法学研究会理事。

**徐振东** 厦门大学法学院副教授、硕士生导师、法学博士,兼任中国宪法学研究会理事。

**王书成** 香港城市大学法律学院助理教授、法学博士。

**张德瑞** 北京华文学院教授、硕士生导师、法学博士。

**王丛虎** 中国人民大学公共管理学院教授、博士生导师、法学博士。

**曾 娜** 昆明理工大学法学院副教授、法学博士。

**秦奥蕾** 中国政法大学法学院教授、博士生导师、法学博士。

**张献勇** 山东工商大学法学院教授、法学博士,山东工商大学法学院院长。

**沈跃东** 福州大学法学院教授、硕士生导师、法学博士。

**尤晓红** 黑龙江大学法学院副教授、硕士生导师、法学博士。

# 目 录

## 宪法学自学考试大纲

| | |
|---|---|
| 大纲目录 | 3 |
| 大纲前言 | 5 |
| Ⅰ 课程性质与课程目标 | 6 |
| Ⅱ 考核目标 | 7 |
| Ⅲ 课程内容与考核要求 | 8 |
| Ⅳ 关于大纲的说明与考核实施要求 | 35 |
| 附录 参考样卷 | 38 |
| 参考样卷答案 | 42 |
| 大纲后记 | 44 |

## 宪 法 学

| | |
|---|---|
| 修订说明 | 47 |
| 第一章 宪法基本理论 | 49 |
| 　第一节 宪法的特征和本质 | 49 |
| 　第二节 宪法的制定 | 53 |
| 　第三节 宪法指导思想和基本原则 | 56 |
| 　第四节 宪法渊源与宪法结构 | 60 |
| 　第五节 宪法修改 | 64 |
| 　第六节 宪法解释 | 68 |
| 　第七节 宪法规范 | 72 |
| 　第八节 宪法关系 | 74 |
| 　第九节 宪法与民主 | 79 |
| 第二章 宪法的产生和发展 | 81 |
| 　第一节 近代宪法的产生和发展 | 81 |
| 　第二节 中华人民共和国成立前宪法的产生和发展 | 84 |
| 　第三节 中华人民共和国宪法的产生和发展 | 86 |

## 第三章 国家性质 … 92
### 第一节 国家性质概述 … 92
### 第二节 人民民主专政与无产阶级专政 … 93

## 第四章 国家的基本经济制度 … 99
### 第一节 经济制度的概念 … 99
### 第二节 公有制经济与非公有制经济 … 99
### 第三节 分配制度 … 103

## 第五章 国家政权组织形式与国家标志 … 104
### 第一节 政权组织形式 … 104
### 第二节 人民代表大会制度 … 106
### 第三节 国家标志 … 109

## 第六章 选举制度 … 113
### 第一节 选举制度概述 … 113
### 第二节 选举制度的基本原则 … 114
### 第三节 选举制度的民主程序 … 116

## 第七章 国家结构形式 … 121
### 第一节 国家结构形式概述 … 121
### 第二节 我国是单一制的国家结构形式 … 122
### 第三节 我国的行政区划 … 125
### 第四节 民族区域自治制度 … 128
### 第五节 特别行政区制度 … 133

## 第八章 公民基本权利的一般原理 … 138
### 第一节 人权与国家权力 … 138
### 第二节 人权与权利、基本权利 … 139
### 第三节 基本权利的主体与分类 … 141
### 第四节 公民基本权利的保障与界限 … 143
### 第五节 我国公民基本权利的发展 … 146

## 第九章 我国公民的基本权利与义务 … 148
### 第一节 平等权 … 148
### 第二节 政治权利 … 151
### 第三节 宗教信仰自由和人身自由 … 155
### 第四节 社会权利 … 163
### 第五节 对特定主体权利的保护 … 167
### 第六节 公民基本义务的主要内容 … 168

## 第十章　国家机构(上) ······ 175
### 第一节　国家机构概述 ······ 175
### 第二节　全国人民代表大会 ······ 178
### 第三节　全国人民代表大会常务委员会 ······ 182
### 第四节　中华人民共和国主席 ······ 185
### 第五节　国务院 ······ 186
### 第六节　中央军事委员会 ······ 189

## 第十一章　国家机构(下) ······ 191
### 第一节　地方各级人民代表大会及其常务委员会 ······ 191
### 第二节　地方各级人民政府 ······ 200
### 第三节　基层群众性自治组织 ······ 202
### 第四节　监察委员会 ······ 205
### 第五节　人民法院 ······ 208
### 第六节　人民检察院 ······ 213

## 第十二章　宪法实施及其保障 ······ 218
### 第一节　宪法实施概述 ······ 218
### 第二节　合宪性审查体制 ······ 221
### 第三节　我国的合宪性审查制度 ······ 232

## 后记 ······ 237

全国高等教育自学考试
法学类专业

# 宪法学自学考试大纲

全国高等教育自学考试指导委员会　制定

# 大 纲 目 录

大纲前言 ································································································· 5
I 课程性质与课程目标 ········································································ 6
II 考核目标 ··························································································· 7
III 课程内容与考核要求 ······································································· 8
  第一章 宪法基本理论 ········································································· 8
    一、学习目的和要求 ········································································· 8
    二、课程内容 ····················································································· 8
    三、考核知识点与考核要求 ····························································· 9
    四、本章重点、难点 ········································································· 10
  第二章 宪法的产生和发展 ································································· 11
    一、学习目的和要求 ········································································· 11
    二、课程内容 ····················································································· 11
    三、考核知识点与考核要求 ····························································· 11
    四、本章重点、难点 ········································································· 12
  第三章 国家性质 ················································································· 13
    一、学习目的和要求 ········································································· 13
    二、课程内容 ····················································································· 13
    三、考核知识点与考核要求 ····························································· 13
    四、本章重点、难点 ········································································· 13
  第四章 国家的基本经济制度 ····························································· 14
    一、学习目的和要求 ········································································· 14
    二、课程内容 ····················································································· 14
    三、考核知识点与考核要求 ····························································· 14
    四、本章重点、难点 ········································································· 15
  第五章 国家政权组织形式与国家标志 ············································· 16
    一、学习目的和要求 ········································································· 16
    二、课程内容 ····················································································· 16
    三、考核知识点与考核要求 ····························································· 16
    四、本章重点、难点 ········································································· 17
  第六章 选举制度 ················································································· 18
    一、学习目的和要求 ········································································· 18
    二、课程内容 ····················································································· 18
    三、考核知识点与考核要求 ····························································· 18

四、本章重点、难点 …………………………………………………………… 19
第七章　国家结构形式 ……………………………………………………………… 20
　　一、学习目的和要求 …………………………………………………………… 20
　　二、课程内容 …………………………………………………………………… 20
　　三、考核知识点与考核要求 …………………………………………………… 20
　　四、本章重点、难点 …………………………………………………………… 21
第八章　公民基本权利的一般原理 ………………………………………………… 22
　　一、学习目的和要求 …………………………………………………………… 22
　　二、课程内容 …………………………………………………………………… 22
　　三、考核知识点与考核要求 …………………………………………………… 22
　　四、本章重点、难点 …………………………………………………………… 23
第九章　我国公民的基本权利与义务 ……………………………………………… 24
　　一、学习目的和要求 …………………………………………………………… 24
　　二、课程内容 …………………………………………………………………… 24
　　三、考核知识点与考核要求 …………………………………………………… 25
　　四、本章重点、难点 …………………………………………………………… 26
第十章　国家机构(上) ……………………………………………………………… 27
　　一、学习目的和要求 …………………………………………………………… 27
　　二、课程内容 …………………………………………………………………… 27
　　三、考核知识点与考核要求 …………………………………………………… 28
　　四、本章重点、难点 …………………………………………………………… 28
第十一章　国家机构(下) …………………………………………………………… 30
　　一、学习目的和要求 …………………………………………………………… 30
　　二、课程内容 …………………………………………………………………… 30
　　三、考核知识点与考核要求 …………………………………………………… 31
　　四、本章重点、难点 …………………………………………………………… 32
第十二章　宪法实施及其保障 ……………………………………………………… 33
　　一、学习目的和要求 …………………………………………………………… 33
　　二、课程内容 …………………………………………………………………… 33
　　三、考核知识点与考核要求 …………………………………………………… 33
　　四、本章重点、难点 …………………………………………………………… 34
Ⅳ　关于大纲的说明与考核实施要求 ……………………………………………… 35
附录　参考样卷 ……………………………………………………………………… 38
参考样卷答案 ………………………………………………………………………… 42
大纲后记 ……………………………………………………………………………… 44

# 大纲前言

为了适应社会主义现代化建设事业的需要,鼓励自学成才,我国在20世纪80年代初建立了高等教育自学考试制度。高等教育自学考试是个人自学、社会助学和国家考试相结合的一种高等教育形式。应考者通过规定的专业考试课程并经思想品德鉴定达到毕业要求的,可获得毕业证书;国家承认学历并按照规定享有与普通高等学校毕业生同等的有关待遇。经过30多年的发展,高等教育自学考试为国家培养造就了大批专门人才。

课程自学考试大纲是国家规范自学者学习范围、要求和考试标准的文件。它是按照专业考试计划的要求,具体指导个人自学、社会助学、国家考试、编写教材、编写自学辅导书的依据。

随着经济社会的快速发展,新的法律法规不断出台,科技成果不断涌现,原大纲中有些内容过时、知识陈旧。为更新教育观念,深化教学内容方式及考试制度、质量评价制度改革,使自学考试更好地提高人才培养的质量,各专业委员会按照专业考试计划的要求,对原课程自学考试大纲组织了修订或重编。

修订后的大纲,在层次上,本科参照一般普通高校本科水平,专科参照一般普通高校专科或高职院校的水平。在内容上,力图反映学科的发展变化,增补了自然科学和社会科学近年来研究的成果,对明显陈旧的内容进行了删减。

全国考委法学类专业委员会组织制定了《宪法学自学考试大纲》,经教育部批准,现颁发施行。各地教育部门、考试机构应认真贯彻执行。

全国高等教育自学考试指导委员会<br>
2019年1月

# Ⅰ 课程性质与课程目标

### 一、课程性质和特点

宪法学课程是全国高等教育自学考试法律专业必修的专业基础课。它是法学中的一个分支学科,是研究宪法的基本概念、基本理论、宪法的产生与发展、宪法的实施及其保障、国家的性质和形式、国家政权的组织及其基本制度以及公民的基本权利和义务的一门学科。它在法学体系中占有重要的基础性地位。

宪法学课程的特点是理论与实践相结合。一方面,宪法主要调整国家与公民之间的关系,通过规范和控制国家权力来保障公民权利。因此,宪法学中充满有关国家权力和公民权利的基本理论,这些基本理论构成了宪法文本的来源和基础。另一方面,宪法文本在实际生活中的应用带来了丰富的宪法实践,在我国,这些实践主要以宪法事例的形式出现,宪法学本身也提供了解决这些宪法事例中宪法问题的基本原理和基本方法。

### 二、课程目标

设置本课程的目标是使考生能够:

(一)了解和掌握宪法的基本概念、基本理论、重要制度、公民基本权利和义务,认识宪法产生和发展的一般规律;

(二)理解我国宪法的指导思想和它的基本原则;

(三)运用宪法学的知识、理论、文本来解决现实中出现的宪法问题。

### 三、与相关课程的联系与区别

宪法也被称为政治法,因而宪法学课程容易与政治学课程相混淆。宪法学课程与政治学课程的区别在于:政治学课程重在研究实然的政治运行,而宪法学课程重在研究应然的政治运行。亦即,宪法学课程是从规范政治运行的角度来对现实的政治运行进行正确的评价。

掌握法理学的基础知识,一方面要认识到宪法属于公法的一种,调整国家与公民之间的关系,另一方面要认识到宪法在我国法律体系中具有最高的法律效力。

掌握思想政治课的基本知识,一方面要对我国的国家性质、根本政治制度有所认识,另一方面要对中国革命的历史和发展有所认识。

### 四、课程的重点与难点

课程的重点是:宪法基本理论、我国公民的基本权利、国家机构、宪法的实施及其保障。
课程的次重点是:国家政权组织形式、选举制度、国家结构形式、公民基本权利的一般原理。
课程的难点是:宪法基本理论、公民基本权利的一般原理。

# Ⅱ 考核目标

本大纲在考核目标中,按照识记、领会、简单应用和综合应用四个层次规定其应达到的能力层次要求。四个能力层次是递进关系,各能力层次的含义是:

识记(Ⅰ):要求考生能够识别和记忆本课程中有关宪法概念和宪法原理的主要内容,并能够根据考核的不同要求,作出正确的表述、选择和判断。

领会(Ⅱ):要求考生能够领悟和理解本课程中有关宪法概念及原理的内涵及外延,理解相关宪法知识的区别和联系,并能根据考核的不同要求对宪法问题进行逻辑推理和论证,作出正确的判断、解释和说明。

简单应用(Ⅲ):要求考生能够根据已知的宪法知识,对宪法问题进行某一方面的法律分析和论证,得出正确的结论或作出正确的判断。

综合应用(Ⅳ):要求考生能够根据已知的宪法知识,对宪法问题进行多个方面的综合分析和论证,并得出解决问题的综合方案。

# III 课程内容与考核要求

## 第一章 宪法基本理论

### 一、学习目的和要求

通过本章的学习,系统地掌握宪法的特征与本质、宪法的制定、宪法指导思想、宪法基本原则、宪法解释与宪法修改、宪法渊源与宪法结构、宪法规范、宪法关系、宪法与民主的关系等问题。

### 二、课程内容

第一节 宪法的特征和本质
宪法的概念;宪法的特征;宪法的本质。
第二节 宪法的制定
宪法制定权;宪法制定主体;制宪机关;制宪程序。
第三节 宪法指导思想和基本原则
宪法指导思想;宪法基本原则。
第四节 宪法渊源与宪法结构
宪法渊源;宪法结构。
第五节 宪法修改
宪法修改的概念;宪法修改的必要性;宪法修改的限制;宪法修改的方式;宪法修改的程序。
第六节 宪法解释
宪法解释的概念;宪法解释的机关;宪法解释的原则;宪法解释的程序。
第七节 宪法规范
宪法规范的概念;宪法规范的特点。
第八节 宪法关系
宪法关系的概念;宪法关系的特点;宪法关系的种类;宪法关系的构成。

第九节　宪法与民主

宪法与民主的关系；中国特色社会主义民主的基本形式；依宪治国与依宪执政

## 三、考核知识点与考核要求

(一) 宪法的概念和本质

1. 识记：(1) 立宪主义意义上的宪法；(2) 部门法意义上的宪法；(3) 根本法意义上的宪法。

2. 领会：(1) 宪法的特征；(2) 宪法的本质。

(二) 宪法的制定

1. 识记：宪法制定权。

2. 领会：(1) 宪法制定主体；(2) 制宪机关。

(三) 宪法指导思想和基本原则

1. 识记：(1) 习近平新时代中国特色社会主义思想；(2) 社会主义和中国共产党领导原则；(3) 人民主权原则；(4) 民主集中制原则；(5) 基本人权原则；(6) 法治原则。

2. 简单应用：宪法指导思想与基本原则的关系。

(四) 宪法渊源与宪法结构

1. 识记：(1) 宪法典；(2) 宪法性法律；(3) 宪法惯例；(4) 宪法判例。

2. 领会：宪法结构。

3. 简单应用：我国的宪法结构变化。

(五) 宪法修改

1. 识记：(1) 宪法修改的概念；(2) 宪法修改的方式。

2. 领会：宪法修改与宪法制定的区别。

3. 简单应用：(1) 宪法修改的必要性；(2) 宪法修改程序。

4. 综合应用：宪法修改的限制。

(六) 宪法解释

1. 识记：(1) 宪法解释的概念；(2) 宪法解释的机关。

2. 领会：宪法解释的程序。

3. 综合应用：宪法解释的原则。

(七) 宪法规范

1. 识记：宪法规范的概念。

2. 领会：宪法规范的特点。

(八) 宪法关系

1. 识记：(1) 宪法关系的概念和特点；(2) 宪法关系的种类。

2. 领会：宪法关系的构成。

(九)宪法与民主

1. 识记:(1)民主的基本含义;(2)中国特色社会主义民主的基本形式。
2. 领会:(1)依法治国首先是依宪治国;(2)依法执政首先是依宪执政。

## 四、本章重点、难点

本章重点:宪法的特征;宪法制定主体与制宪机关;宪法修改的方式;宪法解释机关;宪法规范的特点;坚持社会主义制度与坚持党的领导的关系。

本章难点:宪法修改的限制;宪法解释的原则。

# 第二章 宪法的产生和发展

## 一、学习目的和要求

通过本章的学习,系统地掌握宪法产生的基本条件,英国、美国、法国、社会主义宪法产生发展的历史和特点。理解和领会中国宪法的产生和发展,包括清末的宪政改革、中国资产阶级的立宪活动、北洋军阀和国民党政府的立宪活动以及中华人民共和国宪法的产生和发展历史,正确把握中国宪法的发展趋势。

## 二、课程内容

第一节 近代宪法的产生和发展
近代宪法产生的基本条件;英国宪法的产生、发展及特点;美国宪法的产生、发展及特点;法国宪法的产生、发展及特点;社会主义宪法的产生和发展。
第二节 中华人民共和国成立前宪法的产生和发展
清朝末年的立宪活动;中国资产阶级的立宪活动;北洋军阀和国民党政府的立宪活动。
第三节 中华人民共和国宪法的产生和发展
《中国人民政治协商会议共同纲领》;1954年《宪法》;1975年《宪法》;1978年《宪法》及其修改;1982年《宪法》及其五次修改;中国宪法的发展趋势。

## 三、考核知识点与考核要求

(一)近代宪法的产生和发展
领会:近代宪法产生的基本条件。
(二)中华人民共和国成立前宪法的产生和发展
识记:(1)清朝末年的立宪活动;(2)中国资产阶级的立宪活动。
(三)中华人民共和国宪法的产生和发展

识记:(1) 1954年《宪法》的地位;(2) 1982年《宪法》及其五次修改。

## 四、本章重点、难点

本章重点:近代宪法产生的基本条件、1982年《宪法》的五次修改。
本章难点:中国宪法发展的途径。

## 第三章 国家性质

### 一、学习目的和要求

通过本章的学习,掌握国家和国家性质的概念,了解国家性质的决定因素,理解和掌握人民民主专政和无产阶级专政的关系,了解人民民主专政的主要内容和特色,了解中国人民政治协商会议的性质和主要职能。

### 二、课程内容

第一节 国家性质概述
国家与国家性质;国家性质的决定因素。
第二节 人民民主专政与无产阶级专政
人民民主专政与无产阶级专政的关系;人民民主专政的主要内容与特色;中国共产党领导的多党合作与政治协商制度。

### 三、考核知识点与考核要求

(一)国家性质概述
识记:(1)国家的概念;(2)国家性质的概念;(3)我国的国家性质。
(二)人民民主专政与无产阶级专政
1. 识记:(1)人民民主专政的主要内容与特色;(2)中国人民政治协商会议的性质、任务和主要职能。
2. 领会:人民民主专政与无产阶级专政的关系。

### 四、本章重点、难点

本章重点:国家性质的概念、人民民主专政的主要内容与特色、中国人民政治协商会议的性质与主要职能。
本章难点:人民民主专政与无产阶级专政的关系。

# 第四章 国家的基本经济制度

## 一、学习目的和要求

通过本章的学习,了解经济制度的概念,了解公有制经济是社会主义经济制度的基础,掌握我国公有制经济的主要形式,理解非公有制经济条款在现行宪法上的含义。了解我国现阶段的分配制度,理解和掌握社会主义公共财产神圣不可侵犯的含义。

## 二、课程内容

第一节 经济制度的概念
经济制度的概念;经济制度的因素。
第二节 公有制经济与非公有制经济
公有制经济是社会主义经济制度的基础;我国公有制经济的主要形式;社会主义公共财产神圣不可侵犯;社会主义市场经济体制;非公有制经济。
第三节 分配制度
分配制度的概念;分配制度的内容。

## 三、考核知识点与考核要求

(一)经济制度的概念
识记:宪法上经济制度的内容。
(二)公有制经济
1. 识记:我国公有制经济的主要形式。
2. 领会:社会主义市场经济体制。
(三)非公有制经济
识记:非公有制经济条款在现行宪法上的含义。

（四）分配制度

识记：宪法上分配制度的内容。

## 四、本章重点、难点

本章重点：我国公有制经济的主要形式。

本章难点：社会主义公共财产神圣不可侵犯。

# 第五章　国家政权组织形式与国家标志

## 一、学习目的和要求

通过本章的学习，了解政权组织形式的概念和类型，认清政权组织形式和国家性质之间的关系，了解人民代表大会制度是我国的根本政治制度以及它的内容，了解完善人民代表大会制度的途径，了解我国的国家标志。

## 二、课程内容

第一节　政权组织形式
政体与政权组织形式；政权组织形式的类型。
第二节　人民代表大会制度
人民代表大会制度的内容；人民代表大会制度是我国的根本政治制度。
第三节　国家标志
国旗；国歌；国徽；首都。

## 三、考核知识点与考核要求

（一）政权组织形式
1. 识记：(1) 政权组织形式的概念；(2) 政权组织形式的类型。
2. 领会：政体与政权组织形式的关系。
（二）人民代表大会制度
1. 识记：人民代表大会制度的内容。
2. 领会：人民代表大会制度是我国的根本政治制度。
（三）国家标志
1. 识记：我国国歌的来源。
2. 领会：我国国旗的基本含义。

3. 简单应用:我国国徽的图案。

## 四、本章重点、难点

本章重点:人民代表大会制度的内容;人民代表大会制度的优越性。
本章难点:政体与政权组织形式的关系。

# 第六章 选举制度

## 一、学习目的和要求

通过本章的学习,系统地掌握选举制度的概念与功能,了解选举制度的产生和发展,掌握选举者与被选举者之间的关系,理解并应用选举制度的基本原则,掌握选举制度的民主程序。

## 二、课程内容

第一节 选举制度概述
选举制度的概念;选举制度的产生和发展。
第二节 选举制度的基本原则
选举权的普遍性原则;选举权的平等性原则;直接选举与间接选举并用的原则;秘密投票原则;差额选举原则;选举权利保障原则。
第三节 选举制度的民主程序
直接选举程序;间接选举程序;代表的罢免与辞职;其他情形的代表选举。

## 三、考核知识点与考核要求

(一)选举制度概述
1. 识记:选举制度的概念。
2. 领会:我国选举制度的演变。
(二)选举制度的基本原则
简单应用:(1)选举权的普遍性原则;(2)选举权的平等性原则;(3)直接选举与间接选举并用的原则;(4)秘密投票原则;(5)差额选举原则。
(三)选举制度的民主程序
1. 简单应用:代表的罢免与辞职。

2. 综合应用:(1)直接选举程序;(2)间接选举程序。

## 四、本章重点、难点

本章重点:选举制度的基本原则;直接选举程序;间接选举程序;代表的罢免与辞职。
本章难点:选举权的保障。

# 第七章　国家结构形式

## 一、学习目的和要求

通过本章的学习，了解国家结构形式的概念，了解我国采取单一制国家结构形式的原因和主要特点，了解行政区划的概念和原则，了解我国行政区划变更的法律程序。理解民族区域自治制度的概念，掌握民族自治地方的自治机关及其自治权。理解和掌握特别行政区的特点，了解特别行政区的政治体制和法律制度。

## 二、课程内容

第一节　国家结构形式概述

国家结构形式的概念；国家结构形式的分类；决定国家结构形式的因素。

第二节　我国是单一制的国家结构形式

我国采取单一制的国家结构形式的原因；我国单一制国家结构形式的主要特点。

第三节　我国的行政区划

我国行政区域划分的原则；我国行政区划的变更；行政区域边界争议的处理。

第四节　民族区域自治制度

民族区域自治制度的概念；民族自治地方；民族自治地方的自治机关；民族自治地方的自治权。

第五节　特别行政区制度

特别行政区的概念和特点；特别行政区的政治体制；特别行政区的法律制度。

## 三、考核知识点与考核要求

（一）国家结构形式概述

1. 识记：国家结构形式的概念。
2. 领会：国家结构形式的分类。

（二）我国采取单一制的国家结构形式
1. 识记：我国单一制国家结构形式的主要特点。
2. 领会：我国采取单一制的国家结构形式的原因。

（三）我国的行政区划
1. 识记：(1)行政区划的概念；(2)我国行政区划变更的法律程序。
2. 简单应用：行政区域边界争议的处理机关。

（四）民族区域自治制度
1. 识记：(1)民族区域自治制度的概念；(2)民族自治地方的自治机关。
2. 简单应用：民族自治地方的自治权。

（五）特别行政区制度
1. 识记：特别行政区的概念。
2. 领会：特别行政区的政治体制。
3. 简单应用：特别行政区的特点。

## 四、本章重点、难点

本章重点：国家结构形式的概念与分类；我国单一制国家结构形式的主要特点；我国行政区划变更的法律程序；民族区域自治制度的概念；民族自治地方的自治机关；民族自治地方的自治权；特别行政区的特点。

本章难点：行政区域边界争议的处理程序；特别行政区的政治体制。

# 第八章 公民基本权利的一般原理

## 一、学习目的和要求

通过本章的学习,系统地掌握人权与国家权力的关系、人权的概念与特征、人权与基本权利的区别,理解基本权利的主体与分类,理解并应用基本权利的保障与限制,掌握我国公民基本权利的发展。

## 二、课程内容

第一节 人权与国家权力
人权是构成法和国家权力的核心要素;人权与国家权力的关系。

第二节 人权与权利、基本权利
权利的概念;人权的概念与特征;人权与基本权利;基本义务与基本权利。

第三节 基本权利的主体与分类
基本权利的主体;基本权利的分类。

第四节 公民基本权利的保障与界限
基本权利的保障;基本权利的界限。

第五节 我国公民基本权利的发展
公民基本权利在宪法结构上的发展;公民基本权利在内容上的发展;国家尊重和保障人权入宪的意义。

## 三、考核知识点与考核要求

（一）人权与国家权力
领会:人权与国家权力的关系。
（二）人权与权利、基本权利
1. 识记:人权的概念与特征。

2. 领会:人权与基本权利的关系。
(三)基本权利的主体与分类
1. 识记:基本权利的主体。
2. 领会:基本权利的分类。
(四)公民基本权利的保障与界限
1. 识记:限制基本权利的理由。
2. 领会:基本权利限制的形式。
3. 综合应用:对基本权利限制的限制
(五)我国公民基本权利的发展。
识记:我国公民基本权利的发展。

## 四、本章重点、难点

本章重点:人权与基本权利的关系;基本权利的主体;基本权利的分类;基本权利的保障。

本章难点:基本权利的分类;基本权利的限制。

# 第九章 我国公民的基本权利与义务

## 一、学习目的和要求

通过本章的学习,系统地掌握我国《宪法》有关平等权、选举权、言论自由、监督权和获得赔偿的权利、宗教信仰自由、人身自由不受侵犯、人格尊严、住宅不受侵犯、通信自由和通信秘密、财产权、劳动权、休息权、社会保障权、受教育权及科学研究、文学创作与其他文化活动的自由,以及特定主体权利的规定,理解并应用平等权的内涵、选举权的宪法保护、言论自由的宪法保护、对言论自由的限制、宗教信仰自由的宪法保护及其实践的问题、宗教信仰自由的限制、人身自由不受侵犯的宪法保护与实践、人格尊严的宪法保护与实际限制、住宅不受侵犯的宪法保护、通信自由和通信秘密的宪法保护与限制,掌握财产权的宪法规范结构、对劳动权的宪法保护、对休息权的宪法保护、我国宪法对特定主体权利的保护。

## 二、课程内容

第一节 平等权
平等权的内涵;我国有关平等权的宪法规定及实践。
第二节 政治权利
选举权;言论自由及其他表达自由;监督权和获得赔偿的权利。
第三节 宗教信仰自由和人身自由
宗教信仰自由;人身自由不受侵犯;人格尊严的保护;住宅不受侵犯;通信自由和通信秘密。
第四节 社会权利
财产权;劳动权;休息权;社会保障权;受教育权;科学研究、文学创作与其他文化活动的自由。
第五节 对特定主体权利的保护
妇女的平等权;老人、母亲、儿童权利保护;华侨、归侨、侨眷的权利保护。
第六节 公民基本义务的主要内容
维护国家统一和民族团结的义务;遵守宪法和法律的义务;维护祖国安全、荣誉和利益的义务;依法服兵役的义务;依法纳税的义务;其他方面的基本义务。

## 三、考核知识点与考核要求

（一）平等权
1. 识记:我国有关平等权的宪法规定以及实践。
2. 综合应用:平等权的内涵。

（二）政治权利
1. 识记:(1) 言论自由的概念、意义;(2) 监督权以及获得赔偿权利的内涵。
2. 领会:(1) 我国《宪法》与法律关于选举权的规定及实践;(2) 我国《宪法》及法律关于言论自由的规定;(3) 我国《宪法》关于监督权和获得赔偿的权利的规定。
3. 综合应用:(1) 选举权的宪法保护;(2) 言论自由的宪法保护;(3) 对言论自由的限制。

（三）宗教信仰自由和人身自由
1. 识记:(1) 宗教信仰自由的内涵;(2) 人身自由和人身自由不受侵犯的内涵;(3) 人格尊严的内涵;(4) 我国《宪法》关于人格尊严不受侵犯的规定;(5) 住宅不受侵犯的内涵;(6) 通信自由和通信秘密的内涵。
2. 领会:(1) 我国《宪法》关于宗教信仰自由的规定;(2) 我国《宪法》与法律对人身自由不受侵犯的规定;(3) 我国《宪法》与法律有关住宅不受侵犯的规定;(4) 我国《宪法》与法律对通信自由和通信秘密的保护。
3. 综合应用:(1) 宗教信仰自由的宪法保护及其实践的问题;(2) 宗教信仰自由的限制;(3) 人身自由不受侵犯的宪法保护与实践;(4) 人格尊严的宪法保护;(5) 住宅不受侵犯的宪法保护;(6) 通信自由和通信秘密的宪法保护。

（四）社会权利
1. 识记:(1) 财产权的概念、内涵及性质;(2) 劳动权的内涵与特征;(3) 休息权的概念;(4) 社会保障权的内涵;(5) 受教育权的内涵与特征。
2. 领会:(1) 我国《宪法》对财产权的规定;(2) 我国《宪法》对劳动权的规定;(3) 我国《宪法》对社会保障权的规定;(4) 我国《宪法》对受教育权的规定;(5) 我国《宪法》对科学研究、文学创作与其他文化活动自由的规定。
3. 简单应用:(1) 财产权的宪法规范结构;(2) 对劳动权的宪法保护;(3) 对休息权的宪法保护。

（五）对特定主体权利的保护
识记:特定主体的权利。

（六）公民基本义务的主要内容
1. 识记:(1) 服兵役的主体;(2) 劳动义务;(3) 受教育义务;(4) 计划生育义务。

2. 简单应用：纳税义务的内容。

## 四、本章重点、难点

  本章重点：平等权的内涵；选举权的宪法保护；言论自由的宪法保护；宗教信仰自由的宪法保护及其实践的问题；人身自由不受侵犯的宪法保护与实践；人格尊严的宪法保护；住宅不受侵犯的宪法保护；通信自由和通信秘密的宪法保护；财产权的概念与内涵及性质；劳动权的内涵与特征；休息权的概念；社会保障权的内涵；受教育权的内涵与特征；科学研究及文学创作与其他文化活动自由的属性和内涵；依法服兵役义务；依法纳税义务。
  本章难点：平等权的内涵；选举权的宪法保护；言论自由的宪法保护；对言论自由的限制；宗教信仰自由的宪法保护及其实践的问题；人身自由不受侵犯的宪法保护与实践；人格尊严的宪法保护；住宅不受侵犯的宪法保护；通信自由和通信秘密的宪法保护。

# 第十章 国家机构（上）

## 一、学习目的和要求

通过本章的学习，了解国家机构的概念与职能，掌握国家机关的分类以及我国国家机构的组织和活动原则，系统地掌握全国人民代表大会、全国人民代表大会常务委员会、中华人民共和国主席、国务院、中央军事委员会。

## 二、课程内容

第一节 国家机构概述

国家机构的概念和职能；国家机关的分类；我国国家机构的组织和活动原则。

第二节 全国人民代表大会

全国人民代表大会的性质和地位；全国人民代表大会的组成和任期；全国人民代表大会的职权；全国人民代表大会的会议制度；全国人民代表大会的工作程序；全国人民代表大会各专门委员会；全国人民代表大会代表。

第三节 全国人民代表大会常务委员会

全国人民代表大会常务委员会的性质和地位；全国人民代表大会常务委员会的组成和任期；全国人民代表大会常务委员会的职权；全国人民代表大会常务委员会的会议制度；全国人民代表大会常务委员会的工作程序。

第四节 中华人民共和国主席

中华人民共和国主席的性质和地位；中华人民共和国主席的产生和任期；中华人民共和国主席的职权；中华人民共和国主席职位的补缺。

第五节 国务院

国务院的性质和地位；国务院的组成和任期；国务院的领导体制；国务院的职权；国务院的会议制度；国务院的组成部门。

第六节 中央军事委员会

中央军事委员会的性质和地位；中央军事委员会的组成和任期；中央军事委员会的领导体制；中央军事委员会的职权。

## 三、考核知识点与考核要求

（一）国家机构概述
1. 识记：国家机构的概念，国家机关的分类。
2. 综合应用：我国国家机构的组织和活动原则。

（二）全国人民代表大会
1. 识记：(1) 全国人民代表大会的性质；(2) 全国人民代表大会的地位；(3) 全国人民代表大会的组成；(4) 全国人民代表大会的任期；(5) 全国人民代表大会的会议制度；(6) 全国人民代表大会的工作程序；(7) 全国人民代表大会各专门委员会。
2. 简单应用：(1) 全国人民代表大会的职权；(2) 全国人民代表大会代表。

（三）全国人民代表大会常务委员会
1. 识记：(1) 全国人民代表大会常务委员会的性质；(2) 全国人民代表大会常务委员会的地位；(3) 全国人民代表大会常务委员会的组成；(4) 全国人民代表大会常务委员会的任期；(5) 全国人民代表大会常务委员会的会议制度。
2. 简单应用：全国人民代表大会常务委员会的职权。

（四）中华人民共和国主席
1. 识记：(1) 中华人民共和国主席的性质和地位；(2) 中华人民共和国主席的产生和任期；(3) 中华人民共和国主席职位的补缺。
2. 简单应用：中华人民共和国主席的职权。

（五）国务院
1. 识记：(1) 国务院的性质和地位；(2) 国务院的组成和任期；(3) 国务院的领导体制；(4) 国务院的会议制度；(5) 国务院的组成部门。
2. 简单应用：国务院的职权。

（六）中央军事委员会
1. 识记：(1) 中央军事委员会的性质和地位；(2) 中央军事委员会的组成和任期；(3) 中央军事委员会的领导体制。
2. 简单应用：中央军事委员会的职权。

## 四、本章重点、难点

本章重点：国家机构的概念与分类；全国人民代表大会的性质；全国人民代表大会的地位；全国人民代表大会的组成；全国人民代表大会的任期；全国人民代表大会的会议制度；全国人民代表大会的工作程序；全国人民代表大会各专门委员会；全国人民代表大会的职权；全国人民代表大会代表；全国人民代表大会常务委员会的性质；全国人民代表大

会常务委员会的地位;全国人民代表大会常务委员会的组成;全国人民代表大会常务委员会的任期;全国人民代表大会常务委员会的会议制度;全国人民代表大会常务委员会的职权;中华人民共和国主席的性质和地位;中华人民共和国主席的产生和任期;中华人民共和国主席职位的补缺;中华人民共和国主席的职权;国务院的性质和地位;国务院的组成和任期;国务院的领导体制;国务院的会议制度;国务院的职权;中央军事委员会的性质和地位;中央军事委员会的组成和任期;中央军事委员会的领导体制;中央军事委员会的职权。

本章难点:我国国家机构的组织和活动原则。

# 第十一章 国家机构(下)

## 一、学习目的和要求

通过本章的学习,理解和掌握我国地方各级人民代表大会的基本制度;理解和掌握我国地方各级人民代表大会常务委员会的基本制度;理解和掌握地方各级人民政府的基本制度;了解和掌握村民委员会和居民委员会的基本制度;理解和掌握监察委员会的基本制度;理解和掌握人民法院的基本制度;理解和掌握人民检察院的基本制度。

## 二、课程内容

第一节 地方各级人民代表大会及其常务委员会
地方各级人民代表大会;县级以上地方各级人民代表大会常务委员会。

第二节 地方各级人民政府
地方各级人民政府的性质和地位;地方各级人民政府的组成和任期;地方各级人民政府的领导体制;地方各级人民政府的职权;地方各级人民政府所属工作部门。

第三节 基层群众性自治组织
基层群众性自治组织的概念;村民委员会;居民委员会。

第四节 监察委员会
监察委员会的性质和地位;监察委员会的职责、监察范围和管辖;监察委员会的监察权限。

第五节 人民法院
人民法院的性质和任务;人民法院的组织系统和领导体制;人民法院的职权;人民法院的人员组成和任期;人民法院审判工作的基本制度;人民法院审判工作的基本原则。

第六节 人民检察院
人民检察院的性质和任务;人民检察院的组织系统和领导体制;人民检察院的职权;人民检察院的人员组成和任期;人民检察院的工作原则;人民法院、人民检察院和公安机关的关系。

## 三、考核知识点与考核要求

(一)地方各级人民代表大会及其常务委员会

1. 识记:(1)地方各级人民代表大会的性质和地位;(2)地方各级人民代表大会的组成和任期;(3)地方各级人民代表大会的会议制度和工作程序;(4)县级以上地方各级人民代表大会常务委员会的性质和地位;(5)县级以上地方各级人民代表大会常务委员会的组成和任期;(6)县级以上地方各级人民代表大会常务委员会的会议制度。

2. 简单应用:(1)地方各级人民代表大会的职权;(2)县级以上地方各级人民代表大会常务委员会的职权。

(二)地方各级人民政府

1. 识记:(1)地方各级人民政府的性质和地位;(2)地方各级人民政府的组成、任期和领导体制;(3)地方各级人民政府所属工作部门。

2. 简单应用:地方各级人民政府的职权。

(三)基层群众性自治组织

1. 识记:(1)基层群众性自治组织的概念;(2)村民委员会的设立、组织、会议制度;(3)居民委员会的设立、组织、会议制度。

2. 领会:(1)村民委员会的职责;(2)居民委员会的职责。

(四)监察委员会

1. 识记:监察委员会的性质、地位。

2. 简单应用:监察委员会的职责、监察范围。

3. 综合应用:监察委员会的监察权限。

(五)人民法院

1. 识记:(1)人民法院的性质和任务;(2)人民法院的组织系统和领导体制;(3)人民法院的人员组成和任期。

2. 简单应用:人民法院的职权。

3. 综合应用:(1)人民法院审判工作的基本制度;(2)人民法院审判工作的基本原则。

(六)人民检察院

1. 识记:(1)人民检察院的性质和任务;(2)人民检察院的组织系统和领导体制;(3)人民检察院的人员组成和任期。

2. 领会:人民法院、人民检察院和公安机关的关系。

3. 简单应用:人民检察院的职权。

4. 综合应用:人民检察院的工作原则。

## 四、本章重点、难点

本章重点：地方各级人民代表大会的性质和地位；地方各级人民代表大会的组成和任期；地方各级人民代表大会的会议制度和工作程序；县级以上地方各级人民代表大会常务委员会的性质和地位；县级以上地方各级人民代表大会常务委员会的组成和任期；县级以上地方各级人民代表大会常务委员会的会议制度；地方各级人民代表大会的职权；县级以上地方各级人民代表大会常务委员会的职权；地方各级人民政府的性质和地位；地方各级人民政府的组成、任期和领导体制；地方各级人民政府所属工作部门；地方各级人民政府的职权；基层群众性自治组织的概念；村民委员会的设立、组织及会议制度；居民委员会的设立、组织及会议制度；监察委员会的性质和地位；监察委员会的职责和监察范围；监察委员会的监察权限；人民法院的性质和任务；人民法院的组织系统和领导体制；人民法院的人员组成和任期；人民法院的职权；人民法院审判工作的基本制度；人民法院审判工作的基本原则；人民检察院的性质和任务；人民检察院的组织系统和领导体制；人民检察院的人员组成和任期；人民法院、人民检察院和公安机关的关系；人民检察院的职权；人民检察院的工作原则。

本章难点：地方各级人民代表大会的职权；县级以上地方各级人民代表大会常务委员会的职权；地方各级人民政府的职权；监察委员会的地位；人民法院的职权；人民法院审判工作的基本制度；人民法院审判工作的基本原则；人民检察院的职权；人民检察院的工作原则。

# 第十二章　宪法实施及其保障

## 一、学习目的和要求

通过本章的学习，理解和掌握宪法实施的含义、宪法实施的主要特点、宪法实施的主要原则及条件、合宪性审查的概念、现代合宪性审查体制及我国的合宪性审查制度。

## 二、课程内容

第一节　宪法实施概述

宪法实施的含义；宪法实施的主要特点；宪法实施的主要原则；宪法实施的条件；宪法实施保障的内容。

第二节　合宪性审查体制

违宪与合宪性审查；现代合宪性审查体制。

第三节　我国的合宪性审查制度

我国的合宪性审查体制；我国合宪性审查制度的基本内容。

## 三、考核知识点与考核要求

（一）宪法实施概述

1. 识记：宪法实施的含义与主要特点。
2. 领会：(1) 宪法实施的条件；(2) 宪法实施保障的内容。

（二）合宪性审查体制

1. 识记：(1) 违宪的概念；(2) 合宪性审查的概念。
2. 领会：(1) 合宪性审查与司法审查；(2) 合宪性审查与宪法监督；(3) 合宪性审查与宪法诉讼的联系与区别；(4) 合宪性审查的功能。
3. 综合应用：现代合宪性审查体制。

（三）我国的合宪性审查制度

综合应用：我国合宪性审查制度的基本内容。

## 四、本章重点、难点

本章重点：宪法实施的含义与主要特点；宪法实施的条件；宪法实施保障的内容；违宪的概念；合宪性审查的概念；合宪性审查与司法审查；合宪性审查与宪法监督；合宪性审查与宪法诉讼的联系与区别；合宪性审查的功能。

本章难点：现代合宪性审查体制；我国的合宪性审查制度。

# Ⅳ 关于大纲的说明与考核实施要求

### 一、课程自学考试大纲的目的与作用

课程自学考试大纲是根据专业自学考试计划的要求,结合自学考试的特点而确定的。其目的是对个人自学、社会助学和课程考试命题进行指导和规定。

课程自学考试大纲明确了课程学习的内容与深广度,规定了课程自学考试的范围和标准。因此,它是编写自学考试教材和辅导书的依据,是社会助学组织进行自学考试辅导的依据,是自学者学习教材、掌握课程内容知识范围和程度的依据,也是进行自学考试命题的依据。

### 二、课程自学考试大纲与教材的关系

课程自学考试大纲是进行学习和考核的依据,教材是学习掌握课程知识的基本内容和范围,教材的内容是大纲所规定的课程知识和内容的扩展和发挥。大纲与教材所体现的课程内容基本一致,大纲里面的课程内容与考核知识点,教材里一般也有。反过来,教材里有的内容,大纲里则不一定体现。

### 三、关于自学教材

《宪法学》,全国高等教育自学考试指导委员会组编,胡锦光主编,王锴、徐振东副主编,北京大学出版社,2019年版。

### 四、关于自学要求和自学方法的指导

本大纲的课程基本要求是依据专业考试计划和专业培养目标而确定的,课程基本要求还明确了课程的基本内容以及对基本内容掌握的程度。基本要求中的知识点构成了课程内容的主体部分,因此,课程基本内容掌握程度、课程考核知识点是高等教育自学考试考核的主要内容。

为有效地指导个人自学和社会助学,本大纲已指明了课程的重点和难点,在章节的基本要求中一般也指明了章节内容的重点和难点。

本课程共4学分。

对本课程应以马列主义、毛泽东思想、邓小平理论、"三个代表"重要思想、科学发展观和习近平新时代中国特色社会主义思想为指导,运用辩证唯物主义和历史唯物主义的方

法进行学习。

### 1. 系统方法

宪法本身是一个有系统的整体,其中每一个具体问题都不是孤立存在的,它们之间存在着有机联系。运用系统方法,有助于我们在认识和研究某一问题时,不就事论事,剖断联系,而是把它放到全局中去理解和思考,以获得正确的解决。同时也有助于我们在众多的问题中找到关键性的契机,很好地领会宪法的精神实质。

### 2. 本质分析的方法

学习本课程,要透过问题的表象去认识它的本质。本质分析包括阶级分析方法,因为宪法具有法的共同特征,它集中表现各种政治力量的对比关系。宪法规定的社会制度和国家制度的基本原则,都代表着国家的意志和利益,所以离开阶级分析,问题就不能获得正确的认识和理解。另外,经济的、民族的、历史的和文化的因素以及国际因素,也对问题的产生起着一定的影响。因此,在运用本质分析方法的同时,也要考虑上述这些因素。

### 3. 联系实际的方法

宪法理论是立宪、行宪的实践经验的总结和升华,学习宪法学,只有理论联系历史的和现实的实际才能学深学透。联系实际,一是要联系客观存在的现象、事实和问题;二是要联系客观存在的思想观点和学术见解。联系活生生的、千变万化的实际,深入考察和研究实际,就会开阔我们的思想,推动本学科的发展。另外,实践是检验真理的唯一标准,脱离实际,与实际背道而驰的理论是空洞的理论,有时甚至是有害的理论。因此,学习宪法学一定要坚持理论联系实际的方法。

### 4. 比较分析的方法

比较分析的方法就是从不同方面和不同角度读宪法规范,作对比学习和研究。有比较才有鉴别,有鉴别才能分清对错优劣,才能扬长避短,决定取舍,加深对问题的认识和理解,比较的方法是马克思主义的一个重要方法,学习本课程时要注意对这一方法的运用。

### 5. 结合自学考试的题型特点进行学习

按照《宪法学自学考试大纲》的要求,题型共有五种:即单项选择题、名词解释题、比较辨析题、论述题和材料分析题。这五种题型又可分为两类:一类是客观性试题,一类是主观性试题。客观性试题主要测验应考者对所学内容的记忆和熟练程度,它包括单项选择题、名词解释题。主观性试题则除了测验应考者的记忆能力外,还要测验应考者对所学内容的理解深度和运用能力,它包括材料分析题、比较辨析题和论述题三种题型,从这两种题型的特点来看,主观性试题题量少、分值高,而客观性试题则题量多、分值小。针对题型的特点和要求,自学者应注意把握主观性试题的内容,要把每章中的名词概念、比较辨析题和论述题整理出来,反复学习,加深理解,做到概念准确、要点清楚、理解深刻。对客观性试题,要多看教材、宪法典和有关的宪法性文件,要从比较中找出特点,从反复学习中加深理解,增强记忆。

### 五、对社会助学的要求

1. 社会助学者应根据大纲规定的考试内容和考核目标，认真钻研指定教材，明确本课程与其他课程不同的特点和学习要求，对自学应考者进行切实有效的辅导，帮助他们端正学习态度，改进自学方法，掌握教材内容，提高分析问题、组织问题、解决问题和应考的能力。

2. 要正确处理重点与一般的关系。课程内容有重点和非重点之分，但考试内容是全面的，而且重点和非重点是相互联系，不是截然分开的。因此，社会助学者应指导自学应考者全面系统地学习教材，了解每章的学习目的和要求，掌握全部考试内容和考核知识点，在此基础上再突出重点。要把教材中的重点、难点、疑点讲深讲透，要帮助自学应考者把重点学习和兼顾其他结合起来，避免产生猜题、押题的不良倾向。

3. 对新颁布或者修改的宪法修正案和宪法性法律的辅导。辅导内容应注意包括本教材出版后，考试日 6 个月以前新颁布或者修改的宪法修正案和宪法性法律的内容，以适应本课程考试命题范围的要求。

### 六、对考核内容的说明

1. 本课程要求考生学习和掌握的知识点内容都作为考核的内容。课程中各章的内容均由若干知识点组成，在自学考试中成为考核知识点。因此，课程自学考试大纲所规定的考试内容是以分解为考核知识点的方式给出的。由于各知识点在课程中的地位、作用以及知识点本身的特点不同，自学考试将对各知识点分别按四个认知（或能力）层次确定其考核要求。

2. 在考试之日起 6 个月前，由全国人民代表大会和国务院颁布或修订的法律、法规都将列入本课程的考试范围。凡大纲、教材内容与现行法律、法规不符的，应以现行法律法规为准。命题时也会对我国经济建设和科技文化发展的重大方针政策的变化给予体现。

### 七、关于考试命题的若干规定

1. 本课程的命题考试应根据本大纲所规定的考试内容和考试目标来确定考试范围和考核要求，不要任意扩大或者缩小考试范围，提高或者降低考核要求。考试命题要覆盖到各章，并适当突出重点章节，体现出本课程的内容重点。

2. 本课程试卷中对不同层次要求的分数比例，一般为：识记占 35%，领会占 45%，简单应用占 15%，综合应用占 5%。

3. 试卷要合理安排难易结构，难易度可分为易、较易、较难、难四个等级。每份试卷中，不同难易度的试题的分数比例，一般为：易占 20%，较易占 30%，较难占 30%，难占 20%。必须注意的是，试题中的难易度和能力层次不是一个概念，在各能力层次中都会存在不同难易度的试题。

4. 本课程考试试卷采用的题型一般是：单项选择题、名词解释题、比较辨析题、论述题、材料分析题等。

# 附录  参考样卷

一、**单项选择题**：本大题共25小题，每小题1分，共25分。在每小题列出的备选项中只有一项是最符合题目要求的，请将其选出。

1. 现行宪法规定,行使宪法解释权的机关是
   A. 全国人民代表大会
   B. 全国人民代表大会常务委员会
   C. 全国人民代表大会主席团
   D. 最高人民法院

2. 资产阶级人权最核心的内容是
   A. 生存权
   B. 发展权
   C. 私有财产神圣不可侵犯
   D. 公共财产神圣不可侵犯

3. 英国确立资产阶级君主立宪政体的标志性文件是
   A. 《权利法案》
   B. 《自由大宪章》
   C. 《王位继承法》
   D. 《议会法》

4. 李某被依法提名为北京市人民检察院检察长候选人。下列有关李某任职的表述,正确的是
   A. 李某任职必须年满45周岁
   B. 北京市人民代表大会常务委员会有权决定李某为检察长
   C. 北京市人民代表大会选举李某为检察长后,还须经最高人民检察院检察长提请全国人民代表大会常务委员会批准
   D. 李某当选检察长后,可以兼任北京市人民代表大会常务委员会委员

5. 根据现行宪法,我国国民经济的主导力量是
   A. 国有经济
   B. 集体所有制经济
   C. 非公有制经济
   D. 混合所有制经济

6. 下列选项中,属于2018年我国通过的宪法修正案的是
   A. 土地的使用权可以依照法律的规定转让
   B. 国家工作人员就职时应当依照法律规定公开进行宪法宣誓
   C. 中华人民共和国实行依法治国,建设社会主义法治国家
   D. 国家尊重和保障人权

7. 根据地方组织法,北京市海淀区人民政府可以设立的派出机关是
   A. 行政公署
   B. 区公所
   C. 街道办事处
   D. 派出所

8. 根据现行宪法,我国有权制定除基本法律以外的法律的国家机关是

A. 全国人民代表大会　　　　　　　　B. 全国人民代表大会常务委员会
C. 国务院　　　　　　　　　　　　　D. 最高人民法院

9. 根据香港特别行政区基本法,下列选项中具有行政长官任职资格的是

A. 赵某,35周岁,香港特区居民

B. 张某,46周岁,外国公民,香港特区永久性居民

C. 王某,50周岁,中国公民,香港特区居民,拥有英国居留权

D. 何某,41周岁,中国公民,在香港连续居住25年,在国外没有居留权

10. 根据村民委员会组织法,下列选项中错误的是

A. 村民委员会是我国的基层政权机关

B. 乡、镇人民政府指导村民委员会的工作

C. 村民委员会主任由村民选举产生

D. 村民委员会协助乡、镇人民政府开展工作

11. 根据现行宪法,下列关于公民基本权利的表述,正确的是

A. 全体公民都有选举权和被选举权

B. 国家保护华侨、归侨的合法权益

C. 公民必须参加社会保险才能从国家和社会获得物质帮助

D. 国家依照法律规定保护公民的私有财产权和继承权

12. 在我国,首次规定"中华人民共和国公民的人格尊严不受侵犯"的宪法是

A. 1954年宪法　　　　　　　　　　　B. 1975年宪法
C. 1978年宪法　　　　　　　　　　　D. 1982年宪法

13. 某县正在进行人民代表大会换届选举。下列情形中符合选举法规定的是

A. 张某是选举委员会主任,同时是正式代表候选人

B. 李某患有精神病不能行使选举权利,人民代表大会常务委员会决定停止其行使选举权

C. 黄某因残疾行动不便,可以在流动票箱投票

D. 赵某未能当选,向法院起诉要求宣布选举无效,法院予以受理

14. 下列有关自治条例、单行条例的表述,正确的是

A. 自治条例都须报全国人民代表大会常务委员会批准后生效

B. 自治州的自治条例报省或自治区的人民代表大会常务委员会备案

C. 自治条例或单行条例可以依法对法律作出变通规定

D. 自治区、自治州、自治县、民族乡的人民代表大会有权制定自治条例

15. 下列选项中,不属于我国公民基本权利和义务的特点的是

A. 权利义务的概括性　　　　　　　　B. 权利义务的现实性
C. 权利义务的平等性　　　　　　　　D. 权利义务的一致性

16. 资本主义国家的政权组织形式可以是

A. 议会内阁制　　　　　　　　　　　B. 单一制

C. 联邦制  D. 人民代表大会制

17. 根据现行宪法,因国家安全或者追查刑事犯罪的需要,除公安机关外,还有权按照法律规定的程序对公民通信进行检查的机关是

   A. 人民法院  B. 人民检察院
   C. 邮政电信部门  D. 监察委员会

18. 刘某研究生毕业后参加某省公务员考试,笔试和面试成绩第一,但因携带乙肝病毒被拒绝录用。理由是该省人民政府制定的规章规定乙肝患者不得被录用为公务员。根据我国现行宪法和立法法,下列表述正确的是

   A. 省人民政府规章侵害了刘某的平等就业权
   B. 刘某可以向全国人民代表大会常务委员会书面提出对省人民政府规章进行合法性审查的建议
   C. 国务院只能撤销省人民政府规章
   D. 该省人民代表大会常务委员会可以改变或撤销省人民政府规章

19. 中国公民郭某和美国公民约翰在中国登记结婚,一年后育有一女取名玛丽。根据我国国籍法,下列表述错误的是

   A. 玛丽出生在中国,具有中国国籍
   B. 郭某和约翰在法国留学期间生下玛丽,玛丽具有中国国籍
   C. 玛丽出生在美国,获得了美国国籍,她可以同时具有中国国籍
   D. 约翰可以申请加入中国国籍

20. 根据我国现行宪法,休息权的主体是

   A. 公民  B. 劳动者
   C. 人民群众  D. 社会主义事业建设者

21. 根据我国现行宪法,有权宣布全国进入紧急状态的国家机关是

   A. 全国人民代表大会  B. 全国人民代表大会常务委员会
   C. 国家主席  D. 国务院

22. 根据选举法,选民在选举期间外出,可以委托他人代为投票。关于代为投票的条件,下列表述错误的是

   A. 委托必须以书面形式
   B. 委托须经县级以上人民代表大会常务委员会认可
   C. 受委托人最多只能接受三位选民委托
   D. 受委托人必须具有选举权和被选举权并已登记为该选区的选民

23. 根据现行宪法,我国年满18周岁的公民,都有选举权和被选举权,但是

   A. 正在被行政拘留的人除外
   B. 取保候审的人除外
   C. 正在接受审判的人除外
   D. 依照法律被剥夺政治权利的人除外

24. 根据现行宪法,全国人民代表大会可以行使的职权是
   A. 决定特赦
   B. 规定军人的衔级制度
   C. 选举中央军事委员会副主席
   D. 批准省、自治区、直辖市的建置

25. 根据现行宪法,下列选项中有权提议修改宪法的主体是
   A. 全国人民代表大会常务委员会
   B. 全国人民代表大会主席团
   C. 全国人民代表大会宪法和法律委员会
   D. 全国人民代表大会 1/10 以上代表联名

**二、名词解释题**:本大题共 3 小题,每小题 5 分,共 15 分。

26. 宪法解释

27. 劳动权

28. 总理负责制

**三、比较辨析题**:本大题共 3 小题,每小题 10 分,共 30 分。

29. 试比较公民与人民的关系。

30. 试比较人民民主专政与无产阶级专政的关系。

31. 试比较单一制与联邦制的区别。

**四、论述题**:本题 15 分。

32. 论我国选举权的平等性。

**五、材料分析题**:本题 15 分。

33. 2003 年 3 月 17 号,任职于广州某公司的湖北青年孙某在前往网吧的路上,因缺少暂住证,被警察送至广州市"三无"人员收容遣送中转站收容。次日,孙某被收容站送往一家收容人员救治站。在那里,孙某受到工作人员及其他收容人员的野蛮殴打,于 3 月 20 日死于该救治站。警察强制收容孙某的依据是 1982 年国务院制定的《城市流浪乞讨人员收容遣送办法》。此事发生后,三位法学博士向全国人民代表大会常务委员会提交了"关于审查《城市流浪乞讨人员收容遣送办法》的建议",建议其对收容遣送制度进行合宪性审查。

请问:

(1) 本案中涉及孙某的哪些基本权利?

(2)《城市流浪乞讨人员收容遣送办法》的规定是否构成违宪?为什么?

(3) 本案中,三位法学博士的做法是否有法律依据?为什么?

# 参考样卷答案

**一、单项选择题**：本大题共 25 小题，每小题 1 分，共 25 分。

1. B   2. C   3. A   4. C   5. A   6. B   7. C   8. B   9. D
10. A  11. D  12. D  13. C  14. C  15. A  16. A  17. B  18. A
19. C  20. B  21. C  22. B  23. D  24. D  25. A

**二、名词解释题**：本大题共 3 小题，每小题 5 分，共 15 分。

26. 宪法解释是指有权机关对宪法的基本原则、基本精神和具体规定的含义的说明。包括有权机关所作的独立的宪法解释决议和有权机关在违宪审查过程中为了判断法律的合宪性而对宪法所作的解释。

27. 劳动权是指公民有获得劳动机会、保持适当劳动条件并取得相应的劳动报酬等的权利，劳动权是公民基本权利之一。

28. 总理负责制是指国务院总理对他主管的工作负全部责任，与此相联系，他对自己主管的工作有完全决定权。

**三、比较辨析题**：本大题共 3 小题，每小题 10 分，共 30 分。

29. 公民与人民的外延大致相同。二者也有区别：第一，性质不同。公民是与外国人（包括无国籍人）相对应的法律概念，人民则是与敌人相对应的政治概念。第二，范围不同。公民的范围比人民的范围更加广泛，公民中除包括人民外，还包括人民的敌人。第三，后果不同。公民中的人民，享有宪法和法律规定的一切公民权利并履行全部义务，公民中的敌人，则不能享有全部公民权利，也不能履行公民的某些义务。此外，公民所表达的一般是个体概念，而人民所表达的往往是群体概念。

30. 我国现行《宪法》第 1 条规定："中华人民共和国是工人阶级领导的、以工农联盟为基础的人民民主专政的社会主义国家。社会主义制度是中华人民共和国的根本制度。中国共产党领导是中国特色社会主义最本质的特征。禁止任何组织或者个人破坏社会主义制度。"并在《宪法》序言中指出我国的人民民主专政"实质上即无产阶级专政"。这表明我国的国家性质是人民民主专政。人民民主专政理论是以毛泽东为代表的中国共产党将马列主义普遍原理与中国革命实际结合的产物，是马克思主义无产阶级专政学说在中国的创造性发展。人民民主专政之所以实质上即无产阶级专政，这是因为：(1) 二者所表示的是同一种性质的国家政权，即工人阶级领导的、以工农联盟为基础的国家政权；(2) 二者反映了同一种新型国家内部的阶级关系，即工人阶级和广大劳动人民是国家的主人，只对少数敌对分子实行专政；(3) 二者担负着相同的历史使命，即消灭剥削阶级和剥削制度，实现社会主义，进而为过渡到共产主义社会准备条件。马克思主义一向认为，不同国家的无产阶级专政具有不同的特点,表现为各种不同的模式。我国人民民主专政就是无产阶级专政的一种具体模式。

31. 它们的主要区别在于国家整体与组成部分的权限划分上:在单一制国家中,地方政府的权力种类、权力范围、权力变更、管辖区域的变更,均由中央政府决定,无须地方政府的同意,反映了这种国家中单一主权权力的性质;而在联邦制国家,权力的划分和区域的变更等事项都要在联邦组成时通过的宪法中明确规定,属于成员国权力范围内的事项,原则上联邦概不能侵犯,反之亦然。

**四、论述题**:本题15分。

32. 选举权的平等性原则是就享有选举权的主体实现权利的效力而言的。其基本含义是,所有选民在一次选举投票中只能投一张票,所有的选票的效力完全相等。我国自1953年《选举法》以来,即实现了"一人一票"的原则。但在选票的效力上,经历了由不相等向相等的过程。1979年修改《选举法》将城乡之间选票的效力确定为全国人民代表大会代表为8∶1、省级人民代表大会代表为5∶1、县级人民代表大会代表为4∶1;1995年修改《选举法》又将城乡之间选票的效力统一确定为4∶1;2010年修改《选举法》实现了城乡之间选票的完全相等。这一演变过程,既反映了我国的社会进步,又是与我国的社会现实相适应的。

在我国,选举权的平等性是相对的,即虽然城乡选民在投票效力上相等,但是对于一些人数较少的群体给予特殊的照顾。比如我国《选举法》第14条第1款规定:"……在县、自治县的人民代表大会中,人口特少的乡、民族乡、镇,至少应有代表一人。"第18条第3、4款规定:"聚居境内同一少数民族的总人口数不足境内总人口数百分之十五的,每一代表所代表的人口数可以适当少于当地人民代表大会每一代表所代表的人口数,但不得少于二分之一;实行区域自治的民族人口特少的自治县,经省、自治区的人民代表大会常务委员会决定,可以少于二分之一。人口特少的其他聚居民族,至少应有代表一人。聚居境内同一少数民族的总人口数占境内总人口数百分之十五以上、不足百分之三十的,每一代表所代表的人口数,可以适当少于当地人民代表大会每一代表所代表的人口数,但分配给该少数民族的应选代表名额不得超过代表总名额的百分之三十。"

**五、材料分析题**:本题15分。

33. (1)本案中涉及孙某的人身自由、人格尊严等基本权利。

(2)《城市流浪乞讨人员收容遣送办法》的规定构成违宪。我国《宪法》规定,公民的人身自由不受侵犯。《立法法》规定,对公民政治权利的剥夺、限制人身自由的强制措施和处罚,只能制定法律。《城市流浪乞讨人员收容遣送办法》作为行政法规,却规定了限制公民人身自由的措施,与《宪法》精神和《立法法》的规定相违背。

(3)有法律依据。因为《立法法》规定,公民认为行政法规同《宪法》相抵触的,可以向全国人民代表大会常务委员会书面提出进行合宪性审查的建议。

# 大 纲 后 记

经全国高等教育自学考试指导委员会同意,由法学类专业委员会负责高等教育自学考试法学类自学考试大纲的审定工作。

《宪法学自学考试大纲》由中国人民大学法学院教授胡锦光任主编,由胡锦光教授、香港城市大学法律学院王书成助理教授、北京华文学院张德瑞教授、北京航空航天大学法学院王锴教授、中国人民大学公共管理学院王丛虎教授、昆明理工大学法学院曾娜副教授、中国政法大学法学院秦奥蕾教授、山东工商大学法学院张献勇教授、福州大学法学院沈跃东教授、黑龙江大学法学院尤晓红副教授、厦门大学法学院徐振东副教授撰写。

参加本大纲审定工作的有:北京大学法学院王磊教授、中共中央党校(国家行政学院)政法部任进教授和中国政法大学法学院陈征教授。

对于编审人员付出的辛勤劳动,在此表示一并表示感谢!

全国高等教育自学考试指导委员会<br>
法学类专业委员会<br>
2019 年 1 月

全国高等教育自学考试指定教材
法学类专业

# 宪 法 学

全国高等教育自学考试指导委员会　组编

# 修 订 说 明

党的十八届四中全会提出,依法治国首先是依宪治国、依法执政首先是依宪执政;十九大报告判断,我国已经进入了新时代,并要求树立宪法法律至上、法律面前人人平等的法治理念,形成以宪法为核心的社会主义法律体系。在此大背景下,社会主义法治建设在科学立法、严格执法、公正司法、全民守法四个方面大力推进,取得了巨大的进步。本书此次修订就是在这一背景下进行的。

本次修订的主要内容是:(1) 2018年3月,全国人民代表大会以修正案的方式对现行《宪法》进行了第五次修正。此次修正是自2004年《宪法》修正以后、我国进入新时代的第一次修正。自2004年以来,我国社会发生了巨大的、深刻的、全方位的变化,因此,此次修正的内容非常丰富,也非常多。依据此次宪法修正的内容,作者对相关内容进行了修改。(2) 2018年《宪法修正案》特别将"习近平新时代中国特色社会主义思想"及其科学内涵载入宪法,使这一重要思想成为国家的指导思想。为了反映这一重大理论成果,本书修订时特别增加了"宪法指导思想和基本原则"一节。(3) 2018年《宪法修正案》将"中国共产党领导是中国特色社会主义最本质的特征"载入《宪法》第1条,进一步体现了党的全面领导。为了反映这一重大成果,本书修订时特别突出了有关中国共产党领导的内容。(4) 2016年12月,全国人民代表大会常务委员会作出了国家监察体制改革的试点授权决定,在北京、山西、浙江三省市进行改革试点。2017年12月,全国人民代表大会常务委员会又作出了国家监察体制改革的试点授权决定,在全国范围内进行改革试点。通过这些试点,国家监察体制改革已基本成熟,2018年3月,全国人民代表大会在《宪法修正案》中确认了国家监察体制改革试点的经验,同时,制定了《中华人民共和国监察法》。国家监察体制改革是一项重大的政治改革,也是人民代表大会制度的重大改革、国家机构体制的重大改革。(5) 基于近年来司法改革的成果及监察体制的改革,《中华人民共和国人民法院组织法》和《中华人民共和国人民检察院组织法》进行了修改。(6) 伴随着改革开放的深入,近年来一些法律法规也进行了修改,如《中华人民共和国立法法》《中华人民共和国行政区划管理条例》。(7) 党的十九大报告要求推进合宪性审查工作,维护宪法权威。2018年《宪法修正案》将全国人民代表大会法律委员会更名为"全国人民代表大会宪法和法律委员会"。2018年6月,全国人民代表大会常务委员会专门通过了关于全国人民代表大会宪法和法律委员会职责问题的决定,其中特别确定其主要的职责是推进合宪性审查工作。2017年12月,全国人民代表大会常务委员会首次听取了全国人民代表大会常务委员会法制工作委员会关于备案审查工作情况的报告;2018年12月,全国人民代表大会常务委员会法制工作委员会又向全国人民代表大会常务委员会作了第二次报告。根据这两次报告,全国人民代表大会常务委员会法制工作委员会对一些法律文件进行了备案审查工作,推进了我国的合宪性审查和合法性审查工作。

在此次修订过程中,我们对原版教材的文字进行了系统修改,使其在表述上更准确、更清晰。

非常感谢各位老师和同学使用本教材,同时恳请各位将使用本教材过程中发现的问题反馈给我们。编写出一本让大家都满意的教材是我们的愿望,也是各位的期望,在这一点上我们的目标是一致的。

胡锦光

2019 年 1 月 16 日

# 第一章 宪法基本理论

## 第一节 宪法的特征和本质

### 一、宪法的概念

近代以来,人们开始频繁地使用"宪法"这一概念。实际上,在近代以前即已存在"宪"或者"宪法"这一概念,同时,近代以来,人们也是在不同意义上使用"宪法"这一概念的。

(一) 原始意义上的宪法

原始意义上的宪法是指国家组织法。国家是人类社会特定历史阶段的产物,是一种特殊的社会组织。在人类社会产生国家以后至国家消亡以前,国家这种特殊的社会组织形态,必须由法律进行调整,由法律设置国家机关的构成、职权及相互关系,包括中央与地方国家机关的职权分配和相互关系。这种意义上的宪法,仅仅作为一种调整国家组织的法而存在,它与国家同时产生、同时消亡,它不仅存在于奴隶制国家、封建制国家,也存在于资本主义国家和社会主义国家。

西方国家的一些学者在给宪法下定义时,就是从这一意义上进行的。例如,法国《百科全书》对宪法的定义是:宪法规定一个国家的一整套政治制度。按狭义来说,它是在一定的庄严隆重的形式条件下制定的一项法律,专门用来规定一个国家的政治制度及其职能。

(二) 立宪主义意义上的宪法

立宪主义的实质是要通过制定宪法以限制国家权力而保障人权。因此,立宪主义意义上的宪法,又可以称为实质意义上的宪法,它是指一个国家存在通过限制国家权力以保障人权的法。世界上绝大多数国家的宪法属于立宪主义意义上的宪法。这样的宪法可以是一个统一的成文法典,也可以是分散的一系列法典;这样的宪法在地位上可以是居于一切法律之上,也可以是与其他法律的地位相同。因此,只要是在本质上存在限制国家权力的法,而这个法或者这些法的核心价值是保障人权,那么,这个国家就存在宪法。

近代以来,绝大多数国家制定了统一的成文法典,由这一统一的成文法典去完成限制国家权力、保障人权的功能,人们将这一成文法典称为"宪法"。也有极少数国家,采用分散的形式制定了一系列限制国家权力、保障人权的法律,这样的国家也存在宪法。

(三) 部门法意义上的宪法

就部门法意义上的宪法而言,它是所有调整国家与公民之间关系的法律规范的总和,既包括在一个国家的法的体系中居于最高地位、具有最高法律效力的宪法,也包括具有一般法律效力的法律,即宪法性法律。如在我国,部门法意义上的宪法包括《中华人民共和国宪法》《中华人民共和国宪法修正案》,还包括《中华人民共和国全国人民代表大会和地方各级人民代表大会选举法》《中华人民共和国全国人民代表大会组织法》《中华人民共和国地方各级人民代表大会和地方各级人民政府组织法》《中华人民共和国全国人民代表大会和地方各级人民代表大会代表法》《中华人民共和国各级人民代表大会常务委员会监督法》《中华人民共和国国务院组织法》《中华人民共和国公务员法》《中华人民共和国立法法》《中华人民共和国人民法院组织法》《中华人民共和国人民检察院组织法》《中华人民共和国法官法》《中华人民共和国检察官法》《中华人民共和国民族区域自治法》《中华人民共和国香港特别行政区基本法》《中华人民共和国澳门特别行政区基本法》《中华人民共和国国籍法》《中华人民共和国集会游行示威法》《中华人民共和国戒严法》《中华人民共和国国旗法》《中华人民共和国国徽法》《中华人民共和国国歌法》等。

(四)根本法意义上的宪法

所谓根本法意义上的宪法,是指不仅制定了成文法典,而且成文法典在一国的法的体系中居于最高地位、具有最高法律效力的宪法。根本法意义上的宪法又被称为"高级法""最高法"。近代以来,世界上绝大多数国家都制定了此类宪法。在成文宪法典中,一般都明确规定了宪法的地位。例如,1946年的日本《宪法》第98条规定:"本宪法为国家的最高法规,与本宪法条款相违反的法律、命令、诏敕以及有关国务的其他行为的全部或一部,一律无效。"

我国现行《宪法》关于宪法具有最高地位的规定,其具体化程度和明确性可以说是我国历部宪法中从未有过的。现行《宪法》序言的最后一段明确规定:"本宪法以法律的形式确认了中国各族人民奋斗的成果,规定了国家的根本制度和根本任务,是国家的根本法,具有最高的法律效力……"此外,在《宪法》总纲第5条还针对我国的实际情况,就宪法的最高法律效力的具体表现和要求作了规定。可见,根据我国现行《宪法》的这一规定,在我国,宪法作为国家根本法,不仅在法律规范范畴居于最高地位并具有最高法律效力,而且在整个社会规范范畴也同样居于最高地位并具有最高法律效力。

通常所说的"宪法"是指根本法意义上的宪法,这种意义上的宪法不仅体现了立宪主义精神,而且在规范层面上明确、具体、全面,在法律效力上居于最高地位,便于判断法律的合宪性,有利于保证一国之内法规范的统一性和宪法秩序的统一性。

二、宪法的特征

宪法作为国家根本法,是将宪法与同样作为一个国家的法的体系的其他组成部分,特别是法律相比较而言的。与法律相比较,宪法具有以下三个特征,由此三个特征决定了宪法在一个国家的法的体系中的根本法地位。

(一)宪法规定了一个国家最根本性的内容

宪法的内容涉及一个国家的政治、经济、文化、社会、对外交往等各方面的重大原则性问题,涉及一个国家的根本制度和基本制度问题。而法律所规定的内容,只涉及国家生活或者社会生活中某一方面的重要问题。

宪法基于制宪的基本理念,从根本上体现着人民主权原则、国家权力制约原则、基本人权保障原则和法治原则,从宏观上、总体性地规定控制、合理分配和保障国家权力运行的基本规则,以保障人权。而其他法律则是依据宪法的基本原则、基本精神和基本规范,从所调整的具体社会关系的特点出发,作出具体化的规定。

(二) 宪法有着更为严格的制定和修改程序

宪法所规定的内容是国家生活和社会生活中最根本性的问题,为了保证宪法的尊严和相对稳定性,并从形式上赋予其最高法律效力,绝大多数国家在制定宪法和修改宪法的程序上的要求比法律更为严格。

1. 在宪法制定方面,与法律的制定相比较,主要有两点不同:(1) 宪法的制定一般要求成立一个专门机构,该专门机构的职责就是起草或者制定宪法,在完成起草或者制定宪法的任务以后,该专门机构即予以解散。一般情况下,法律的起草和制定由常设的立法机关进行,无须成立专门的机构;有时虽然法律的起草由特定的专门机构进行,但其通过只能由立法机关进行。(2) 宪法草案的通过程序比法律严格,一般要求最高立法机关的议员或者代表的特定多数,如2/3、3/4或者4/5以上同意;有的国家还要求举行全民公决,由有选举权的半数以上的选民通过;在一些联邦制国家,还要求由组成联邦的各个或者多数成员国(州、邦、共和国)通过。而法律的通过只要求立法机关的议员或者代表过半数同意即可,有的甚至规定,参加会议的议员或者代表的过半数同意即可通过法律。

2. 在宪法修改方面,与法律的修改相比较,主要有四点不同:(1) 宪法修改权的主体由宪法设定,通常由最高立法机关或者全民公决通过宪法修正案,在联邦制国家,则需要由组成联邦的各部分通过。(2) 只有宪法规定的有限的特定主体才可提出修改宪法的有效议案。我国《宪法》第64条第1款规定,宪法的修改由全国人民代表大会常务委员会或者1/5以上的全国人民代表大会代表提议,因而,在我国,除此两个特定的主体以外的一切组织和个人都无权向全国人民代表大会提出有效的修宪议案。而有权提议修改法律的主体则更广泛一些,即凡是有权向立法机关提出法律草案的主体都有权提议修改法律。(3) 修改宪法的程序比普通法律严格。如美国《宪法》规定,宪法修正案的通过必须由3/4的州议会或经3/4的州修宪会议批准才能生效。我国《宪法》规定,修改宪法由全国人民代表大会以全体代表的2/3以上的多数通过,而法律的修改由全国人民代表大会以全体代表的过半数通过即可。(4) 有些国家明确规定宪法的某些内容不得修改或者在宪法通过以后的一定时间内不得修改宪法。如意大利《宪法》第139条规定:"共和政体不能成为修改的对象。"法国现行《宪法》第89条也作了类似的规定,法国现行《宪法》还规定:"任何有损于领土完整之修改程序,不得着手及进行。"在符合宪法规定及法定的法律修改程序的前提下,法律的修改一般没有限制。

(三) 宪法具有最高的法律效力

宪法的最高法律效力是指在一个国家之内,相对于所有社会主体的行为,宪法的效力是最高的。在一个法治国家,法律调整着基本的社会关系,即所有的社会主体都纳入了法律的调整范围。宪法调整的主要对象是国家权力,而国家权力运行的方式主要有两种,包括依据宪法制定法律和依据宪法作出具体的宪法行为。因此,宪法的最高法律效力是与法律和直接依据宪法作出的具体宪法行为相比较的。但国家权力运行的最基本的方式是制定法律。同时,在有法律的情况下,社会主体作出行为的直接依据是法律,判断这些行为的依据是法律而不是宪法。所以,通常情况下,宪法的最高法律效力是与法律相比较而言的。不言而喻,一切法律都具有效力,但宪法的效力在所有法律之中是最高的。宪法的最高法律效力主要表现在以下两个方面:

1. 宪法是法律的制定基础和依据

宪法的基本功能就是确定国家生活和社会生活中的根本制度、基本制度和基本原则,从宏观上和总体上确定控制、分配和保障国家权力运行的规则,规定公民的基本权利和义务,再由立法机关依据宪法的规定通过制定一般法律进行具体化,成为社会实际生活的具体规范。宪法与一般法律的关系是"母法"与"子法"的关系,一般法律是由宪法派生出来的。因此,国家立法机关在进行日常立法时,必须依据宪法的规定,以宪法的规定为基础。无论一般法律是否明确规定其是依据宪法而制定的,事实上它们都是依据宪法的规定制定的。如《中华人民共和国国家赔偿法》第1条规定:"为保障公民、法人和其他组织享有依法取得国家赔偿的权利,促进国家机关依法行使职权,根据宪法,制定本法。"宪法上相应的根据主要是第41条。有的法律的内容在宪法中可能没有相应的、直接的明确规定,但它也是根据宪法的规定而制定的,只不过其依据的是宪法的原则和精神,或者是宪法上的一系列规定。

2. 法律的规定与宪法相抵触则无效

国家立法机关制定的任何法律都具有法律效力,但是其前提必须是与宪法相一致,这是保证在一国之内必须具有统一的宪法秩序的需要,也是从根本上保障人权的需要。如果普通法律的规定与宪法的规定、原则及精神相抵触,则相抵触的部分无效,或者全部无效。即违反宪法的法律不是法律,当然也就没有法律效力。实际上,除法律以外的法的其他表现形式,与法律一样,也必须以宪法为基础,依据宪法的规定而制定,并不得与宪法的规定相抵触。为了保证宪法的最高法律效力,各国根据本国的具体国情,都建立了合宪性审查制度,以审查判断法律是否与宪法相抵触。合宪性审查机关在认为法律违反宪法的情况下,或者直接撤销违反宪法的法律,或者在具体案件中拒绝适用违反宪法的法律。

宪法与条约的关系也涉及宪法的最高法律效力问题。宪法是国家的根本法,在一国之内具有最高的法律效力,而条约是国际法主体间依据国际法所缔结的据以确定其相互权利义务的协议。关于宪法与条约的关系,存在着宪法优位说和条约优位说两种截然对立的学说。世界上只有极少数国家的宪法明确规定条约的效力低于宪法,将条约纳入违宪审查的范围。绝大多数国家的宪法中对宪法与条约的法律效力的高低问题未作明确的规定,违宪审查机关在进行违宪审查时也以条约具有"高度政治性",属于"国家行为"为由,而回避对条约是否符合宪法作出判断。违宪审查机关的这种态度,实际上既是对本国政府签订国际条约及国会批准国际条约的行为表示尊重,也是对其他国家表示本国履行国际条约的诚意。我国《宪法》没有规定宪法与条约的关系,但《宪法》在序言中规定,我国以和平共处五项原则,发展同各国的外交关系和经济、文化的交流。从宪法的这一规定可以看出,我国对于已经缔结的国际条约是愿意诚实履行的。

### 三、宪法的本质

由于宪法所规定的是国家生活和社会生活中最根本性的问题,因而它是一国各种政治力量对比关系的全面、集中表现。

政治力量对比关系首要的是阶级力量对比关系。宪法反映阶级力量对比关系,表现在以下三个方面:

1. 宪法是阶级斗争的产物。宪法总是由在阶级斗争中取得胜利、从而掌握国家政权的阶级制定的,总是对阶级斗争的总结。如我国 1954 年《宪法》就是中国革命成果的总结。

2. 宪法规定了社会各阶级在国家中的地位及相互关系。宪法是统治阶级制定的,因而统治阶级在制定宪法时,首要的任务就是把统治关系法律化,使统治阶级的统治地位合法化,以得到法律的保障。

3. 宪法随着阶级力量对比关系的变化而变化。这种变化主要表现为两种形式:(1)当阶级力量对比关系发生根本性的变化时,发生宪法阶级性质的转换。(2)在阶级力量对比关系总体框架相同而具体的对比关系存在量的差异时,宪法的具体内容也有所不同。主要有两种情况:一是在同一国家,当阶级力量对比关系没有发生质的变化而只是发生量的变化时,宪法虽然不发生阶级性质的转换,但在内容上也要作相应变化;二是在不同性质的国家,由于阶级力量对比关系的不同,其宪法内容也有不同。

除阶级力量对比关系外,政治力量对比关系还包含与阶级力量对比关系有直接联系的同一阶级内的各个阶层、各个派别、不同利益者之间的力量对比关系及与阶级力量对比关系既有若干联系又有重大区别的各种社会集团之间的力量对比关系。宪法在具体内容的规定上,都必须考虑到这些政治力量对比关系,考虑到不同政治力量的利益。

## 第二节　宪法的制定

### 一、宪法制定权

宪法制定权,又简称制宪权,是指制宪主体按照一定原则、程序创作作为国家根本法的宪法的一种权力。从制宪权与一般国家权力之间的关系来说,制宪权在理论上先于一般国家权力,其不是以一般国家权力为存在基础的权力。制宪权是最高国家权力的决定权的表现,也就是有权创制宪法来决定一般国家权力的具体形态。制宪权某种程度上是一个国家权力的最高决定权。通过制宪权,能够分配国家权力的具体架构以及各一般国家权力的具体界限,从而建立有效的权力制约机制。因此,在理解制宪权与一般国家权力时,应该注意区分根源意义上的制宪权与一般性的具体组织化的国家权力,如立法权、行政权与司法权等。

## 二、宪法制定主体

宪法制定主体,又称制宪主体,是指享有制定宪法权的行为主体。由于制宪行为是一种主权行为,具有排他性,所以在理论上只有国家主权的所有者才能成为制宪主体。近代以前,由于民主政治不发达,制宪权基本上由君主掌握,君主主权成为国家活动的基本原则。1791年法国《宪法》虽然规定了国民主权原则,但事实上主权由国王和国民共同行使。在从君主主权向人民主权转化的过程中,只有国民中的一部分才能充当制宪权实际上的主体。如西耶斯说道:"在所有自由国家中——民有的国家均应当自由,结束有关宪法的种种分歧的方法只有一种。那就是要求助于国民自己,而不是求助于那些显贵。如果我们没有宪法,那就必须制定一部:唯有国民拥有制宪权。"①

中华人民共和国的成立标志着以中国共产党为代表的中国人民(国民)事实上成为我国宪法的制定主体。《宪法》第2条第1款规定:"中华人民共和国的一切权力属于人民。"也表明了中华人民共和国的制宪主体为人民(国民)。

## 三、制宪机关

虽然制宪权的主体为人民,但是并不意味着全体人民都直接参与制宪过程,具体行使制宪权,而是由作为制宪主体的人民通过特定的机关来进行宪法的制定工作。这种为了宪法的制定而专门成立的机关是宪法制定机关,又称制宪机关。因此,制宪权的享有主体与制宪权的行使主体是属于两个不同的概念。制宪权的享有主体为人民,而制宪权的具体行使主体则为制宪机关。制宪机关可以是由一部分人民组成,也可以是由人民选举的代表组成,形式不一。为了使人民有效地行使制宪权,各国均须通过各种形式建立制宪机关并赋予其制宪权。有的直接以人民的名义组织制宪机关,如通过制宪会议、宪法大会等来制定宪法,有的根据获得独立的过渡性法律文件等组织制宪机关来制定宪法,有的是根据社会转型的需要来成立制宪机关,等等。

中华人民共和国成立后制定的第一部宪法是1954年《宪法》。它规定了我国根本的经济、政治、文化等制度。中华人民共和国的成立意味着中国人民成为真正的制宪主体,有权独立、完整地行使制宪权来制定一部宪法。1954年以前,由中国人民政治协商会议代行全国人民代表大会职权而制定的《中国人民政治协商会议共同纲领》,起到了临时宪法的作用。严格地讲,由于人民政协当时具有广泛的人民基础以及被赋予代表机关的地位,它实际上在一定范围内行使了制宪权。但是真正行使制宪权的是第一届全国人民代表大会。第一届全国人民代表大会由全国普选产生的代表组成。作为制宪权真正主体的人民,通过选举把制宪权赋予了第一届全国人民代表大会来行使。1954年9月20日,中华人民共和国第一届全国人民代表大会第一次会议通过了《中华人民共和国宪法》,是制宪权具体行使的具体表现。因此,从制宪权的理论来看,1954年宪法的制定是中华人民

---

① 〔法〕西耶斯:《论特权——第三等级是什么?》,冯棠译,商务印书馆1990年版,第56页。

共和国成立后制宪权唯一的一次行使。而我国制宪权具体的行使主体为第一届全国人民代表大会第一次全体会议。在我国,具体行使制宪权的主体是人民选举人民代表所组成的全国人民代表大会,体现了人民当家作主,符合我国的实际情况。

**四、制宪程序**

制宪机关制定宪法须按照严格的程序来进行。简言之,制宪程序是指制宪机关制定宪法所经过的阶段和步骤。宪法虽然也属于法的范畴,但是由于宪法是具有最高性的根本法,因此在制定程序上区别于低位阶的普通法律的制定程序。同时由于各国的情形存在差异,各国制定宪法的程序也存在一定的差别。从各国制宪的程序来看,为了保证制宪工作的权威性,制定宪法一般包括以下程序:

(一)组织制宪机关,设立宪法起草机构

制定宪法必定要以制定宪法的机构为依托。而制宪机构在制定宪法之前,也成立专门的宪法起草机构来起草宪法。因此,宪法制定程序中,首先必须组织制宪机关,设立宪法起草机构。

在1954年《宪法》的制定过程中,组织的制宪机关为第一届全国人民代表大会第一次会议。同时中央人民政府委员会第二十次会议决定成立由毛泽东任主席的中华人民共和国宪法起草委员会,负责宪法的具体起草工作。

(二)提出或公布宪法草案

宪法起草机构遵循制宪的原则与指导思想,起草完宪法文本以后,为保证宪法的民主性与权威性,充分反映人民的利益需求,制宪机构将公开向社会提出或公布宪法草案,以征求社会各个领域的广泛意见。1954年《宪法》制定的过程中,在草案完成后,制宪机关向社会发布了宪法草案,以征求社会各方面的意见。1954年6月14日,中央人民政府委员会召开的第三十次会议审议了《关于宪法起草工作经过的报告》,该报告称:这个草案"我们认为是适当的。现在把这个草案提请中央人民政府委员会审查通过,并请在通过后予以公布,在全国人民中组织讨论,以便收集意见,再做修改,向第一届第一次全国人民代表大会提出关于宪法草案的报告"。

(三)讨论、审议并完善宪法草案

宪法草案提出或公布,其目的是为了更进一步地完善宪法草案,从而使宪法草案更具有民意基础。1954年3月,我国制宪机关提出了宪法草案的初稿,宪法起草委员会把它作为基础,组织了对宪法草案广泛而深入的讨论。据统计,共有1.5亿人参加了宪法草案的讨论,提出了1180420条修改意见。对这些意见,宪法起草委员会作了认真的分析与研究,吸收了其中的合理内容。在通过各种形式对宪法草案进行讨论后,宪法起草机构进一步修改与完善宪法草案,最后由制宪机关对宪法草案进行审议。

(四)通过或批准宪法草案

与法律的通过程序相比,对于宪法草案的通过程序,各国的规定均较为严格。一般的规定是制定宪法要获得国家立法机关成员2/3以上或者3/4以上的多数赞成才能通过。

在我国，1954年《宪法》是第一届全国人民代表大会第一次会议正式通过的。第一届全国人民代表大会第一次会议通过1954年《宪法》的结果为：出席会议的代表共1197人，投票数共1197张，同意票1197张。

（五）公布宪法

宪法草案经过严格的程序获得通过以后，便进入宪法的公布程序。从各国的情形来看，宪法通过后通常由制宪机关公布。在我国，通过和公布宪法的机关是全国人民代表大会。

## 第三节 宪法指导思想和基本原则

### 一、宪法指导思想

宪法指导思想是指体现统治阶级意识形态及其价值观，指导宪法制定、修改和实施的思想原则和理论体系。宪法指导思想贯穿于宪法文本和宪法实施始终，是宪法的理论基础，是宪法实施和宪法解释的基本依据。

宪法指导思想与宪法基本原则既有联系又有区别。宪法指导思想是指导宪法制定、修改和实施的思想理论基础，但它不是宪法的具体条文和具体规则。宪法基本原则是对宪法制定、修改和实施发挥具体规范效力的规则，它以宪法指导思想为理论依据，同时又将宪法指导思想的核心价值和基本要求具体化规范化，使其能够在宪法制定、修改和贯彻实施中充分发挥规范指引作用。

宪法指导思想指导普通法律的制定、修改和实施。宪法在国家法律体系中居于核心地位，因而宪法指导思想具有根本性、全局性和宏观性的特点，也是普通法律制定、修改和实施的思想基础和理论根据。

由于受到经济、政治、文化和历史传统等因素的影响，世界各国宪法对其指导思想的规定也各不相同。有的国家在宪法文本中没有明确规定指导思想，有的国家宪法体现了一定的指导思想。如1977年苏联《宪法》第6条规定："用马克思列宁主义学说武装起来的苏联共产党规定社会发展的总的前景，规定苏联的内外政策路线，领导苏联人民进行伟大的创造性活动，使苏联人民争取共产主义胜利的斗争具有计划性，并有科学根据。"

我国在制定、修改和实施宪法的过程中，逐步形成了具有中国特色的宪法指导思想，并在实践中不断发展。

1982年《宪法》将四项基本原则确立为宪法总的指导思想；1993年第二次修宪时，中共中央在《关于修改宪法部分内容的建议的说明》中指出：这次修改宪法"突出了建设有中国特色社会主义的理论和党的基本路线"，从而使修改后的现行宪法在指导思想上获得了新的发展，即宪法的指导思想是"建设有中国特色社会主义的理论和党的基本路线"，即以经济建设为中心，坚持四项基本原则，坚持改革开放。

1999年第三次修宪，将邓小平理论写入宪法，确立邓小平理论在国家中的指导思想地位,是这次修改宪法的最主要内容。邓小平理论之载入宪法,奠定了邓小平理论作为国家指导思想的宪法地位,也使现行宪法在指导思想上进一步向前发展。

党的十六大报告对全面贯彻"三个代表"重要思想作了重要阐述,2004年第十届全国人民代表大会第二次会议通过的《宪法修正案》将现行《宪法》序言中的"在马克思列宁主义、毛泽东思想、邓小平理论指引下"修改为"在马克思列宁主义、毛泽东思想、邓小平理论和'三个代表'重要思想指引下"。将"三个代表"重要思想作为国家的指导思想载入宪法之中,使之与马克思列宁主义、毛泽东思想、邓小平理论一起确立为国家的指导思想。

党的十八大把科学发展观写入党章。十八大以来,以习近平同志为主要代表的中国共产党人,顺应时代发展,从理论和实践结合上系统回答了新时代坚持和发展什么样的中国特色社会主义、怎样坚持和发展中国特色社会主义这个重大时代课题,创立了习近平新时代中国特色社会主义思想。党的十九大和十九大修改的党章,将习近平新时代中国特色社会主义思想确定为中国共产党的指导思想。2018年3月11日第十三届全国人民代表大会第一次会议通过的《宪法修正案》,确定科学发展观和习近平新时代中国特色社会主义思想在国家政治和社会生活中的指导地位,实现宪法指导思想的又一次与时俱进。

**二、宪法基本原则**

宪法基本原则既表现为人类生活的共同的价值追求,同时表现为各国特定宪法文化的存在方式与特殊性。许多国家将人民主权、基本人权、分权、法治等作为宪法基本原则。如美国宪法的基本原则有:人民主权、共和制、联邦制、权力分立和制衡、有限政府和个人权利。

我国在宪法指导思想基础上,逐步形成了体现宪法共同价值、具有中国特色的宪法基本原则,并在实践中不断发展。我国宪法的基本原则可以概括为以下几个方面。

(一)社会主义和中国共产党领导原则

我国1982年《宪法》序言指出,中华人民共和国成立以后,我国社会逐步实现了由新民主主义到社会主义的过渡。生产资料私有制的社会主义改造已经完成,人剥削人的制度已经消灭,社会主义制度已经确立。我国将长期处于社会主义初级阶段。国家的根本任务是,沿着中国特色社会主义道路,集中力量进行社会主义现代化建设。我国《宪法》第1条开宗明义,规定中华人民共和国是工人阶级领导的、以工农联盟为基础的人民民主专政的社会主义国家。社会主义制度是中华人民共和国的根本制度。禁止任何组织或者个人破坏社会主义制度。《宪法》还规定,我国社会主义经济制度的基础是生产资料的社会主义公有制,即全民所有制和劳动群众集体所有制。社会主义公有制消灭人剥削人的制度,实行各尽所能、按劳分配的原则。国家在社会主义初级阶段,坚持公有制为主体、多种所有制经济共同发展的基本经济制度,坚持按劳分配为主体、多种分配方式并存的分配制度。

坚持社会主义制度必须坚持党和领导。我国《宪法》序言载明"中国共产党领导中国各族人民",取得新民主主义革命的伟大胜利和建立了中华人民共和国;明确"中国新民主主义革命的胜利和社会主义事业的成就,是中国共产党领导中国各族人民"战胜许多艰难险阻而取得的;确立"中国各族人民将继续在中国共产党领导下",推动物质文明、政治文明、精神文明、社会文明、生态文明协调发展,把我国建设成为富强民主文明和谐美丽的社会主义现代化强国,实现中华民族伟大复兴;确定在长期的革命、建设、改革过程中,"已经结成由中国共产党领导的,有各民主党派和各人民团体参加的,包括全体社会主义劳动者、社会主义事业的建设者、拥护社会主义的爱国者、拥护祖国统一和致力于中华民族伟大复兴的爱国者的广泛的爱国统一战线";确立"中国共产党领导的多党合作和政治协商制度将长期存在和发展"。

2018年《宪法修正案》在上述规定基础上,在第一章总纲第1条第2款中增加规定"中国共产党领导是中国特色社会主义最本质的特征",体现了国家制度的本质要求、核心内容和时代特征,体现了对党的领导与中国特色社会主义之间内在统一性的深刻认识,有利于使党总揽全局协调各方的领导核心地位在国家制度中具有更强制度约束力和更高法律效力,实现党的领导、人民当家做主、依法治国有机统一;有利于旗帜鲜明宣示党的领导,在全体人民中强化党的领导意识,有效把党的领导落实到国家工作全过程和各方面,确保党和国家事业始终沿着正确方向前进。

中国共产党领导也是中国特色社会主义制度的最大优势,党是最高政治领导力量。中国共产党按照总揽全局、协调各方的原则,在同级各种组织包括各级国家机关中发挥领导核心作用。同时,中国共产党在宪法和法律的范围内活动,并保证国家的权力机关和行政、监察、司法机关积极主动地、独立负责地、协调一致地工作。

(二) 人民主权原则

人民主权,即国家的一切权力属于人民。人民主权论是17、18世纪启蒙思想家们倡导的,主要代表人物为法国的卢梭,其理论基础是自然权利说和社会契约论。美国《独立宣言》在历史上第一次将人民主权确定为基本政治原则,它宣布:为了保障生命、自由和追求幸福的权利,"所以才在人们中间成立政府。而政府的正当权力,系得自被统治者的同意。如果遇有任何一种形式的政府变成是损害这些目的的,那么,人民就有权利来改变它或废除它,以建立新的政府"。法国《人权宣言》更加明确地肯定了这个原则,它宣布:"国民是一切主权之源;任何个人或任何集团都不具有任何不是明确地从国民方面取得的权力"。当今世界各国的宪法,都规定了人民主权原则。

我国《宪法》第2条规定:"中华人民共和国的一切权力属于人民。人民行使国家权力的机关是全国人民代表大会和地方各级人民代表大会。人民依照法律规定,通过各种途径和形式,管理国家事务,管理经济和文化事业,管理社会事务。"

(三) 民主集中制原则

民主集中制原则由巴黎公社始创并为后来社会主义国家的政治制度所充实和具体化。它与西方国家分权原则(separation of powers)不同。

分权制约作为一项西方国家宪法的基本原则,来源于近代分权学说。近代分权学说则是英国的洛克首先倡导而由法国的孟德斯鸠所完成的。孟德斯鸠把国家权力分为立法权、行政权和司法权三个部分,三权彼此相对独立,分别由议会、政府和法院行使。法国

《人权宣言》宣布,凡分权未确立……的社会就没有宪法。

以权力制约权力,这是近代各国宪法的重要原则和核心内容之一。根据《美国联邦宪法》,立法权属于国会,行政权属于总统,司法权属于法院;而且各机构之间互相保持制约和平衡的关系。在实行议会内阁制的国家,权力制约机制有着不同的表现。

社会主义国家的宪法普遍确认权力的统一和民主集中制原则。它在理论上确认国家权力的不可分割性,在实践中以人民的代表机关作为统一行使国家权力的机关。

民主集中制是我国国家机构的组织和活动原则,同时也是我国宪法的基本原则。这一原则具体体现在:全国人民代表大会和地方各级人民代表大会都由民主选举产生,对人民负责,受人民监督;国家行政机关、监察机关、审判机关、检察机关都由人民代表大会产生,对它负责,受它监督;中央和地方的国家机构职权的划分,遵循在中央的统一领导下,充分发挥地方的主动性、积极性的原则。

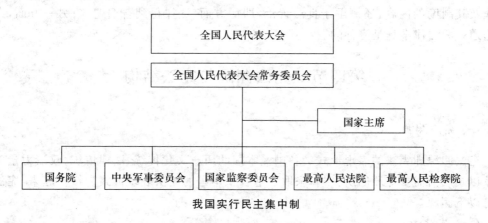

我国实行民主集中制

（四）基本人权原则

人权在本来意义上是一种应有权利,它存在于现实生活之中,存在于人与人的现实社会关系中。被宪法规范所确认和保障的人们应享有的各种权利,被称为基本人权,或曰基本权利。人权学说起源于17、18世纪的资产阶级启蒙思想家洛克、卢梭等人提出的天赋人权论。1776年美国的《独立宣言》提出:"我们认为这些真理是不言而喻的:人人生而平等,他们都从他们的'造物主'那里被赋予了某些不可转让的权利,其中包括生命权、自由权和追求幸福的权利。"1789年法国的《人权宣言》宣告:"在权利方面,人生来是而且始终是自由平等的";"一切政治结合的目的都在于保护人的自然的和不可侵犯的权利;这些权利是自由、财产、安全以及反抗压迫"。美国宪法、法国宪法都确认了这些基本权利,其他国家的宪法也大都以不同的形式确认了这个原则。

我国宪法不仅专章规定了公民在政治、宗教信仰、经济、文化和社会生活等各方面的基本权利和自由,而且从法律上、制度上和物质上规定了公民实现这些权利和自由的保障。特别是2004年修改宪法确立"国家尊重和保障人权"原则,这是中国人权发展史上的标志性事件。

### (五) 法治原则

法治原则是人类在长期历史发展过程中总结和概括的治国原理，是社会文明进步的标志。法国《人权宣言》较集中地反映了这种要求，它宣称，"法律是公共意志的表现。所有公民都有权亲自或者通过其代表参与制定法律；法律对一切人，无论是进行保护或者惩罚，都应当是一样的。一切公民在法律的眼中一律平等，都可以平等地按照其能力，并且除他们的品德与才能的差别外不应当有其他差别，担任一切高官、公共职位或者职务"。

我国1982年《宪法》规定，国家维护社会主义法制的统一和尊严。一切法律、行政法规和地方性法规都不得同宪法相抵触。《宪法》明确规定：中华人民共和国实行依法治国，建设社会主义法治国家，确立了法治原则。但我国实行的法治在本质上是中国特色社会主义法治，必须实行依法治国、党的领导和人民民主的有机统一。

我国宪法中"法制"和"法治"同时出现，但前者主要是指法律及其制度，后者不仅包含法律及其制度的内容，还侧重于良法善治，即一方面，法律得到普遍遵守；另一方面，人们普遍遵守的法律本身是完善的。

## 第四节 宪法渊源与宪法结构

### 一、宪法渊源

宪法渊源即宪法的表现形式。各国受本国的历史文化传统、法律传统、政治力量对比关系以及政治需要等原因所影响，采取了适合于本国的宪法表现形式。概括起来，宪法主要有以下渊源：

#### (一) 宪法典

宪法的主要表现形式是宪法典，绝大多数国家以法典的形式规定国家的根本制度和基本原则。世界上最早制定宪法典的国家是美国，美国于1787年在费城由制宪会议制定了《美利坚合众国宪法》，并于1789年生效实施，在这部宪法中规定了美国的根本制度、国家机构、联邦与邦的分权及其他基本制度。其后，法国于1791年由制宪议会通过了《法兰西共和国宪法》，这是欧洲大陆的第一部宪法典。以法典形式规定国家的根本制度和基本原则，其优点是，宪法的内容明确具体便于实施，同时一般规定了严格的修改程序，有利于保障宪法的稳定性；其缺点是，因宪法修改程序较为严格和复杂，宪法规范适应社会实际变化的能力不是很强。

为弥补宪法典的缺陷，使宪法典能够及时适应社会实际的变化，产生了宪法修正案。宪法修正案即宪法修改机关不直接改动宪法文本的规定，而是按照年代将对宪法进行修改的内容顺序排列附在宪法典之后，另起序号，根据"后法优于前法"的原则，新修改的内容代替与之相抵触的原条文。宪法修正案是宪法典的组成部分之一。

#### (二) 宪法性法律

宪法性法律一般是指有关调整宪法关系内容的法律，这是从部门法意义上按法律规定的内容所作的一种法律分类。宪法性法律有两种不同的含义:一是指不成文宪法国家的立法机关制定的成文宪法国家一般规定为宪法内容的法律。这些国家受本国的历史文化传统及阶级力量对比关系的影响,没有采用宪法典的形式规定宪法的内容,而是在不同的时期根据普通立法程序制定了一系列有关宪法内容的法律。宪法性法律与调整其他社会关系的法律的效力是相同的。二是指在成文宪法国家有关调整宪法关系的一般法律。在成文宪法国家,宪法是国家的根本法,地位高于一般法律,既存在根本法意义上的宪法,又存在部门法意义上的宪法。作为根本法意义上的宪法,仅为宪法典,作为部门法意义上的宪法除宪法典外,还包括一般法律中调整宪法关系的法律,如选举法、各类国家机关组织法等。

（三）宪法惯例

宪法惯例是指在长期的政治实践中形成,并被反复运用,为国家机关、政党及人民所普遍遵循而实际上与宪法具有同等效力的政治权力运行习惯或传统。不成文宪法国家和成文宪法国家都存在宪法惯例,只是在国家生活中发挥的作用及在该国宪法中所占的地位有所不同。宪法惯例都是在政治实践中形成的。宪法惯例形成的前提是书面的宪法文件对某些宪法事项没有作出规定,而政治实践中又需要一定的政治规则。在不成文宪法国家,一方面,由于对政治事项没有形成统一的系统规定,同时对一些宪法事项没有及时作出规定,为宪法惯例的产生留下了空间。因而,在不成文宪法国家存在着更多的宪法惯例。另一方面,这些国家一般比较务实,注重宪政实践,往往在宪政实践中先创造出某种做法,再由法律加以规定,这种思维也为宪法惯例的产生和发展提供了基础。在成文宪法国家,其成文宪法典也不可能对国家生活中的任何问题都作出明确具体的规定,通过修改宪法增加必要的规范既需要一定的时间,同时又有严格的程序,而国家生活特别是政治生活又需要有一定的政治规则,这就为宪法惯例的产生和发挥作用提供了基础条件。

宪法惯例是一种不成文的政治行为规范,没有法律文书表现形式,因而不由国家制定或认可,也不具有司法上的适用性,违反宪法惯例并不构成违宪,也就不可能引起违宪审查。宪法惯例的作用基础或者约束力主要是政治道德和政治伦理,违反宪法惯例的行为将受到人们的谴责并可能招致一定的政治后果,宪法惯例的运行并不由国家的强制力来加以保障。

宪法惯例在国家的政治生活中发挥着重要的作用,主要表现在三个方面:第一,宪法惯例可以使宪法条文成为具文,实际不具有法律效力。例如,在君主立宪制国家的君主,依法有否决或者拒绝同意议会通过的法案之权,但在政治实践中的宪法惯例却使君主的这一权力形同虚设。第二,宪法惯例可以使宪法规定更易于实施。例如,美国总统的选举,宪法规定为间接选举,而在政治实践中逐渐演变为直接选举。第三,宪法惯例可以弥补宪法规定的不足,绝大多数宪法惯例都能够起到这一作用。例如,美国在制宪时对于总统的连任问题未作规定,从宪法上说并无限制,第一任总统华盛顿开创了只能连任一次的惯例。

### （四）宪法判例

在普通法系国家,根据"先例约束原则",最高法院及上级法院的判决因是下级法院审理同类案件的依据而成为判例。同时,根据普通法的原理,法院在法律没有明确规定的情形下可以创造规则,即所谓的"造法"。在这些国家,法院有宪法解释权,法院在具体案件中基于对宪法的解释而作出的判决,对下级法院有约束力。同时,法院在具体案件的判决中认为某项法律或行政命令违宪而拒绝适用,下级法院在以后审理类似案件时也不得适用被最高法院认为违宪的法律或行政命令。

宪法判例只存在于普通法系国家,它的形成需要具备两个基本条件:一是普通法院的宪法解释权,二是先例约束原则。宪法判例的形成与普通法院的宪法解释权是密不可分的。普通法院在审理具体案件时,在没有宪法依据或者没有充分、明确的宪法依据的情况下,根据宪法的精神和理念,从法理上阐述和解释审理的正当依据,从而形成判决,进而由先例约束原则使涉及宪法问题的判决成为宪法判例。

### （五）宪法解释

宪法解释是有权机关对宪法的基本原则、基本精神和具体规定的含义的说明。包括有权机关所作的独立的宪法解释决议和有权机关在违宪审查过程中为了判断法律的合宪性而对宪法所作的解释。司法审查制国家的法院在审查法律的合宪性过程中所作的宪法解释通常表现在宪法判例之中。宪法解释与宪法具有同等的效力,也是宪法的组成部分。

### （六）国际条约

国际条约是国际法主体之间就某一事项中各自的权利义务所缔结的书面协议。广义的国际条约包括国际公约。随着由近代的绝对国家主权转变为现代的相对国家主权,国家主权要受到国际社会公认的基本规则的限制。为适应这一转变,各国在宪法上通常规定"诚实履行国际条约原则",各国的违宪审查机关通常也不对国际条约的合宪性进行审查。

我国是成文宪法国家,同时又属于成文法国家,宪法的渊源主要有宪法典、宪法惯例、宪法解释和国际条约。

## 二、宪法结构

所谓宪法结构,是指单一宪法文件的成文宪法(成典宪法)在内容上的体系和安排。宪法结构实际上是指成典宪法内容的相互关系及其外在的表现形式。宪法结构是用于表现宪法内容的,而由于各国在宪法的指导思想、制宪的历史背景、政治理念、政治文化、民族习惯等方面的不同,宪法的内容也不尽相同,宪法结构也就不存在统一的模式。虽然各国宪法结构不尽一致,但从基本方面看,还是存在某些共同点。概括起来,宪法一般由以下几部分构成:

### （一）宪法序言

绝大多数国家的宪法在正文之前,设一段叙述性文字,用以规定制宪的宗旨与目的、制宪权的来源、制宪的经过、宪法的基本原则、宪法的地位及其他不便于以规范的形式规定的国家基本政策。对这一段文字,有的国家设标题称"序言"或"前言",有的国家则不设标题。宪法序言的长度不一,有的一万多字,有的几十个字。

我国 1949 年制定的起临时宪法作用的《共同纲领》及历部《宪法》都有名之为"序言"的部分。我国现行《宪法》的序言共有 13 个自然段,约 1900 多字,主要记载了国家的斗争历史和成就、中华人民共和国成立的宗旨和国家的奋斗目标、制宪目的、国家活动的指导原则等。主要有以下六点内容:一是简述国家的斗争历史;二是记载了 20 世纪以来在中国发生的四件大事;三是规定国家今后的根本任务;四是肯定四项基本原则;五是指明实现社会主义现代化建设的国内外条件(搞好国内的大团结,完成祖国的统一;团结各国人民,争取世界和平,反对霸权主义);六是确认宪法的地位和作用。

(二) 宪法正文

宪法正文部分主要包括总纲、公民基本权利和义务、国家机构、宪法保障、宪法修改等。

第一,总纲,也有的宪法称"基本原则""总则"或"国家和社会的基本制度"。这一部分主要规定了国家的基本制度,如国家性质、国家的政治制度、国家结构形式、政党制度、选举制度、社会经济制度,以及作为国家象征的国旗、国歌、国徽、首都。资本主义国家的宪法和社会主义国家的宪法在总纲部分规定的内容及方式有所不同。资本主义国家的宪法一般不对国家性质作出明确的规定,而只是一般性地规定"人民主权原则"或"国家的一切权力属于人民";社会主义国家的宪法明确规定了国家的性质即社会各阶级在国家中的地位。资本主义国家宪法对所实行的政治制度及其基本原则的规定,主要是通过对国家机构及各国家机关之间的相互关系的规定来体现的;而社会主义国家宪法则明确规定了国家的政治制度及其基本原则。资本主义国家通常实行多党制,宪法中一般只规定政党的宗旨及活动原则;社会主义国家的宪法明确规定无产阶级政党是领导党,并规定了无产阶级政党与其他党派之间的关系。资本主义国家的宪法对社会经济制度的规定一般比较简单,早期规定"私有财产神圣不可侵犯",进入 21 世纪以后,宪法一般只规定私有财产不可侵犯及基于公共利益的需要在正当补偿的前提下可以对私有财产进行征收或征用;社会主义国家的宪法不仅规定了公共财产和私有财产不可侵犯,还规定了国家对不同经济形式的基本政策。

我国历部《宪法》都设有总纲部分。现行《宪法》的总纲规定了我国的根本制度、国家性质、根本政治制度、民族平等和民族团结、民族区域自治、社会主义的经济制度和经济政策、社会主义精神文明、社会主义法治、行政区划、特别行政区等内容。

第二,公民的基本权利和义务,资本主义国家的宪法大多将此部分设标题为"人权"或"基本人权"。所有社会主义国家的宪法和绝大多数资本主义国家的宪法都设有此部分。我国历部《宪法》中都有关于"公民的基本权利和义务"部分。现行《宪法》关于公民基本权利和义务的规定与前三部《宪法》相比较,在宪法结构中所处的位置发生了比较大的变化。前三部《宪法》在"总纲"之后,为"国家机构"部分,然后才是"公民的基本权利和义务"部分。而现行《宪法》在"总纲"之后,即为"公民的基本权利和义务"部分,体现了对公民基本权利的重视以及对公民与国家机构之间关系的正确认识。同时,在内容上,不仅充实了前三部《宪法》的规定,而且还根据需要和我国已具备的条件,新增加了公民基本权利和自由的类型。

第三,国家机构。这是各国宪法共同的最基本内容,也是宪法的主要内容。我国现行《宪法》在"国家机构"部分,依据民主集中制原则,规定了最高国家权力机关即全国人民代表大会及其常务委员会、中华人民共和国主席、国务院、中央军事委员会、地方各级人民代表大会和各级人民政府、民族自治机关、监察委员会、人民法院和人民检察院的地位、产生、组织、任期、职权、活动原则及相互关系。

第四,宪法保障。在设宪法法院的国家,有的在宪法正文部分设"宪法保障"一章,具体规定宪法法院的性质、组织、职权、程序等。

第五,宪法修改。绝大多数国家的宪法规定了宪法的修改程序。

(三)附则

有的国家在宪法中还设有附则,规定了如一般规定、过渡规定、非常时期规定、最后规定、杂项规定、临时规定、特别规定、附则、补则、终则、一般事务等内容。

## 第五节 宪法修改

### 一、宪法修改的概念

宪法修改是指宪法修改机关认为宪法的内容不适应社会实际而根据宪法规定的特定修改程序删除、增加、变更宪法部分内容的活动。在成文宪法国家,宪法的内容规定于一个或者几个宪法文件之中,当宪法文件的内容已经不适应社会实际时,就需要对宪法文本的内容进行调整。而在不成文宪法的国家,作为宪法组成部分的制定法即宪法性法律,如果不适应社会实际,由立法机关根据修改法律的程序进行调整,属于修改法律的范畴。因此,宪法修改是成文宪法国家宪法修改机关的特定活动。

学者按照宪法修改的难易程度将宪法分为刚性宪法和柔性宪法。即宪法的修改程序比普通法律更为严格的,称为刚性宪法;而宪法的修改程序与普通法律完全相同的,则为柔性宪法。

宪法修改与宪法制定不同。制定宪法的权力(制宪权)与修改宪法的权力(修宪权)存在着联系和差异。一般而言,制宪权决定国家权力的性质,在国家政权的性质没有发生变化的情况下,无论宪法怎么进行变化,都不发生制宪权的变化问题,而只存在修宪权的行使问题。从实质上说,制宪权是国家权力的源泉,而修宪权是一种派生性的国家权力。

### 二、宪法修改的必要性

从各国的宪政实践看,宪法修改的最基本和最主要的原因是为了使宪法的规定适应社会实际的发展和变化。宪法规范属于法规范的一种,其基本功能是协调、规范社会关系,以维持正常、有序、公正的社会秩序;同时,法规范属于社会规则范畴,其应当符合客观规律。宪法规范应当与社会实际相适应,才能发挥对社会关系的调整作用。法规范是人们对客观规律的认识结果,而社会实际总是处于发展变化之中的,由此就产生法规范(包括宪法规范)如何与社会实际相适应的方法问题。

在宪法规范对社会实际具有最高的协调作用的情况下,如果宪法规范与社会实际之间产生矛盾和冲突时,就需要通过某种方法来解决这种矛盾和冲突。社会实际总是处于变化发展之中,这就决定了宪法规范与社会实际之间的矛盾和冲突是永恒的,而两者之间的相适应是暂时的;宪法规范具有适应性特点,能够在较大幅度内适应社会实际的变化和发展,但不能保证既定的宪法规范处于"永久"的不变状态。

宪法修改的另一个重要原因是为弥补宪法规范在实施过程中出现的漏洞。制宪者受主观因素和客观条件的限制,在形成宪法规范过程中,因考虑不周,致使宪法规范存在某些缺漏,需要通过修改的方式加以补充和完备。

**三、宪法修改的限制**

从各国宪法的规定看,宪法修改的限制主要有宪法修改内容和宪法修改时间两个方面。

1. 宪法修改内容的限制。一些国家的宪法明确规定或者暗含着规定,宪法的某些内容不得成为宪法修改的对象。概而言之,主要有以下三方面的内容不得成为宪法修改的对象:一是宪法的根本原则和基本精神。首先,宪法所确立的国家的根本制度、基本精神和根本原则不得成为宪法修改的对象。其次,宪法的一些基本原则不得成为宪法修改的对象。二是国家的领土范围。三是共和政体。如意大利《宪法》第139条规定:"共和政体不得成为宪法修改之对象。"

2. 宪法修改时间的限制。为了保证宪法的稳定性,一些国家的宪法根据具体情况对宪法修改的时间作了限制性规定。主要有两种情况:

(1) 消极限制,即不得修改宪法的时间限制。又分为两种情形:一是规定在宪法颁布实施或者修改以后的若干年内不得修改宪法;二是规定在特定时间或者时期内不得修改宪法。

(2) 积极限制,即明确规定宪法应当定期修改。如葡萄牙1919年《宪法》第82条规定,《宪法》每隔10年修改一次;波兰1921年《宪法》第125条规定,《宪法》每隔25年至少修改一次。有的国家在宪法的同一个条文中对宪法修改的内容和时间同时作出限制。

**四、宪法修改的方式**

从总体上说,宪法修改有以下两种方式:

(一) 全面修改

宪法的全面修改,又称整体修改,是指在国家政权性质及制宪权根源没有发生变化的前提下,宪法修改机关对宪法的大部分内容(包括宪法的结构)进行调整、变动,通过或批准整部宪法并重新予以颁布的活动。全面修改有以下两点基本特征：一是宪法修改活动依据原宪法所规定的修改程序，这是宪法全面修改与制定宪法的主要区别；二是宪法修改机关通过或者批准整部宪法并重新予以颁布，这是宪法全面修改与部分修改的主要区别。我国1975年《宪法》、1978年《宪法》和1982年《宪法》属于全面修改。

宪法全面修改的基本原因是，修宪者认为，原宪法的基本指导思想或者绝大部分内容已经不适应社会实际，无法调整社会现实。从各国全面修改宪法的实践看，一般都是在国家出现极为特殊的情况下或者国家生活（特别是国家的政治生活）发生某些重大变化的情况下，才进行这种活动。从我国作整体修改的这三部宪法看，其都是处于社会发展不同阶段的转折时期。

全面修改方式的优点在于，当社会实际发生了较大变化，宪法规范的绝大部分内容已无法适应已经变化了的社会实际时，如果仍不作修改，宪法规范就可能形同虚设。全面修改的弊病在于，宪法的权威性和尊严在一定程度上取决于宪法的稳定性，如果宪法的修改频率过高，在政治心理上不能起到稳定作用，法的安定性受到较大破坏，影响民众对宪法的信仰。

（二）部分修改

宪法的部分修改是指宪法修改机关根据宪法修改程序以决议或者宪法修正案等方式对整部宪法中的部分内容进行调整或变动的活动。部分修改有两个基本特征：一是宪法修改机关的修改活动是依据宪法修改程序进行的，这是部分修改与制定宪法的主要区别；二是宪法修改机关通常并不重新通过或者批准整部宪法，而只是以通过决议或者宪法修正案等形式修改宪法中的部分内容，这是部分修改与全面修改的主要区别。

宪法部分修改的原因是，宪法在总体上仍然适应社会实际，只是其中的部分内容已落后于社会实际。宪法的部分修改主要有以下三种具体方式：

第一，以决议的方式直接在宪法条文中以新内容代替旧内容，修改之后，重新公布宪法。这种修改宪法方式的优点是修改的内容非常明确，哪些有效，哪些已经无效，一目了然；缺点是因为需要重新公布宪法，增加了宪法修改的频率。我国于1979年以决议的方式对1978年《宪法》进行的修改属于此种方式。

第二，以决议的方式直接废除宪法条文中的某些规定，修改之后，也需要重新公布宪法。这种修改方式的优点和缺点与上一种修改方式是相同的。我国于1980年以决议的方式对1978年《宪法》进行的修改属于此种方式。

第三，以宪法修正案的方式增删宪法的内容。宪法修正案方式的优点在于，由于其不需要重新通过宪法或者重新公布宪法，能够保持宪法典的稳定性和完整性，进而强化宪法在人们心目中的权威性、信仰和尊严；其缺点在于，需要将后面的新条文与前面的旧条文相对照之后，才能确定实际有效的宪法规定，这在法律意识不是很强的国度或者没有法律意识的公民在确定宪法实际有效的内容时可能带来一定的困难。我国于1988年、1993年、1999年、2004年和2018年五次以修正案的方式对现行《宪法》进行了宪法，通过了52条修正案。

宪法修正案主要有以下三种功能：一是废除宪法原来的条款或者内容。二是变动宪法中的规定。绝大多数宪法修正案是起到这一作用。三是增补宪法的条款或者内容。如我国1988年《宪法修正案》第1条规定："宪法第十一条增加规定：'国家允许私营经济在法律规定的范围内存在和发展。私营经济是社会主义公有制的补充。国家保护私营经济的合法的权利和利益，对私营经济实行引导、监督和管理。'"

**五、宪法修改的程序**

绝大多数国家的宪法中规定了比普通法律更为严格的宪法修改程序，但各国宪法中所规定的修改程序极不一致，通常包括提议、先决投票、公告、议决、公布五个阶段。

（一）提议

各国宪法对有权提出修改宪法动议的主体都作了非常严格的规定，有的还对这些主体行使这一权力规定了一定的条件。从各国宪法规定看，宪法修正案的提议主体有以下三种情况：

1. 代表机关。一些国家规定由代表机关（议会、国会、人民代表大会等）或者国会议员提出修改宪法的议案。根据我国现行《宪法》第64条第1款的规定，全国人民代表大会常务委员会或者1/5以上的全国人民代表大会代表有权提议修改宪法。在我国修改宪法的实践中，通常由中国共产党中央委员会首先提出修改宪法的建议案，然后由全国人民代表大会常务委员会或者1/5以上的全国人民代表大会代表接受，再向全国人民代表大会提出正式宪法修改草案。

2. 行政机关。极少数国家宪法规定行政机关有权提议修改宪法。如《法国第五共和国宪法》第89条规定："宪法修改的倡议权属于共和国总统和议会议员，总统依据总理的建议行使倡议权。"

3. 混合主体。绝大多数国家规定由国会、修宪大会和一定数量的公民提出，如菲律宾；有的国家规定由联邦议会和一定数量的公民提出，如瑞士；有的国家规定由大公、政府、议会、一定数量的公民和一定数量的行政区提出，如列支敦士登；有的国家规定由政府和议员提出，如泰国、缅甸；有的国家规定由总统和议会提出，在提出时还要列举需要修改的条款及其理由，如叙利亚。在混合主体中，由立法机关和行政机关共同提出的情形居多。

（二）先决投票

一些国家规定在提议之后，送交议决机关议决之前，要就宪法修正案进行先决投票程序。实行先决投票程序的国家约有三十余个国家，如叙利亚、黎巴嫩、希腊等。这一程序的目的在于使宪法修改的条文和内容明确具体。行使先决投票权的机关，瑞士宪法规定在必要时进行公民先决投票，委内瑞拉宪法规定部分提案由州议会作先决投票，此外，凡是规定实行先决投票的国家均规定由立法机关进行先决投票。

在不实行先决投票程序的国家，提议机关在提出修改宪法的动议时，一般同时提出宪法修正案的草案。

### (三) 公告

一些国家还规定,在提议成立后,议决机关议决前,要将宪法修正案草案予以公告。约有二十余个国家的宪法中明确规定了公告程序,如比利时、荷兰、卢森堡等。有的是由立法机关进行公告,有的是由行政机关进行公告。

有些国家宪法中虽然没有规定宪法修正案草案的公告程序,但在修宪实践中,通常将草案予以公告,以使社会成员知晓,并有希望社会成员参与讨论的含义。如我国虽然《宪法》中没有规定公告程序,但从现行《宪法》通过以后的历次宪法修改过程中,均公布宪法修正案草案。

### (四) 议决

从各国宪法规定看,宪法修正案草案的议决机关主要有四种:(1) 立法机关。约有三十余个国家的宪法规定由立法机关议决宪法修正案草案,如意大利、法国。(2) 全民公决或公民复决。如日本《宪法》第 96 条第 1 款的规定。(3) 混合机关。约有 70 余个国家的宪法规定由若干国家机关共同作为宪法修正案草案的议决机关。混合机关中有立法机关与行政机关作为议决机关,有立法机关与特设机关作为议决机关,有立法机关与选民团体作为议决机关,有立法机关与联邦组成成员(如州、邦议会)作为议决机关,有立法机关与行政机关、选民团体、特设机关、联邦组成部分及其他国家机关共同作为议决机关等各种不同情况。

宪法修改草案通常要求议决机关以高于通过其他普通议案的出席及同意人数,才能予以通过。如我国 1954 年《宪法》第 29 条第 1 款规定:"宪法的修改由全国人民代表大会以全体代表的三分之二的多数通过。"而 1975 年《宪法》和 1978 年《宪法》对宪法修改程序未作规定。现行《宪法》第 64 条恢复了 1954 年《宪法》的规定。

### (五) 公布

宪法修改草案经有权机关依据法定程序通过以后,还须由法定机关以一定的方式予以公布,才能产生相应的法律效力。受各国的政治体制、历史传统等因素所决定,宪法修改草案的公布机关也不相同,主要有两种情况:一是由国家元首公布。绝大多数国家采用这种公布方式。如爱尔兰《宪法》第 46 条规定:"宪法修正案经人民复决赞同后,总统应即签署,并应依照规定的方式公布为法律。"二是由代表机关公布。少数国家采用这种公布方式,如巴西《宪法》第 217 条规定:"宪法修正案应由众议院及参议院执行委员会全体委员签署公布";我国《宪法》没有规定宪法的公布机关,在实践中,一般由全国人民代表大会主席团以全国人民代表大会公告的方式公布。

## 第六节 宪法解释

### 一、宪法解释的概念

宪法解释是指在宪法实施过程中,由于宪法规范的抽象性,在对宪法规范含义不确定的情形下,对宪法规范内容进行理解或说明的活动。宪法解释的概念一般分为广义宪法解释与狭义宪法解释。广义宪法解释范围比较广泛,除有权机关的宪法解释外,还包括社会团体、学者等主体对宪法的解释。狭义宪法解释指有权机关依照法定程序对宪法规范内容进行的理解或说明。各国有权解释机关因各国制度不同而存在差异,有的是以立法机关为有权解释机关,有的是以司法机关为有权解释机关,有的是以专门性机关为有权解释机关。而依据宪法解释的主体性质和宪法解释的效力可将宪法解释分为正式解释和非正式解释两种。正式解释又称为有权解释,是有权机关依照一定的原则、程序对宪法规范内容进行具有法效力的说明。非正式解释又称为无权解释,是指有权机关之外的主体对于宪法规范内容的理解,这种理解不具有法上的效力。

**二、宪法解释的机关**

有权的宪法解释机关进行的宪法解释主要包括四种情形:

(一)立法机关解释

立法机关解释的体制是由具有立法权的国家机关按照法定程序来对宪法进行正式解释的宪法解释制度。立法机关作出的宪法解释具有普遍的约束力。我国采取由立法机关来对宪法进行正式解释的制度。根据现行《宪法》第67条的规定,全国人民代表大会常务委员会有权解释宪法。由此表明,我国的立法机关即全国人民代表大会常务委员会是作出宪法正式解释的机关。全国人民代表大会常务委员会是全国人民代表大会的常设机关,是我国最高国家权力机关的重要组成部分,享有国家立法权,在国家权力机构中具有权威性。由全国人民代表大会常务委员会对宪法进行解释具有优越性与合理性。

(二)司法机关解释

目前有六十多个国家采取司法机关解释宪法的体制。

司法机关解释宪法具有以下几个特点:一是采取被动解释的方式,即司法机关不主动对某些法规范从宪法上进行解释,或主动对宪法的某个规范进行解释,一般由其他主体如国家机关、团体或个人等在具体案件中提出申请,司法机关才可以在审理案件的过程中附带性地对宪法作出解释,从而判断法律是否违宪。二是宪法解释的效力不具有规范上的普遍性,只针对个案。在具体裁判过程中,当事人申请对某项法律规范在宪法上进行审查,司法机关就个案作出的宪法解释对个案是有效力的,但是此解释并不具有规范的普遍约束力。

(三)特设机关解释

特设机关解释,是指通过设立特定的机关来专门对宪法进行解释。有的国家建立了专门的宪法法院来对宪法进行解释,如德国等。专门的特设机关解释宪法的体制普遍采取司法积极主义原则,一般具有以下几个特点:一是专门性,即特设机关是具体适用宪法的专门性机构,包括宪法解释、宪法判决等。二是组成人员的多样性。特设机关的组成人员一般不仅包括经验丰富的法官,也包括具有丰富政治经验的政治家、法学教授等。三是解释方式具有多样性。专门性的特设机关既可以主动地进行宪法解释,也可以被动地根据申请来对宪法进行必要的解释。有的宪法解释寓于宪法判决之中,而有的是针对某一问题单独作出宪法解释,等等。

### (四）公民团体解释

公民团体解释制度主要存在于有公民复决制度的国家。复决制度创始于美国的各州宪法之中，其后在瑞士各州和联邦中得以适用。公民复决是指对于某一宪法问题，由公民通过民主投票的方式共同复决来决定，即公民团体有最终的宪法解释权。

### 三、宪法解释的原则

宪法解释通常须遵循以下原则：

1. 解释宪法应以符合制宪目的为原则。宪法在制定的时候都有其制定的目的。宪法制定以后，当宪法规范内容出现争议而对宪法规范进行解释，寻求宪法规范的原意之时，通过对于制宪目的的考察，可以更好地把握宪法规范的真正原意。当社会现实发展而使宪法规范的内容无法确定之时，离开了制宪的目的，将可能背离宪法规范的真正意旨。以符合宪法目的为原则可以保证解释结果与宪法规范真正内涵的一致性。

2. 解释宪法应以依法解释为原则。法治背景下，正式的宪法解释都有较为严格的程序规定，在宪法解释主体、解释界限、解释程序及其解释效力等方面均有具体的规定。宪法解释虽然离不开价值判断，但是其必须按照法定的程序和规则来进行，保证宪法解释活动的规范化。如果宪法解释过程违反了规定的程序或规则，则将影响其法定的效力。

3. 解释宪法应以宪法精神和基本原则为指导原则。虽然宪法规范具有抽象性、模糊性等特点，宪法文本中仍然体现着宪法的精神以及宪法的基本原则。与宪法精神与宪法基本原则相比，宪法规范具有相对具体性。某种程度上，宪法规范是宪法精神以及宪法基本原则的具体化。宪法精神和宪法基本原则是宪法规范的理念基础与源头。因此，在对宪法规范进行解释的过程中，追寻宪法规范的真正意涵必定要以宪法精神与宪法基本原则为原则。这样才能更准确地把握宪法规范的法治内涵，而不偏离宪法的意旨。

4. 解释宪法应以与社会发展需要相适应为原则。法规范相对社会的发展总具有一定的滞后性。而社会一直向前发展，不断经历变革与更新，社会的需求也随着时代的不同而有所不同。当社会不断变革之时，便会出现新的社会内容与宪法规范的内容不相符合的情形，此时必须对宪法进行解释。而宪法解释则需要以与社会发展的需要相适应为原则，一方面使宪法能够适应社会发展的需要，另一方面使宪法能够促进社会向更高层次发展，引领社会的进步。如果宪法解释不能与社会发展的需要相适应，则宪法将阻碍社会的发展，违背社会发展的客观规律。

### 四、宪法解释的程序

由于存在不同的宪法解释体制，因此宪法解释的程序也存在一定的差别。如在美国由法院解释宪法的体制下，宪法解释一般遵循案件性原则，即只有在发生具体的法纠纷时，才可以附带性地提起宪法诉讼，请求解释宪法。而在专门特设机关的宪法解释体制下，专门解释机关可以主动地对不符合宪法的法律等规范进行审查，从而作出相应的宪法解释。整体来看，宪法解释的一般程序通常包括：

（一）宪法解释的提出

在宪法适用过程中，由于社会现实发生变化或由于宪法规范的滞后性等而出现宪法规范与社会现实发生冲突时，需要对宪法进行解释。而宪法解释必须由特定的主体提出，解释程序方可启动。由于各国宪法解释体制存在差别，因此，宪法解释的提出程序也存在差异，有的在具体纠纷裁判过程中提出，有的是由宪法解释机关主动提出，有的是根据法定主体依照法定程序提出，等等。

在我国，《宪法》第 67 条明确规定："全国人民代表大会常务委员会行使下列职权：（一）解释宪法……"由此可知，我国宪法的解释权在宪法规范上属于全国人民代表大会常务委员会。提议宪法解释的主体需要通过《宪法解释程序法》予以明确。

（二）宪法解释的审查

在宪法解释的提出程序结束以后，具有宪法解释权的机关在接到宪法解释请求以后，要依据法定的程序对宪法解释的请求进行审查，从而决定是否作出解释。在我国，宪法解释机关为全国人民代表大会常务委员会，因此，全国人民代表大会常务委员会可以直接对宪法解释请求进行审查。同时按照《中华人民共和国全国人民代表大会组织法》第 37 条的规定，全国人民代表大会常务委员会各专门委员会的工作内容包括审议全国人民代表大会常务委员会交付的被认为同宪法、法律相抵触的国务院的行政法规、规章和命令，国务院各部、各委员会的命令、指示和规章，省、自治区、直辖市的人民代表大会和它的常务委员会的地方性法规和决议，以及省、自治区、直辖市的人民政府的决定、命令和规章，提出报告。因此，全国人民代表大会常务委员会也可以委托全国人民代表大会设立的专门委员会事先审查，审查结束后由其向全国人民代表大会常务委员会提交具体的审查报告。

（三）宪法解释的决议

经过宪法解释的审查程序以后，宪法解释机关根据具体审查情况对请求事宜作出相应的宪法解释。在我国，由于宪法解释权属于全国人民代表大会常务委员会，因此，对于经过审查的宪法解释请求，全国人民代表大会常务委员会需根据具体情形作出宪法解释的决议。目前对于宪法解释的决议程序尚无规范上的依据，但是可以参照法律等规范的解释程序来进行。对宪法进行解释时必须过半数通过。表决的方式可用举手的方式，也可采用无记名投票的方式。

（四）宪法解释的公布

宪法解释机关在按照法定程序以决议等形式作出正式的宪法解释以后，要按照一定的程序予以公布，通常宪法解释的效力自公布之日起发生法律效力。宪法解释一般由国家元首来进行公布。在我国，宪法解释一般应由全国人民代表大会常务委员会以公报的形式予以公布。

## 第七节 宪法规范

### 一、宪法规范的概念

宪法规范与刑法规范、民法规范、诉讼法规范等并列，都属于法规范的范畴。宪法规范作为法规范的一种，当然具有法规范的一般属性与特征，如都按照一定的程序来制定或认可；都要靠国家的强制力去实施，都依赖于一定的社会物质生活条件，都体现国家的意志，等等。又因宪法规范是国家的根本性法规范，而有属于自己的特定内容。宪法规范所调整的社会关系有两大特点：一是调整的对象非常广泛，涉及国家和社会生活各方面最基本的社会关系。二是所调整社会关系的一方通常总是国家或者国家机关。宪法规范是近现代民主国家为了调整国家根本政治制度和社会制度关系制定或认可的行为准则，主要调整国家权力之间以及国家权力与公民权利之间的相互关系。

### 二、宪法规范的特点

宪法规范与其他规范相比，具有诸多特点，主要表现在根本性、最高性、原则性、相对稳定性、政治性及制裁性等方面。

（一）根本性

宪法规范的根本性是指宪法规范一般只规定国家生活中的根本性问题。虽然宪法的内容涉及社会生活的各个方面，但是宪法规范对这些问题不进行具体的细化规定，而只规定根本性的问题。由于宪法规定的是国家的根本制度，规定社会制度和国家制度的根本原则。因此，有的国家把宪法称为根本法或基本法。我国《宪法》规定的主要内容有：(1)国家的根本制度。如《宪法》第1条第2款规定："社会主义制度是中华人民共和国的根本制度……禁止任何组织或者个人破坏社会主义制度。"(2)社会制度和国家制度的基本原则。如《宪法》第3条规定："中华人民共和国的国家机构实行民主集中制的原则……中央和地方的国家机构职权的划分，遵循在中央的统一领导下，充分发挥地方的主动性、积极性的原则。"(3)国家的根本任务和基本国策。如《宪法》第5条第1款规定："中华人民共和国实行依法治国，建设社会主义法治国家。"(4)公民的基本权利和义务。如《宪法》第46条规定："中华人民共和国公民有受教育的权利和义务。国家培养青年、少年、儿童在品德、智力、体质等方面全面发展。"(5)国家机关的组织和活动的基本原则与体系。如《宪法》第58条规定："全国人民代表大会和全国人民代表大会常务委员会行使国家立法权。"宪法规范的根本性是宪法规范的核心特点，因此其区别于其他法律等规范均围绕具体内容来展开，而一般不涉及国家的根本性问题。从宪法规范的根本性可以看出，宪法规范的调整范围非常广泛，涉及社会生活的各个方面，因此宪法规范的广泛性也是宪法规范根本性的应有之意。

（二）最高性

宪法规范的最高性指其与其他规范相比具有效力上的优先性，能够约束一切国家机关、社会团体和公民的活动。宪法规范在政治生活中具有最根本的价值基础，其位阶高于法律、行政法规、地方性法规等规范，在法规范体系中具有最高的法效力。在我国《宪法》中，主要表现在第5条第3款，其规定"一切法律、行政法规和地方性法规都不得同宪法相抵触"。我国《宪法》的序言也规定了宪法具有最高的法律效力。由于宪法规范的最高性，宪法规范制约和控制着其他规范的存在与发展。宪法规范的最高性，某种程度上源于宪法规范的根本性，因为宪法规范规定的是国家生活中最根本的问题，而一般法律规定的是社会生活中的一般性问题。同时，宪法规范严格的制定与修改程序也在一定程度上决定了宪法规范的最高性。严格的制定与修改程序同其他法律制定的一般程序相比更具有民意性。宪法规范的最高性不仅体现在法规范体系之中，而且在其他规范领域，如政策、政党的文件等，宪法规范仍然体现为最高性。政策、政党文件等规范均不得与宪法规范相冲突。

（三）原则性

宪法规范的原则性指宪法规范一般对调整范围内的问题只规定基本的原则。由于宪法的根本性，调整范围涉及社会生活的诸多方面，因此，宪法规范不可能对调整范围内的所有问题均进行具体的规定，其只能对所调整的领域在整体上进行原则性的规定，而且必须用非常简明概括的文字予以表述。如果宪法对其所调整的广泛的社会领域的问题均进行具体化的规定，则宪法将成为一部无所不有的法律大全，而失去其作为国家根本法的性质。因此，宪法规范在整体上必须对其所调整的领域进行原则性的规定，没有必要对所有问题均作出详尽而具体的规定。由于宪法规范具有原则性，也决定了宪法规范的抽象性、不具有直接的可操作性等特点。宪法规范的原则性区别于法律规则的具体性、可操作性等特点。由于宪法规范具有原则性而不具有直接的可操作性，因此，宪法规范的适用必须与其他规范相结合才具有具体可操作的内容，才能发挥宪法规范的应有作用。

（四）相对稳定性

宪法规范的稳定性，是相对于法律等其他规范的稳定性而言的。强调宪法规范的稳定性，并非说法律等其他法律规范不具有稳定性。法律等其他规范同样具有稳定性，只是与宪法相比，稳定性要弱于宪法。由于宪法具有根本性，规定国家政治生活中诸多根本性问题，此决定了宪法必须具有稳定性，这关涉国家根本政治、经济等制度的稳定，一定程度上也关涉社会秩序的稳定。同时宪法规范修改程序的严格性也是与宪法规范的稳定性相辅相成的。与法律等其他规范的修改程序相比，各国一般对宪法规范的修改规定了更为严格的程序。宪法修改程序的严格性，也在形式上决定了宪法规范的相对稳定性。宪法规范的稳定性也是树立宪法权威、维护宪法最高法地位的需要。如果宪法朝令夕改，则必将影响到宪法的权威性，进而影响到宪法的最高地位。作为民意的最高体现，宪法的稳定性对于树立宪法信仰、培养宪法意识、维护宪法尊严具有重要的意义。当然宪法所具有的稳定性也是一种相对的稳定性，只是相对于一定的历史时期、一定的历史条件。当社会现实发生变化而出现宪法规范不能适应社会发展的需要的情况时，则宪法规范也要发生相应的变化以适应社会发展的客观需要。

(五) 政治性

宪法规范主要调整国家权力的地位与职权、国家权力之间以及国家权力与公民权利之间的相互关系,因此,宪法规范在适用过程中难免表现出其所具有的政治性。由于宪法具有根本性、最高性等特点,与政治权力密切相关,调整范围涉及国家诸多根本制度,包括根本经济制度、政治制度等,因此,也决定宪法在法规范体系中特别具有政治性。宪法规范的政治性表现在宪法的制定、修改、解释等过程中,均反映了一定的政治利益。宪法规范所具有的政治性并不表明其可以脱离规范性,规范性仍然是宪法规范的主要特性。宪法所反映的各种政治利益仍然要在法规范秩序的架构下予以权衡。宪法规范既要适应其政治性的利益需要,也要通过规范性来约束政治权力。宪法规范自身所具有的政治性并不与其所具有的规范性相冲突。宪法规范所具有的政治性并不表明政治问题可以脱离宪法规范的范围。宪法规范的政治性也要符合规范的要求,而不能脱离规范的规制。

(六) 制裁性

宪法规范是一种法规范,具有法规范的特性。而法规范的特性之一是具有制裁性。不能因为宪法具有政治性而将宪法看作所谓的"政治法",从而忽视其所具有的制裁性。宪法规范与民事规范、刑事规范、行政规范等其他法律规范一样具有制裁性。但是刑事规范等的制裁一般针对公民、法人和其他组织。而宪法规范所具有的制裁性主要表现为对国家机关及其公职人员的制裁,如撤销违反宪法的法律等。

## 第八节 宪法关系

### 一、宪法关系的概念

法律关系是法律规范在调整人们行为的过程中形成的法律上的权利与义务关系。宪法关系属于法律关系的一种,也具有法律关系的属性。但是由于宪法具有自身的独特属性,因此宪法关系也有别于法律关系。宪法关系是根据宪法规范来调整人们的行为而形成的宪法上的社会关系,以公民权利、国家权力与义务为主要内容。由宪法规范的特点所决定,宪法关系是社会生活中最基本的法律关系。

### 二、宪法关系的特点

宪法关系除具有法律关系所具有的一般属性外,还具有以下几个主要特点:

1. 在宪法关系中,国家或者国家机关是宪法关系的主体之一。从宪法所调整的社会关系来看,一般离不开作为权力代表的国家或者国家机关。因此,国家或者国家机关是宪法关系的一方主体,是宪法关系的独特之处。

2. 宪法关系所涉及的内容具有广泛性,包括政治、经济、文化、军事等诸多社会领域。宪法作为根本法与最高法,涵盖了整个法秩序,必然要求其所调整的领域具有广泛性。

3. 宪法关系与其他关系相比具有基本性。在所有法律关系之中，宪法关系是最基本的法律关系。它确立了国家法治生活的根本范式，是国家立法、司法、行政的基本依据，也为其他法律关系提供了基本的法律依据。

4. 宪法关系具有政治性。国家或国家权力离不开其所内涵的政治特性。宪法关系的主体之一为国家或国家机关，这就决定了宪法关系也具有较强的政治性。我国宪法中关于公有制经济、国家的根本政治制度等诸多内容的规定都表现出了宪法关系具有浓厚的政治性。

### 三、宪法关系的种类

宪法关系一定程度上是国家权力与公民权利之间的关系，且离不开国家权力这一要素。以宪法关系的主体为标准可以将宪法关系分为以下类型：

#### （一）国家机关之间的关系

国家机关之间的相互关系从本质上来说是一种权力与权力之间的关系。由宪法对国家权力进行配置是法治国家的基本要求。为了防止权力的专横与恣意，宪法从横向和纵向两个层面对国家权力进行分配与界定。在横向层面的权力分配中，西方国家一般按照三权分立原则将国家权力分为立法权、行政权与司法权。每个被分配国家权力的国家机关都必须在宪法的授权范围内进行活动、行使职权。如司法机关只能在国家司法权的范围内从事审判活动，立法机关只能在国家立法权的范围内从事立法活动等。当横向国家权力越权或发生冲突等而形成的相互关系即为宪法关系。在我国，由于实行的是民主集中制下的权力分工与制约机制，因此，横向权力的分配模式不同于西方。我国的国家权力的横向分工包括权力机关、行政机关、监察机关、审判机关、检察机关、军事机关以及国家主席的权力。每个国家机关都具有自己独特的国家权力及其权限范围，如审判机关行使审判权，对各类法律纠纷进行司法审判，军事机关掌握国家军事权，等等。同时与西方权力分立机制不同的是，我国实行的是人民代表大会制度，因此作为国家最高权力机关的全国人民代表大会不受其他机关的约束。行政机关、监察机关、审判机关、检察机关等其他国家机关也不能制约最高国家权力机关的活动。总之，每个机关都必须在宪法划定的权力范围内进行活动。国家机关之间关系的另一个层面表现在纵向权力的关系之中。纵向权力关系主要包括中央国家机关与地方国家之间的关系以及上级国家机关与下级国家机关之间的关系。在联邦制国家中，纵向分权的界限相对清晰。联邦的权力来源于各成员单位的让渡。凡是没有授予联邦（中央）的权力，则均留由各成员单位（州等）享有。我国实行的是单一制，但仍然存在分权的思想。根据我国《宪法》的相关规定，中央和地方的国家机构职权的划分，遵循在中央的统一领导下，充分发挥地方的主动性、积极性的原则。在各少数民族聚居的地方实行区域自治，设立自治机关，行使自治权。同时存在享有高度自治的特别行政区制度。因此，纵向权力之间的相互关系仍然要在宪法规定的范围内活动。由于我国采取的是单一制国家结构形式，目前在纵向分权的过程中，地方的权力往往是由中央授予的。如果中央与地方权力的划分不确定，容易造成纵向分权的不确定。但不论如何,纵向国家权力分配中形成的国家权力之间的关系也属于宪法关系的类别。

(二)国家与公民的关系

国家权力与公民权利是宪法关系的核心范畴。从国家权力的角度来看,一方面,宪法通过规范来对国家权力进行划分、界定,规定了权力的取得方式和运行程序等,从而有效地防止国家权力的泛滥,但其最终目的是为了能够更充分地保障公民的基本权利。另一方面,宪法通过规范对国家权力的义务进行了规定,来达到保障公民基本权利的目的,也即国家必须履行宪法上规定的义务。如我国《宪法》第42条第2款规定:"国家通过各种途径,创造劳动就业条件,加强劳动保护,改善劳动条件,并在发展生产的基础上,提高劳动报酬和福利待遇。"此条文便是规定了国家的义务,通过国家在宪法上的义务来实现公民的基本权利。

从公民权利的角度来看,一方面,宪法通过规范来确认公民的基本权利,以对其进行保护,使得公民的基本权利在受到侵害时能够得到救济。如我国《宪法》第41条第1—2款规定:"中华人民共和国公民对于任何国家机关和国家工作人员,有提出批评和建议的权利;对于任何国家机关和国家工作人员的违法失职行为,有向有关国家机关提出申诉、控告或者检举的权利,但是不得捏造或者歪曲事实进行诬告陷害。对于公民的申诉、控告或者检举,有关国家机关必须查清事实,负责处理。任何人不得压制和打击报复。"此条便是对公民监督权在宪法上的确认与规定。对于公民这一宪法上的基本权利,任何主体都不得侵害。公民对于其基本权利受到侵害的情形,可以通过救济的途径来保护其权利。另一方面,公民的基本权利也有防御国家侵害的功能。通过宪法规范对公民基本权利的确认,可以有效防止国家权力的侵害,这种防御功能也是至关重要的。

(三)国家与社会团体的关系

同样可以与国家或国家权力在宪法上产生权利义务关系的是社会团体。社会团体作为宪法关系的重要主体之一,与国家之间也存在着宪法关系,如工会与国家权力之间的宪法关系、政党与国家权力之间的宪法关系等。

**四、宪法关系的构成**

法律关系具有三个基本的构成要素,即法律主体、法律内容与法律客体。缺少任何一个要素,法律关系都不能存在。宪法关系同样具有独特的构成要素,即宪法关系的主体、宪法关系的内容与宪法关系的客体。

(一)宪法关系的主体

宪法关系的主体简单地说就是宪法关系的参与者,是宪法权利、权力与义务的具体承担者。从宪法的根本性可以看出宪法所涉领域极其广泛。而宪法关系则以公民与国家之间的关系为主线。因此,宪法关系的主体也以公民与国家为基本主体。

1. 公民。在立宪主义形态形成以前,在社会中占绝大多数的人始终没有成为政治国家中完整的主体。只有在立宪主义完成以后,公民才以宪法主体的身份参与到国家政治生活之中。公民可谓宪法规范的目的性、归宿性主体。宪法、宪政等最终都是为了回归到公民这一主体之上。宪法关系主体中的公民,可以从两个层面来理解:一为抽象的层面,二为具体的层面。抽象层面主要表现为通常所说的人民,与抽象意义上的国家相对应。人民可谓公民的集合体。在具体层面上表现为与一定利益密切相关的公民。具体意义上的公民可以享有宪法上规定的权利与义务。宪法关系中,公民主体一般以具体的形态出现。当然人民仍然是宪法关系的主体,虽然其以抽象、整体的形态出现。

2. 国家。国家也是宪法关系的主体之一,但是并非所有形态的国家均是宪法关系的主体。在立宪主义出现以前,国家与公民之间是一种具有绝对性的统治关系,国家享有绝对的权威。此时国家并无所谓的责任可言,因此,也不可能成为宪法关系的主体。在立宪主义以后,宪法在一定程度上成为国家与人民之间的契约。国家不再毫无拘束而可放任恣意,其行为受到了宪法的规制,必须在宪法的范围内活动,否则将承担宪法上设定的责任。此时国家演变成为宪法关系的重要主体。国家作为宪法主体也具有两种形态:一为抽象的形态,二为具体的形态。抽象的形态是指国家这一抽象的、整体的概念,与抽象的人民的概念相对应。由于国家是抽象的概念,因此其必须通过具体的形态来完成其职责与使命。具体的形态主要为国家权力的载体即国家机关。虽然国家这一抽象形态的概念不能实施具体行为,但是其可以通过国家机关来具体践行国家的理性与意志。国家的职权需要具体的国家机关来行使,国家通过它们发挥其作用,这些具体的国家机关享有宪法和法律上的权力、义务和责任,其是国家这一宪法关系主体的具体表现形态。

3. 其他主体。除了公民与国家这两大基本主体外,还存在民族、政党、利益团体等其他众多宪法关系的主体。

(二) 宪法关系的内容

实践中宪法关系的内容一般比较复杂,往往涉及多个行为、多个行为对象或宪法主体。复杂的宪法关系,是由一些基本的宪法关系复合构成的。一个基本的宪法关系,只涉及一个特定的行为、一个特定的行为对象和两个宪法关系的主体。概括起来,宪法关系的内容主要有以下几种表现形式:

1. 基本权利与义务。法律权利是指法律规范所确认的行为主体可以为或不为某一行为,从而获得一定的利益的资格。宪法权利,又往往被称为基本权利,是由宪法或宪法性文件所确认的可以为或不为某一行为的资格。如我国《宪法》规定,中华人民共和国公民有宗教信仰自由,这表明任何宪法主体都可以享有宗教信仰自由权。公民的基本权利一方面可以有效地防御国家权力的侵害,另一方面可以要求国家的保护义务。宪法规定任何国家机关、社会团体和个人不得强制公民信仰宗教或者不信仰宗教,不得歧视信仰宗教的公民和不信仰宗教的公民,某种程度上反映了基本权利的防御功能。基本权利反映了公民与国家之间这一主体性的宪法关系。当然基本权利也存在一定的界限。此界限主要表现在:一是基本权利的行使不能超越自身在宪法上的授予范围,二是基本权利的行使不能侵犯其他主体的基本权利。当然基本权利并非仅限于宪法规范的确认。宪法规范所体现的基本权利往往是最重要、最需要保护的权利。宪法规范由于其局限性,不可能将基本权利全部规定在宪法之中。其他未在宪法中规定的基本权利,可以通过宪法解释,运用权利推理等技术来获得保护。

义务是指行为主体为一定行为的禁止或限制。宪法除规定基本权利外,还规定公民的宪法义务,即基本义务。如我国《宪法》第 54 条规定:"中华人民共和国公民有维护祖国的安全、荣誉和利益的义务,不得有危害祖国的安全、荣誉和利益的行为。"宪法上的基本义务,主要反映了公民对于国家的一种义务。基本义务一般在宪法中明确规定,以防止国家对于公民权利的侵害。对于宪法没有规定的义务,则国家不得任意强制公民履行该"义务"。

因此不论是公民的基本权利,还是公民的基本义务,都是在公民与国家这一基本的宪法关系中展开的。基本权利与义务是宪法关系的重要内容之一。

2. 基本权力与义务。"权力是指它的保持者在任何基础上强使其他个人屈从或服从于自己意愿的能力。"[①]宪法中的国家权力,又称为基本权力,是宪法关系内容的核心范畴之一。相对于公民的基本权利,国家权力具有支配性,强制性。但是基本权力并不是没有约束的。宪法为国家权力划清了界限,从而有效地规制国家权力的运行,防止国家权力的泛滥。一方面,宪法通过权力分立的方式划分了国家权力,将国家权力细分为立法权、司法权、行政权等;另一方面,宪法对每一种国家权利赋予了特定的职权范围。因此基本权力在宪法关系中便有了自身的权力界限,即基本权力的行使不得与其他基本权力相冲突,只能在宪法规定的职权范围内进行。同时宪法中的国家权力虽然在形式上具有强制性、支配性,但与公民的基本权利相比,这种强制性、支配性具有相对性、派生性和受制约性。基本权力是以公民的权利为基础的,其最终目的是为了保障公民的基本权利。

与基本权力相对应的义务,主要体现为权力的责任。这种义务或责任相对于公民权利而言,具有两个层面的内涵:一是国家权力的消极责任。即权力不得滥用而侵犯公民的基本权利。二是国家权力的积极责任。国家权力有义务和责任去采取有效的措施保障和促进公民的权利。

(三) 宪法关系的客体

法律关系的客体是指法律关系主体之间权利义务所指向的对象。宪法关系作为法律关系的一种,宪法关系主体的权力、权利与义务同样存在着指向的对象。宪法关系的客体简言之,是宪法权利与宪法权力所指向的对象。从宪法的实践来看,宪法权利与宪法权力所指向的对象是宪法行为。宪法权利行为和宪法权力行为是宪法关系主体之间及其与宪法规范产生联系的唯一领域。公民的宪法行为主要表现为权利行为,如行使参政权、罢免权以及其他基本权利。同时,公民可以通过权利行为来与国家的权力抗衡,推动宪法关系的不断更新。国家作为宪法关系的主体,则通过宪法权力行为来维护和促进社会公共利益,为宪法关系的稳定和发展服务。

因此,宪法关系的客体是宪法行为,包括公民的宪法权利行为和国家的宪法权力行为两种类型,也即是公民和国家等宪法主体依法行使宪法规范所赋予的权利和权力的行为。

---

① 〔英〕A. 布洛克、O. 斯塔列布拉斯主编:《枫丹娜现代思潮辞典》,中国社会科学院文献情报中心译,社会科学文献出版社 1988 年版,第 453 页。

## 第九节 宪法与民主

### 一、宪法与民主关系密切

民主是一种政治理念,这个理念是:国家权力属于人民,因此,人民有权参与国家政治生活。基于这个政治理念而形成的政治形态被称为民主政治,是现代许多国家宪法采行的政治形态。

各种不同政治思想对于民主的定义均有不同,但一般认为,民主应该包括以下的内涵:

一是人民主权。国家的一切权力属于人民,这个概念使民主与独裁制(统治权仅归君主或单一领导人)、寡头制或贵族制(统治权仅归少数人)有所区别。

二是政治平等。每个公民享有均等的机会参与政治,其表现就是普遍和平等选举权,此外,人民应有充分获取政治信息、充分表达(包括不表达)政治意见的权利。

三是公民参与。政府根据制度安排,了解人民对公共政策的看法、意见,并通过法律确保政府执行人民已表达的意愿。换言之,这个概念强调由"人民自己"来治理国家和社会。

四是多数人统治。民主指全民共同统治,但如经商议仍不能达成共识时,则需要在作出权威性决定时,依据多数人的意见。这一概念仅适用于全民不能达成共识、争议性较大之时,而非指多数人享有优势地位,可以任意行事。

宪法与民主的发展是密不可分的。为了使民主制度法律化,实现人民主权原则,人民运用制宪权,制定了宪法,规定了民主制度的原则与具体程序。

宪法作为国家根本法,依国家强制力保障民主制度的实施,但宪法本质上是国内各种政治力量实际对比关系的集中反映。

### 二、中国特色社会主义民主的基本形式

我国《宪法》规定,中华人民共和国的一切权力属于人民。人民行使国家权力的机关是全国人民代表大会和地方各级人民代表大会。人民依照法律规定,通过各种途径和形式,管理国家事务,管理经济和文化事业,管理社会事务。

同时《宪法》规定,国有企业依照法律规定,通过职工代表大会和其他形式,实行民主管理;城市和农村按居民居住地区设立的居民委员会或者村民委员会是基层群众性自治组织。居民委员会、村民委员会的主任、副主任和委员由居民选举。居民委员会、村民委员会同基层政权的相互关系由法律规定。《宪法》序言确立中国人民政治协商会议是有广泛代表性的统一战线组织,过去发挥了重要的历史作用,今后在国家政治生活、社会生活和对外友好活动中,在进行社会主义现代化建设、维护国家的统一和团结的斗争中,将进一步发挥它的重要作用。中国共产党领导的多党合作和政治协商制度将长期存在和发展。

综上所述,在我国,人民通过选举、投票行使权利和人民内部各方面在重大决策之前进行充分协商,尽可能就共同性问题取得一致意见,是我国社会主义民主的基本形式。另外,人民还依照法律规定,通过其他途径和形式,管理国家事务,管理经济和文化事业,管理社会事务。

因此,我国社会主义民主的形式主要有选举民主、协商民主和基层参与民主。随着我国社会主义民主政治的发展,还要不断健全民主制度,丰富民主形式,扩大公民有序的政治参与。

### 三、坚持依宪治国与依宪执政

我国社会主义民主与法治建设经历了一个曲折艰难的过程。改革开放后,1982年《宪法》经过五次修订,力求体现宪法基本价值并切合我国的实际。在宪法指导下,我国改革开放和社会主义现代化建设事业取得了举世瞩目的成就。

习近平指出,依法治国,首先是依宪治国;依法执政,关键是依宪执政。[①] 这是因为,法治首先是宪法之治。依法治国的"法",指的是以宪法为核心由各种法律规范组成的完整法律体系。宪法作为国家根本法,是所有法律中最重要的法律,是整个法律体系的核心。我国所有的法律,都是依据宪法制定的,都是对宪法精神、原则和制度的具体化。因此,依宪治国不仅是依法治国的必然要求,也是依法治国的首要之义。

我国《宪法》规定了国家的根本制度,规定了国家机构的组织体系、职责权限,确立了国家权力的分工和相互监督机制。依宪治国,就是要按照宪法的要求,规范国家权力的组织和运行。由于《宪法》的许多规定主要是依靠国家机关去执行的,因此强调依宪治国,一个重要方面,就是各级国家机关及其工作人员、特别是领导干部应当带头崇尚宪法、学习宪法、遵守宪法、维护宪法,严格依照宪法办事,真正把宪法作为根本活动准则。

党领导人民制定宪法和法律,党本身必须在宪法和法律范围内活动。中国共产党要依据党章从严治党,还要依据宪法治国理政,领导立法、保证执法、带头守法,善于使党的主张通过法定程序成为国家意志,善于使党组织推荐的人选成为国家政权机关的领导人员,善于通过国家政权机关实施党对国家和社会的领导,不断优化依法执政基本方式,更好地提升党的长期执政能力。

但这里要注意的是,我们所提的"依宪治国""依宪执政",是在中国特色社会主义理论的语境和话语体系中,从维护宪法尊严、保障宪法实施意义上,对中国共产党领导人民依照宪法,通过各种途径和形式,管理国家事务,管理经济和文化事业,管理社会事务的高度概括。因此,不能按照西方"宪政"的含义,来套解我国坚持依法治国首先是依宪治国的提法,把"依宪治国"与"宪政"混为一谈。实际上,坚持依法治国,首先是坚持依宪治国,坚持依法执政,首先是坚持依宪执政,它出自中国特色社会主义法治理论,基于中国特色社会主义民主政治的实践,与西方宪政理论本质上是不同的。

---

[①] 习近平:《在首都各界纪念现行宪法公布施行30周年大会上的讲话》,载《人民日报》2012年12月5日。

# 第二章 宪法的产生和发展

## 第一节 近代宪法的产生和发展

### 一、近代宪法产生的基本条件

宪法有古代和近现代之分,不同类型宪法的产生有着不同的时代背景,近代宪法,也即资本主义宪法,是在特定的历史环境中产生的,包括思想、政治、经济、文化和法律自身的发展等因素。

(一)资本主义宪法产生的观念动因

西方自从文艺复兴后,以"自由""平等""人权"等为口号的资产阶级文化观念直接促进了近代资本主义宪法的产生。洛克、孟德斯鸠等启蒙思想家高举理性的大旗,运用自然法的理论武器,用人权反对专制,使自由、平等、博爱等思想观念得以传播和普及,为宪法的产生提供了思想条件。另外,宗教改革是资产阶级文化变迁和发展的重要内容,它按照资产阶级的要求,以宗教改革的形式对封建制度的精神支柱进行了批判,确立了反映资本主义精神的新教伦理和个人宗教信仰自由的观念,为清除宪法产生的思想障碍做出了贡献。可以说,近代资本主义文化为宪法的产生提供了理论和观念支持,宪政文化是倡导理性、民主、自由和人权的近代社会科学发展的产物,这些社会科学学说虽然其具体内容各不相同,但是在反对封建制度之不平等思想方面却有共通的一面,人人自由平等的观念开始流行并且逐渐确立下来,"天赋人权"、有限政府和权力分立与制衡等观念也得以孕育和发展,最终在宪法文本中得以体现。

(二)资本主义宪法产生的经济动因

资本主义生产关系是一种市场经济关系,自由等价商品交易是显著特点。通过商品交换、以市场供求规律(价值规律)配置社会资源,等价交换和自由竞争是其基本要求。商品经济一旦发展到一定程度、发展到近代市场经济阶段,它必然提出破除奴隶社会和封建社会所有制关系的束缚,而产业革命和资产阶级革命的结果,最终宣告了可"自由"买卖劳动力、"平等"占有财产的资本主义生产关系的确立,而财产权的平等保护和经济贸易自由恰恰是宪法的内在成分,这就为资本主义宪法的产生提供了经济基础。

(三)资本主义宪法产生的政治动因

宪法是对自由民主事实的制度化,它作为国家根本法是一切社会成员的最高行为准则,只能由统一的主权国家来创制并反映一定的自由民主事实。在奴隶社会和封建社会,经济上的超强集中、不平等和地区悬殊反映在政治上,就是各国普遍实施君主专制和严格的等级特权制度,公开宣称君主主权和人与人之间的不平等。随着商品经济的高度发展和产业革命的进行,代表先进生产力的资产阶级逐渐取得经济上的统治地位,并日益不满其在政治和社会生活中的不相称地位。他们在与国王为代表的封建领主或农奴主的长期斗争过程中,不断地将已取得的政治权利和自由以法律的形式予以制度化。随着资产阶级革命的胜利,最终以国家的名义将已取得的自由民主事实法律化,并置于最高法的地位,这就成了宪法。

(四)资本主义宪法产生的法律动因

在奴隶社会和封建社会,由于生产力水平低下,社会分工简单,人口较少,人类的社会活动范围相对固定和狭窄,社会关系并不需要复杂多样的法律规范和众多法律部门来调整,而往往让位于伦理道德和宗教教规的调整,立法、司法也只是附属于君主主导的单一行政集权体系,法律及法律制度的欠发达和不完善使得国家和社会没有产生宪法的需求。随着产业革命的进行和社会生产力的高度发展,商品经济进入市场经济阶段,一方面,社会分工越来越细,各国人口猛增,人类的社会交往日趋复杂,客观上要求法律以部门法形式对社会关系进行分门别类的调整,这必然导致诸法合一法律旧体系的解体和法律部门职能的分化,并由此强化法律调整的地位,事实上各国的立法活动越来越频繁,法律规范的数量激增;另一方面,社会分工又促使社会各领域走向新的综合,它要求法律对社会关系进行更系统、更深入的整体调整,对新出现的各种社会主体及其权利义务关系(尤其是国家权力与个人权利的关系)进行统一的配置和制度化安排,这就需要出现一种凌驾于部门法之上的法律,即宪法,宪法的产生也就成为必然。

## 二、英国宪法的产生、发展及特点

资本主义宪法最早产生于英国,英国宪法是不成文宪法,虽然它已有三百多年的历史,但并不是一部统一的、完整的宪法典。英国宪法实际上是由一些陆续颁布的宪法性文件和不同历史时期逐步形成的宪法惯例、判例所构成。在1215年就出现了宪法性文件性质的《自由大宪章》,在1640年英国资产阶级革命前后英国宪法正式确立。从内容上看,它扩大了议会的权力,并确立了议会至上的宪法原则;限制了王权,奠定了议会制君主立宪政体;规定了个人的基本权利,并强化了其保护措施。从形式上看,它包括一系列宪法性法律,如1628年《权利请愿书》、1679年《人身保护法》、1689年《权利法案》、1701年《王位继承法》、1931年《威斯敏斯特法》等。

英国宪法的特点是:其一,英国宪法是不成文宪法,由一系列宪法性法律和惯例等积累而成。其二,英国宪法为柔性宪法,它的制定和修改程序、效力与一般法律无异。其三,英国宪法建立的是君主立宪制,君主是国家元首和象征,君主不实际掌握权力,议会和内阁实际行使国家权力,采取责任内阁制。在早期阶段,议会拥有很大的权力。20世纪以来,由于社会经济、政治的快速发展,内阁的行政权力不断膨胀扩张,议会的地位与作用有所下降,议会的一些权力开始慢慢向内阁转移。

### 三、美国宪法的产生、发展及特点

美国原是英国的殖民地,1775 年北美 13 个殖民地的资产阶级为了摆脱英国的殖民统治,发动了独立战争。1776 年,北美殖民地宣布独立并发表了著名的《独立宣言》,制定了《邦联条例》。1787 年美国 13 个州的代表在费城召开了制宪会议,会上制定了美国《宪法》,该《宪法》于 1789 年生效。美国《宪法》由于有丰富和成熟的资产阶级宪政理论作指导,在内容上确认了"三权分立与制衡"的政治体制,在形式上表现为统一的法典,成为世界上第一部成文宪法。它的内容和形式,为后世许多国家所仿效,对宪政运动的发展起了较大的推动作用。迄今美国已经通过了 27 条宪法修正案,以适应社会实际的变化和发展。美国《宪法》由一个序言和七条正文组成,确立了分权制衡、联邦主义、共和政体等宪法原则,规定了宪法修改的特别程序,1791 年通过的 10 条宪法修正案组成的"权利法案"确认和保障了个人的基本权利。

美国《宪法》产生的特点是:欧洲启蒙思想家"天赋人权"和社会契约理论是美国宪法的思想基础;独立战争的矛头直指英国的君主政体,使得美国宪政选择了彻底的总统制共和政体;美国的国家结构形式经历了从邦联制到联邦制的过程。

### 四、法国宪法的产生、发展及特点

法国《宪法》是欧洲大陆第一部成文宪法,产生于法国大革命。法国革命经历了第一次革命(1789—1791 年)、第二次革命(1792 年)、非常共和国(1792—1795 年)和宪法共和国(1795—1799 年),直至 1799 年拿破仑发动"雾月"政变结束。其间,都有宪法性文件和宪法法典的出台。主要有 1789 年的《人和公民权宣言》(它规定:"凡权利无保障和分权未确立的社会就没有宪法")、1791 年《宪法》、1793 年《宪法》、1795 年《宪法》和 1799 年《宪法》等多达 15 部以上的宪法性文件。

法国《宪法》的特点是:体现了人民主权原则、三权分立原则和共和政体原则;随着革命进程经历了通过《人权宣言》宣布一般宪法原则、到制定君主立宪制宪法、最后颁布民主共和制宪法的过程;法国启蒙思想家如卢梭的人权、法治、民主思想鼓舞了法国革命,甚至被直接写入宪法文本。

### 五、社会主义宪法的产生和发展

世界上第一部社会主义宪法是 1918 年的苏俄《宪法》,它是俄国十月革命的产物,该《宪法》明确宣布一切权力归工农兵代表苏维埃,实行城乡无产阶级与贫农专政。该《宪法》包括前言和 6 篇,共 17 章 90 条。1936 年苏联制定《宪法》之后,其他的社会主义国家大都模仿苏联《宪法》,苏联解体后,1993 年俄罗斯资本主义性质宪法取代了之前的社会主义宪法。目前,世界上影响较大的社会主义宪法是中国、朝鲜、古巴、越南的《宪法》。

## 第二节　中华人民共和国成立前宪法的产生和发展

"一百多年来,中国革命同反革命的激烈斗争没有停止过。这种激烈的斗争反映在国家制度的问题上,就表现为三种不同的势力所要求的三种不同的宪法。"[①]这三种不同的宪法就是:从晚清皇帝、北洋军阀政府一直到国民党政府所炮制的伪宪法;中国民族资产阶级所向往的资本主义民主共和国宪法;以工人阶级为领导的、工农联盟为基础的人民共和国宪法。这三种宪法在立宪背景、制宪主体、具体内容、阶级性质、实现程度等方面各有千秋,共同演绎了中国宪法产生与发展的历史进程。

### 一、清朝末年的立宪活动

清朝末年,各种社会矛盾空前尖锐,清王朝统治集团迫于内外压力,不再顽固坚持"祖宗之法不可变"的教条而下诏变法,于1906年进行为期12年的预备立宪,1908年9月颁布《钦定宪法大纲》,1911年11月3日颁布《重大信条》,中国的宪政运动自上而下拉开了序幕。

《钦定宪法大纲》共23条,其中正文14条,为"君上大权",其条文内容模仿1889年大日本帝国宪法,赋予君主行政、立法和司法大权于一身;其他9条,以附录形式规定了臣民的权利义务。《钦定宪法大纲》并非正式的宪法典,仅仅为宪法纲要,它以根本法的形式使君权合宪化,带有浓郁的封建色彩。但是,它模拟英国的君主立宪政体,意于设置类似英国的责任内阁制的政权组织形式,对君主权力作了较大限制,同时扩大了国会的权力,这一历史意义不容忽视。

### 二、中国资产阶级的立宪活动

1911年的辛亥革命推翻了中国的最后一个封建王朝。1912年元旦,中华民国宣告成立,但中华民国临时大总统的职位很快为袁世凯所把持。为制约袁世凯的政治野心,维护辛亥革命的胜利成果,以孙中山为首的资产阶级革命派通过参议院制定通过了《中华民国临时约法》。这部约法一是确立了资产阶级民主共和国的国家制度,宣布中华民国的主权属于全体国民,中华民国为统一的多民族国家,按照三权分立的原则配置了各类各级国家权力机关,特别是规定了大总统不单独行使最高行政权(与国务总理和各部总长一起),并受参议院的牵制;二是赋予了国民广泛的人身自由和政治权利。《中华民国临时约法》是我国仅有的一部反映民族资产阶级意志和利益、体现资产阶级民主共和国方案的宪法文件,具有鲜明的反封建色彩;由于与帝国主义、旧军阀和立宪改良派相妥协,脱离了广大群众,又缺乏实质上的政权保障,所以它并没有得到实现。

---

① 刘少奇:《关于中华人民共和国宪法草案的报告》,1954年9月20日。

### 三、北洋军阀和国民党政府的立宪活动

(一) 北洋军阀政府时期的宪法性文件

袁世凯担任中华民国大总统后,中国进入北洋军阀统治时期。北洋军阀是清末由袁世凯学习西方军制而创办起来的军事武装集团,为帝国主义列强支持下的封建买办阶级的政治代表。袁死后,北洋军阀分裂为皖系、直系、奉系三派。北洋军阀虽然以武力为后盾,但为使自身的统治披上合法、合宪的外衣,也制定、颁布了一系列的宪法性文件,包括《天坛宪草》《中华民国约法》《中华民国宪法草案》和曹锟的"贿选宪法"等。

(二) 南京国民政府时期的宪法性文件

以蒋介石为首的国民党在南京组织国民政府,实行大地主、大资产阶级专政,先后制定了三部宪法性文件:(1)《中华民国训政时期约法》:它于1931年5月12日制定,其效力一直延续到1946年。它共8章89条,其主要内容是宣布训政时期实行国民党的一党专政和蒋介石的个人独裁,虽然它宣布"中华民国之主权属于国民全体",并规定了政治、经济、文化等方面的制度。(2)"五五宪草":"九·一八事变"后,国民政府迫于抗日民主运动的压力,于1932年年底通过了制宪决议,1933年年初成立了宪法起草委员会,1934年通过了宪法草案,并于1936年5月5日公布。它共8章148条,基本上沿用了《中华民国训政时期约法》。它作为历史遗产,其指导思想和理论也还有可资借鉴之处,如认为宪法要适应国情,注意结合本国的历史传统,并总结实际政治经验,建立运行灵敏、集中国力的政治体制;对宪法内容宜作原则规定、条款不应繁多、文字务求简明等。(3)《中华民国宪法》:它是国民党政府撕毁政治协商会议协议、准备发动全面内战的情况下,由没有共产党和其他民主党派参加的国民大会于1946年年底制定、1947年元旦公布的,共14章175条,它确立了高度专制的总统制体制,并按照孙中山的"五权宪法"思想设计了行政、立法、司法、考试和监察五院制的国家机关体系,确认了四大家族为代表的官僚资本的宪法地位,规定了一些人民权利和国家的政治、经济、文化、国防等方面的国策。

### 四、革命根据地的宪法性文件

中国共产党在不同革命时期建立的革命根据地制定的宪法性文件主要有以下三个:

1. 中国共产党领导工农群众坚持武装斗争,走以农村包围城市的道路,在全国建立了许多革命根据地,在根据地中建立了工农民主政权。为了加强对革命根据地的统一领导,于1931年11月在江西瑞金召开了全国第一次工农兵苏维埃代表大会,宣告了中华苏维埃共和国的成立,并颁布了《中华苏维埃共和国宪法大纲》,全文共17条。这部宪法大纲规定了共和国政权的性质、任务、根本政治制度和劳动群众的基本权利。1934年1月全国第二次工农兵苏维埃代表大会又对它作了某些修改。这是中国历史上第一部由人民代表机关正式通过并公布实施的宪法性文件。

2. 1937年抗日战争爆发后,中国共产党提出了组织千百万人民群众建立抗日民族统一战线、彻底打败日本侵略者的方针。为了团结除汉奸以外的一切抗日的阶级、阶层、党

派和个人一致抗日,1941 年 11 月,陕甘宁边区第二届参议会正式通过了《陕甘宁边区施政纲领》。这部施政纲领规定了抗日民主政权的任务和抗日人民的各项权利和自由;并且确认了抗日政权的更为广泛的民主基础;确认了著名的"三三制"原则,即在由根据地人民选举产生的各级参议会和由各级参议会选举产生的各级政府委员会中,共产党员、党外进步分子和中间派(包括中等资产阶级和开明士绅)各占 1/3。

3. 抗日战争胜利后,中国社会的主要矛盾发生了变化,政权的组织形式也从抗日战争时期实行"三三制"的参议会逐步过渡为人民代表会议。1946 年 4 月,陕甘宁边区第三届参议会通过了《陕甘宁边区宪法原则》,规定了建立新民主主义共和国的基本原则、政权组织形式和各项基本政策,有力地推动了解放区民主建政工作的进展。

革命根据地的宪法性文件的进步意义在于:提出了明确的反对帝国主义、封建主义的政治纲领,反映了中国人民的根本意志和利益;确认了根据地政权的性质和政权的组织形式;规定了根据地人民的广泛的政治经济权利,人民有言论、出版、集会、结社、信仰、居住、迁徙等自由和受教育的权利;并且特别强调了男女平等和民族平等。还着重从制度上、物质条件上保障这些权利的实现;规定了根据地内的各项政策,如经济、文化和司法等方面的政策。

革命根据地的宪法性文件虽然在形式上和内容上都不甚完备,只在局部地区有效,但都具有人民性和民主性,代表了中国人民在共产党领导下为争取国家独立、民族解放和人民民主而斗争的总方向。在中国革命的各个历史时期对于组织人民、团结人民和保护人民,战胜敌人,保证革命战争的胜利,起了一定的作用。它是根据地民主建政的经验总结,为中华人民共和国成立后的制宪提出了宝贵的经验。

## 第三节 中华人民共和国宪法的产生和发展

1949 年中华人民共和国成立前后,我国制定颁布了《中国人民政治协商会议共同纲领》及 1954 年《宪法》、1975 年《宪法》、1978 年《宪法》和现行的 1982 年《宪法》。

### 一、《中国人民政治协商会议共同纲领》

第一届中国人民政治协商会议于 1949 年 9 月 29 日通过了《中国人民政治协商会议共同纲领》(简称《共同纲领》)。

《共同纲领》包括序言及总纲、政权机关、军事制度、经济政策、文化教育政策、民族政策和外交政策共 7 章 60 条,其基本内容为:第一,确认了国家性质和任务。第 1 条规定:"中华人民共和国为新民主主义即人民民主主义的国家,实行工人阶级领导的、以工农联盟为基础的、团结各民主阶级和国内各民族的人民民主专政,反对帝国主义、封建主义和官僚资本主义,为中国的独立、民主、和平、统一和富强而奋斗。"第二,规定了政权组织和原则。第 12 条规定:"中华人民共和国的国家政权属于人民,人民行使国家政权的机关为各级人民代表大会和各级人民政府。各级人民代表大会由人民用普选方法产生之,各级人民代表大会选举各级人民政府。各级人民代表大会闭会期间,各级人民政府为行使各级政权的机关。"第15条规定:"各级政权机关一律实行民主集中制。"第三,赋予人民广泛的权利和义务。在总纲第4、5、6条,它分别确认了人民享有选举权和被选举权,有思想、言论、出版、集会、结社、通讯、人身、居住、迁徙、宗教信仰及示威游行的自由权,有男女平等的权利。同时在总纲的第8条规定了中华人民共和国国民有保卫祖国、遵守法律、遵守劳动纪律、爱护公共财产、应征公役兵役和缴纳赋税的义务。第四,规定了国家的经济、文教、民族、军事、外交等方面的大政方针。

《共同纲领》并没有提出明确的社会主义目标和任务,具有明显的过渡性和临时性的特征,它是中华人民共和国的一部临时宪法。它的贯彻落实对于中华人民共和国成立初期国家的各方面工作起了重要作用,它巩固和发展了人民民主专政,完成了民主革命遗留的任务,恢复和发展了长期受破坏的国民经济,为社会主义改造和建设创造了良好的前提条件。

**二、1954年《宪法》**

《共同纲领》实施后的几年内,我国的革命和建设事业飞速发展,至1954年年底已基本完成了民主革命的遗留任务,《共同纲领》已不能适应全国形势发展的需要,正式宪法的制定提上议事日程。1953年1月,中央人民政府第22次会议决定成立以毛泽东为首的宪法起草委员会。1954年3月,毛泽东向宪法起草委员会提交了中共中央拟定的宪法草案初稿,之后全国上下对之进行了讨论。1954年9月20日,第一届全国人民代表大会第一次全体会议一致通过《中华人民共和国宪法》(简称1954年《宪法》),由大会主席团予以公布实施。

1954年《宪法》包括序言及总纲、国家机构、公民的基本权利和义务、国旗国徽首都共4章106条,它在内容上充分反映了社会主义原则和人民民主原则。确认了中华人民共和国的基本政治制度,规定了人民民主专政、人民代表大会制度和单一制结构下的民族区域自治制度;确认了我国社会主义过渡时期的经济政策,规定了我国的四种生产资料所有制形式,即国家所有制、合作社所有制、个体劳动者所有制和资本家所有制,规定了国营经济在国民经济中的领导地位和优先发展的方针;规定了过渡时期的总任务是实现社会主义工业化和完成对农业、手工业和资本主义工商业的社会主义改造;确认了公民的基本权利和义务及国家的外交等方面的内容。

1954年《宪法》作为我国第一部社会主义类型宪法,无论是其指导思想、基本原则、主要内容还是结构形式,都受到了人们的普遍称赞,其制定和实施对巩固人民民主专政、促进社会主义经济建设、团结全国各族人民进行社会主义革命和建设,发挥了积极的推动和保障作用,并为我国日后的宪法修改提供了基础。

**三、1975年《宪法》**

1975年1月第四届全国人民代表大会第一次会议通过修改1954年《宪法》,产生了

1975年《宪法》，共30条。这部宪法继承了1954年《宪法》关于国家基本制度的规定，确认了我国已进入社会主义社会的历史事实，并首次明确规定我国外交的和平共处五项原则，但它的缺陷和错误也非常明显，这主要表现为：第一，强调社会主义社会长期存在的阶级斗争，应通过"无产阶级专政下继续革命的理论和实践"来解决，这为否定经济建设、将阶级斗争扩大化提供了宪法依据。第二，在国家权力的配置上，在人民代表大会的组成上规定以工农兵代表为主体，取消国家主席制度；规定中共中央主席统帅军队权和中共中央对国务院组成人员任免的提议权，取消检察院而其职能由公安机关行使；规定司法机关的检察和审判应走群众路线；规定地方各级革命委员会为地方人民代表大会的常设机关和地方各级人民政府；规定农村人民公社为政社合一的基层组织。第三，将公民的基本权利和义务缩减合并为4条。第四，在表述上使用了大量政治标语和毛主席语录，规范含义难以确定。1975年《宪法》是对1954年《宪法》的严重倒退。

### 四、1978年《宪法》

1976年，"文化大革命"结束，我国开始了拨乱反正。为清除1975年《宪法》的"左"的流毒，恢复被破坏的民主法制原则，1978年3月5日，由第五届全国人民代表大会第一次会议通过了宪法的修改案，即1978年《宪法》。1978年《宪法》与1954年《宪法》的指导思想基本相同，除序言外共60条。它在序言中明确地规定了新时期的总任务是"在本世纪末把我国建设成为农业、工业、国防和科学技术现代化的伟大的社会主义强国"，恢复了人民检察院的设置和1954年《宪法》中关于国家机关的许多职能，丰富了公民的权利义务体系（共有16条），还明确提出了统一祖国的历史任务。1978年《宪法》未摆脱极"左"思想的影响，而越来越不能适应改革开放和社会主义现代化建设的形势需要，其全面修改势在必行。

### 五、1982年《宪法》

第五届全国人民代表大会第五次会议于1982年12月4日通过1982年《宪法》，保留了前三部宪法的基本格式，除序言外共138条。这部宪法明确地提出了坚持中国共产党的领导，坚持马列主义、毛泽东思想，坚持人民民主专政，坚持社会主义道路四项基本原则，并具体体现了如下精神：第一，"今后国家的根本任务是集中力量进行社会主义现代化建设。……逐步实现工业、农业、国防和科学技术的现代化，把我国建设成为高度文明、高度民主的社会主义国家"；第二，"发展社会主义民主，健全社会主义法制"；第三，维护国家统一和民主团结，强调"中华人民共和国是全国各族人民共同缔造的统一的多民族国家"，"台湾是中华人民共和国的神圣领土的一部分"，"国家在必要时得设立特别行政区"等；第四，坚持改革开放，进行政治体制和经济体制改革。1982年《宪法》以1954年《宪法》为基础、继承和发展了1954年《宪法》的基本原则，全面总结了我国社会主义革命和建设正反两方面的经验教训，反映了我国改革开放以来的巨大成就，规定了国家的根本任务和发展措施。它的制定和实施，标志着我国社会主义民主和法制建设上了新的台阶，标志着我国社会主义制度得到进一步巩固和完善，是新时期我国社会主义建设事业的根本指南和宪法保障。

1982年《宪法》通过以后至2018年,以修正案方式作过五次修改,共通过52条修正案:

1988年对现行《宪法》进行了第一次修改。1988年4月12日,第七届全国人民代表大会第一次会议采用无记名投票方式,通过了2条宪法修正案(第1条、第2条),内容是:(1)国家允许私营经济在法律规定的范围内存在和发展。(2)对土地不得出租的规定作了修改,规定土地的使用权可以依照法律的规定转让。

1993年对现行《宪法》进行了第二次修改。1993年3月29日,第八届全国人民代表大会第一次会议采用无记名投票方式,通过了9条宪法修正案(第3条至第11条),主要内容是:(1)在《宪法》序言第七自然段中更加完整地表述党的基本路线,增加了"我国正处于社会主义初级阶段""建设有中国特色社会主义的理论""坚持改革开放"等内容。(2)将《宪法》第15条关于国家实行计划经济的规定修改为:"国家实行社会主义市场经济。""国家加强经济立法,完善宏观调控。"并相应地将《宪法》第16条关于"国营企业在服从国家的统一领导和全面完成国家计划的前提下,在法律规定的范围内,有经营管理的自主权"的规定修改为"国有企业在法律规定的范围内有权自主经营",将《宪法》第17条关于"集体经济组织在接受国家计划指导和遵守有关法律的前提下,有独立进行经济活动的自主权"的规定修改为"集体经济组织在遵守有关法律的前提下,有独立进行经济活动的自主权"。(3)删去《宪法》第8条中的"农村人民公社",增加规定家庭联产承包责任制的内容。(4)将《宪法》有关条文中的"国营经济"改为"国有经济"。(5)在《宪法》序言第十自然段中增加规定:"中国共产党领导的多党合作和政治协商制度将长期存在和发展。"(6)将县级人民代表大会的任期由3年改为5年。

1999年对现行《宪法》进行了第三次修改。1999年3月15日,第九届全国人民代表大会第二次会议采用无记名投票方式,通过了6条宪法修正案(第12条至第17条),主要内容是:(1)确立了邓小平理论的指导思想地位。(2)增加规定"中华人民共和国实行依法治国,建设社会主义法治国家"。(3)增加规定社会主义初级阶段的基本经济制度和分配制度。(4)规定"农村集体经济组织实行家庭承包经营为基础、统分结合的双层经营体制"。(5)增加规定"在法律规定范围内的个体经济、私营经济等非公有制经济,是社会主义市场经济的重要组成部分"。(6)将镇压"反革命的活动",修改为镇压"危害国家安全的犯罪活动"。

2004年对现行《宪法》进行了第四次修改。2004年3月14日,第十届全国人民代表大会第二次会议采用无记名投票方式,通过了14条宪法修正案(第18条至第31条),主要内容是:(1)确立"三个代表"重要思想在国家政治和社会生活中的指导地位;(2)增加"推动物质文明、政治文明和精神文明协调发展"的内容;(3)在统一战线的表述中增加"社会主义事业的建设者";(4)进一步明确国家对发展非公有制经济的方针;(5)完善私有财产保护制度;(6)完善土地征用制度;(7)增加建立健全社会保障制度的规定;(8)增加"国家尊重和保障人权"的规定;(9)在全国人民代表大会组成的规定中增加"特别行政区";(10) 完善紧急状态制度;(11) 在国家主席职权的规定中增加"进行国事活动";(12) 将乡镇人民代表大会的任期由3年改为5年;(13) 增加关于国歌的规定。

2018年对现行《宪法》进行了第五次修改。2018年3月11日,第十三届全国人民代表大会第一次会议通过了21条修正案(第32条至第52条),其主要内容是:第一,在指导思想部分增加了科学发展观、习近平新时代中国特色社会主义思想;第二,将"健全社会主义法制"修改为"健全社会主义法治";第三,增加了习近平新时代中国特色社会主义思想的内涵,例如,新发展理念、国家发展目标、统一战线、新型国际关系处理原则、人类命运共同体、新型民族关系等;第四,在《宪法》第1条第2款增加"中国共产党领导是中国特色社会主义最本质的特征"的规定;第五,在社会主义道德部分,增加"国家倡导社会主义核心价值观"的规定;第六,增加"国家工作人员就职时应当依照法律规定公开进行宪法宣誓"的规定;第七,将全国人民代表大会法律委员会更名为"宪法和法律委员会";第八,删除国家主席、副主席"连续任职不得超过两届"的规定;第九,增加设区的市的人民代表大会及其常务委员会有制定地方性法规的权力的规定;第十,在《宪法》第三章"国家机构"中增加一节,作为第七节"监察委员会",规定了监察委员会的性质、地位、组成、职权及相互关系,并修改了宪法相关条款。

**六、中国宪法的发展趋势**

随着市场经济体制的确立和与之相适应的各项改革的进行,我国社会呈现出整体转型的态势,宪法发展也具有了一些较为明确的发展趋势。具体而言,主要有以下几个方面:

1. 政府行政权力受到一定程度的限制。在现有条件下,政府行政权力受到的限制主要来自下列方面:(1) 立法限制。权力机关通过有关立法赋予企业更多独立自主经营权,相应地限制了政府习惯地干预企业经营活动的做法。(2) 司法限制。根据《宪法》第126条,人民法院依法独立行使审判权,不受行政机关的干涉,司法权可以制约行政权的滥权和违法行为。(3) 人民权利的制约。行政权要为人民服务,人民可以通过人民代表大会、媒体、直接批评政府等多种形式监督政府,制约行政权。

2. 以人民法院审判权为核心的司法权得到扩大与加强。从一定意义上讲,司法权的扩大与加强,是与政府行政权受到相应限制相对的。在市场体制下,一方面是经济纠纷会大量增加,另一方面是经济组织既不愿也无法从政府方面获得有效解决,只有寻求司法途径。这样客观上要求进一步扩大法院的审判职能,加强法院审判组织。

3. 中国共产党领导的多党合作与政治协商制度得到进一步加强和发展。第4条宪法修正案所确立的"中国共产党的多党合作和政治协商制度将长期存在和发展"的宪法原则,是我国政治体制改革重要的成果,同时也反映了该项制度进一步发展的趋势。

4. 公民宪法权利有重大发展。除增加"国家尊重和保障人权"条款外,从我国目前的实际情况看,公民宪法权利的发展,将主要有以下几个方面:(1) 财产权将成为我国公民的一项基本权利。(2) 迁徙自由在条件成熟时也会成为公民的一项基本的人身自由权。

(3) 政治权利将进一步得到认同,而更加现实地为公民所实际享有。在市场经济条件下,通过市场的纽带作用,将公民的经济权利同政治权利紧密地联系在一起。(4) 我国公民宪法权利体系,包括宪法救济和合宪性审查制度将进一步完善。

中国宪法发展的途径,主要有如下几种:

1. 宪法修改。作为宪法发展途径的宪法修改,必须具备两个条件:一个是形式上的条件,即宪法修改应由宪法授权的机关按照宪法规定的程序进行。另一个是实质上的条件,即符合宪法的基本精神或指导思想。满足这两个条件的宪法修改,能比较好地处理宪法稳定与宪法发展的关系。一方面,它可以防止过于频繁和全面的修改,保持现行宪法的形式稳定;另一方面,又可较好地吸收改革开放的成果,使宪法与处于变革中的社会保持动态的平衡,从而得到发展。

2. 宪法解释。严格意义上的宪法解释,是宪法授权或认可的机关对宪法所进行的阐明,其目的是明确宪法的含义,以便于宪法的实施。一般而言,宪法解释并不是宪法发展的方式,因为宪法解释的功能不在于创制新的宪法规范和确立新的宪法原则。此外,普通立法和对宪法事例的解释和研究,在一定条件下也能起到对宪法发展的促进作用。

3. 创设宪法惯例。宪法惯例是一种现实的宪法规范,在改革推进的社会转型过程中,创设宪法惯例对宪法发展具有重要意义。如在宪法修改过程中坚持党的领导等。

4. 培养宪法意识。宪法意识的培养也应是宪法发展的重要途径,如设立国家宪法日、领导干部就职时向宪法宣誓。此外,普通立法和对宪法事例的研究,在一定条件下也能起到对宪法发展的促进作用。

# 第三章 国家性质

## 第一节 国家性质概述

一、国家与国家性质

(一)国家的概念

国家是政治学中的基本概念,也是宪法学上的一个重要概念。何谓国家?通说认为国家是由土地、人民、主权三要素所构成的社会共同体。

马克思主义认为,国家并不是从来就有的,而是社会发展到一定历史阶段的产物。在原始社会后期,随着私有制和阶级的产生,国家才随之出现。国家作为阶级矛盾不可调和的产物和表现,是阶级社会特有的历史现象。人类在经历了奴隶制国家、封建制国家、资本主义国家和社会主义国家之后,将最终进入无阶级和无国家的共产主义社会。恩格斯说:"国家无非是一个阶级镇压另一个阶级的机器。"[1]列宁指出:"国家是一个阶级压迫另一个阶级的机器,是迫使一切从属的阶级服从于一个阶级的机器。"[2]

(二)国家性质的概念

国家性质又叫国家本质、国体,指的是国家的阶级本质,即社会各阶级在国家政治生活中的地位,包括哪个阶级是统治阶级,哪个阶级是被统治阶级。从各国宪法的一般规定来看,目前世界上主要存在三大类不同性质的国家,即资本主义国家、社会主义国家和民族民主主义国家。

任何一个国家的性质都取决于它的阶级本质、经济基础和精神文明。就我国而言,现行《宪法》第1条明确规定了国家性质,即中华人民共和国的根本制度是社会主义制度。社会主义制度取决于三个方面的因素,即在政治上实行工人阶级为领导、工农联盟为基础的人民民主专政;在经济上是以公有制为主体、多种所有制经济共同发展,以按劳分配为主体、多种分配方式并存;在文化建设方面实行社会主义精神文明。这三个方面同时也是社会主义本质特征的表现。

二、国家性质的决定因素

国家性质是国家制度和宪法制度的核心内容,它是各种社会因素交互作用的结果。

---

[1] 《马克思恩格斯选集》(第3卷),人民出版社1995年版,第13页。
[2] 《列宁选集》(第4卷),人民出版社1995年版,第33页。

概括来说,体现和制衡一国国家性质的因素主要有如下三个方面:

1. 社会经济基础是国家性质根本的决定因素。马克思主义认为,经济基础决定上层建筑,不同的阶级之所以具有不同的政治地位,根本原因在于它们的社会经济地位不同。一切国家都建立在一定经济基础之上,并为自己的经济基础服务。社会经济基础决定着社会的阶级状况和政治制度,并进而决定着国家性质。

2. 国家政权的阶级本质即社会各阶级在国家政治生活中的地位的直接体现,它决定着国家性质。宪法是掌握国家政权的统治阶级意志和利益的集中体现,国家则体现着统治阶级对被统治阶级的支配关系。因此,社会各阶级的政治地位直接体现着国家政权的本质,决定着国家的根本性质。

3. 社会文化制度也是影响和体现国家性质的重要因素。马克思主义认为,社会存在决定社会意识,社会意识反作用于社会存在。一定的社会政治和经济制度决定了社会的文化制度;反过来,社会文化制度又具有一定的相对独立性,它反映和制约着社会的政治和经济制度,并进而影响和体现着国家性质。

## 第二节 人民民主专政与无产阶级专政

马克思主义认为,国家政权掌握在哪个阶级手里,哪个阶级就是国家的统治阶级。因此,国家政权的阶级归属反映着国家的阶级本质。而国家则是阶级矛盾不可调和的产物和表现。它实质上是一个阶级对另一个阶级的专政。所谓专政,就是一定阶级的政治统治,即一定阶级以国家的名义对社会实施领导和管理,并强迫敌对阶级服从。国家政权的归属决定着这种阶级专政的性质,从政治方面反映着国家性质,因而是国家性质的政治要素。

### 一、人民民主专政与无产阶级专政的关系

我国现行《宪法》第1条规定:"中华人民共和国是工人阶级领导的、以工农联盟为基础的人民民主专政的社会主义国家。社会主义制度是中华人民共和国的根本制度。中国共产党领导是中国特色的社会主义最本质的特征。禁止任何组织或者个人破坏社会主义制度。"并在《宪法》序言中指出我国的人民民主专政实质上即无产阶级专政。这表明我国的国家性质是人民民主专政。人民民主专政理论是以毛泽东为代表的中国共产党将马列主义普遍原理与中国革命实际结合的产物,是马克思主义无产阶级专政学说在中国的创造性发展。人民民主专政之所以实质上即无产阶级专政,这是因为:(1)二者所表示的是同一种性质的国家政权,即工人阶级领导的、以工农联盟为基础的国家政权;(2)二者反映了同一种新型国家内部的阶级关系,即工人阶级和广大劳动人民是国家的主人,只对少数敌对分子实行专政;(3)二者担负着相同的历史使命,即消灭剥削阶级和剥削制度,实现社会主义,进而为过渡到共产主义社会准备条件。马克思主义一向认为,不同国家的无

产阶级专政具有不同的特点,表现为各种不同的模式。我国人民民主专政就是无产阶级专政的一种具体模式。

## 二、人民民主专政的主要内容与特色

### (一) 对人民实行民主和对敌人实行专政

人民民主专政是对人民实行民主和对敌人实行专政两方面的结合。对人民实行民主是指全体人民是国家的主人,参与管理国家和社会事务,享有各项民主权利。而对敌人实行专政是指对极少数敌视和破坏我国社会主义制度的国内外的敌对势力和敌对分子实行专政。

民主和专政是一个问题的两个方面,人民民主专政的民主方面和专政方面是辩证统一的,两者既相互区别,又相互联系。一方面,它们的对象、内容、范围各不相同;另一方面,它们又互为条件、互相依存。对人民实行民主是对敌人实行专政的前提与基础,对敌人实行专政则是实现人民民主的有力保障。

### (二) 工人阶级是人民民主专政的领导力量

工人阶级是人民民主专政的领导力量,这是由中国工人阶级的性质和历史使命决定的。工人阶级作为先进生产力的代表,既具有远见和彻底革命的精神,又具有严密的组织性和严格的纪律性。只有工人阶级才能肩负起彻底消灭一切剥削阶级、解放全人类的伟大历史使命。我国工人阶级除了具有工人阶级的一般特点外,还有自己独特的优点,即他们同农民具有天然的联系,便于结成工农联盟。从历史上看,我国工人阶级在新民主主义革命中处于领导地位。在社会主义革命和建设中,这种领导地位也没有发生变化。

### (三) 工农联盟是人民民主专政的基础

我国是一个农业人口占绝大多数的国家,农民问题始终是中国革命和建设事业的根本问题。中国工人阶级和农民阶级在根本利益上的一致性决定了建立工农联盟的可能性。从历史上看,正是由于工人阶级和农民阶级结成了牢不可破的联盟,我国新民主主义革命和社会主义革命才取得了胜利。因此,加强工农联盟是我国实现社会主义现代化的根本保证。

### (四) 知识分子已成为工人阶级的组成部分

我国现行《宪法》在序言中宣布:"社会主义的建设事业必须依靠工人、农民和知识分子。"这充分明确了现阶段我国知识分子同工人、农民一样是社会主义现代化建设的一支重要力量,是工人阶级的一部分,是社会主义建设事业的依靠力量之一。他们同工人、农民一样依靠自己的劳动取得生活来源,他们与工人、农民的区别只是劳动分工的不同。

### (五) 爱国统一战线

统一战线的思想是无产阶级专政理论的重要组成部分,是我国人民民主专政的一个显著特点。统一战线是一些不同的阶级、阶层、政党、集团乃至民族、国家为了实现一定的共同目标,在某些共同利益的基础上结成的联盟。简要地说,统一战线就是一定社会政治力量的联合。团结一切可以团结的力量,结成最广泛的统一战线,是中国人民战胜一切困难,夺取革命、建设和改革事业胜利的重要法宝,是中国共产党执政兴国的重要法宝,也是我们实现祖国完全统一和中华民族伟大复兴的重要法宝。中国共产党领导的统一战线的实质就是要在一个共同的目标之下,实现全国各党派、各团体、各民族、各阶层、各界人士最广泛的团结。

我国统一战线经受了长期的历史考验,在不同时期有不同的形式、范围和内容。新民主主义革命时期,统一战线是由工人阶级、农民阶级、小资产阶级和民族资产阶级组成的阶级联盟,是革命统一战线。社会主义建设和改革时期,随着我国的经济社会发展和阶级状况发生变化,统一战线内部的各种关系也发生了重大变化。民族资产阶级作为一个阶级已经不复存在,他们中的绝大多数人已经成为社会主义劳动者;广大知识分子已经成为工人阶级的一部分,是现代化建设的重要依靠力量;各民主党派也已经成为各自所联系的一部分社会主义劳动者和一部分拥护社会主义的爱国者的政治联盟。各民族已经结成了社会主义的平等团结、互助友爱的新型民族关系;港澳同胞、台湾同胞和海外侨胞心向祖国,爱国主义觉悟不断提高。适应这种变化,1981年6月,党的十一届六中全会通过《关于建国以来党的若干历史问题的决议》,把新时期统一战线正式定名为"爱国统一战线"。1982年《宪法》序言对爱国统一战线作出明确规定:"在长期的革命和建设过程中,已经结成由中国共产党领导的,有各民主党派和各人民团体参加的,包括全体社会主义劳动者、拥护社会主义的爱国者和拥护祖国统一的爱国者的广泛的爱国统一战线,这个统一战线将继续巩固和发展。"随着改革的深化、开放的扩大和经济社会的发展,我们认真贯彻党的统一战线理论和方针政策,高举爱国主义、社会主义旗帜,牢牢把握大团结大联合主题,推动我国的统一战线不断扩大。2004年3月14日,第十届全国人民代表大会第二次会议通过的第19条《宪法修正案》,在上述关于爱国统一战线的表述中,增加了"社会主义事业的建设者"。"社会主义事业的建设者"主要包括在社会变革中出现的民营科技企业的创业人员和技术人员、受聘于外资企业的管理技术人员、个体户、私营企业主、中介组织的从业人员、自由职业人员等新的社会阶层。现行《宪法》将"社会主义事业的建设者"列入爱国统一战线,这是适应改革开放以来社会阶层结构新变化的客观现实需要,是对我国爱国统一战线的重要发展。

党的十八大以来,随着中华民族伟大复兴的中国梦的提出,统一战线的内容进一步丰富和扩大。中国特色社会主义进入新时代,意味着近代以来久经磨难的中华民族迎来了从站起来、富起来到强起来的伟大飞跃,中华民族前所未有地靠近世界舞台中心,前所未有地接近实现中华民族伟大复兴的目标,前所未有地具有实现这个目标的能力和信心。为了团结最广泛的中华儿女共同实现中华民族伟大复兴的中国梦,画出最大同心圆,2015年实行的《中国共产党统一战线工作条例(试行)》首次将"致力于中华民族伟大复兴的爱国者"纳入统战对象。至此,我国爱国统一战线的范围比以往任何时候都更为广泛。不论何种阶级、阶层,不论何种党派、团体和个人,只要其行为有利于国家建设,有利于祖国统一,有利于中华民族复兴,都可成为统一战线的团结对象。2018年《宪法修正案》第33条将这一成果上升为宪法,充分肯定了统一战线的广泛性和重要性:"社会主义的建设事业必须依靠工人、农民和知识分子,团结一切可以团结的力量。在长期的革命、建设、改革过程中,已经结成由中国共产党领导的,有各民主党派和各人民团体参加的,包括全体社会主义劳动者、社会主义事业的建设者、拥护社会主义的爱国者、拥护祖国统一和致力于中华民族伟大复兴的爱国者的广泛的爱国统一战线,这个统一战线将继续巩固和发展。中国人民政治协商会议是有广泛代表性的统一战线组织,过去发挥了重要的历史作用,今后在国家政治生活、社会生活和对外友好活动中,在进行社会主义现代化建设、维护国家的统一和团结的斗争中,将进一步发挥它的重要作用。中国共产党领导的多党合作和政治协商制度将长期存在和发展。"

根据我国《宪法》序言的规定,我国爱国统一战线的组织形式是中国人民政治协商会议。人民政协是中国共产党与各民主党派和各界人士长期合作的重要组织形式,也是实行中国共产党领导的多党合作和政治协商制度、发扬人民民主、联系人民群众的一种重要形式。

### 三、中国共产党领导的多党合作与政治协商制度

**(一)多党合作和政治协商制度的基本原则和主要形式**

中国共产党领导的多党合作是我国的一项基本政治制度。我国实行的共产党领导的多党合作的政党体制是我国政治制度的特点和优点,它在性质上根本不同于西方国家的两党制或多党制,也有别于苏联和其他东欧国家等实行的一党制,它是一种新型的符合中国国情的社会主义政党制度。

中国共产党领导的多党合作制度坚持以下基本原则:(1)中国共产党是中国社会主义事业的领导核心,是执政党;(2)各民主党派是各自所联系的一部分社会主义劳动者和一部分拥护社会主义的爱国者的政治联盟,是参政党;(3)我国的多党合作必须坚持中国共产党的领导,坚持四项基本原则,这是中国共产党同各民主党派合作的政治基础;(4)中国共产党对各民主党派的领导是政治领导,即政治原则、政治方向和重大方针政策的领导;(5)"长期共存、互相监督、肝胆相照、荣辱与共"是中国共产党与各民主党派合作的基本方针;(6)以参政议政和互相监督为多党合作的主要内容;(7)以坚持社会主义初级阶段的基本路线,把我国建设成为富强民主文明和谐美丽的社会主义现代化强国和统一祖国、中华民族伟大复兴为中国共产党和各民主党派的共同奋斗目标;(8)以宪法为多党合作的根本准则,并负有维护宪法尊严、保证宪法实施的职责;(9)中国共产党和各民主党派共同负有保卫国家安全、维护社会团结稳定的责任。

在现阶段,中国共产党领导的多党合作的主要形式有:中国共产党与民主党派政治协商,民主党派成员或无党派人士在国家权力机关参政议政,民主党派成员、无党派人士担任各级政府及司法机关的领导职务以及民主党派在人民政协中发挥作用等。

**(二)与中国共产党进行多党合作的民主党派**

中国国民党革命委员会、中国民主同盟、中国民主建国会、中国民主促进会、中国农工民主党、中国致公党、九三学社、台湾民主自治同盟,是与中国共产党进行多党合作的8个

民主党派。这些民主党派,主要是在抗日战争时期形成的。他们在抗日战争、抗战胜利后的旧政协和国共和谈时期,共同为和平、民主而斗争,为民主革命的胜利和中华人民共和国的成立作出了重要的贡献。中华人民共和国成立以后,这些民主党派在国内的政治生活中也发挥了重要的作用,但在"文化大革命"的10年里,各民主党派被迫停止活动,多党合作受到严重损害。党的十一届三中全会以后,1982年中国共产党第十二次代表大会提出了"长期共存、互相监督、肝胆相照、荣辱与共"的十六字方针,我国的多党合作进入了一个新的发展时期。我国的长期实践表明,坚持中国共产党领导的多党合作制度,充分发挥民主党派的作用,对于加强和改善中国共产党的领导,推进社会主义民主政治,促进祖国统一大业,保持国家的长治久安和改革开放事业的发展,具有十分重要的意义。

(三) 中国人民政治协商会议的性质、任务和主要职能

中国人民政治协商会议,简称"人民政协"或"政协",是中国人民爱国统一战线的组织,是中国共产党领导的多党合作和政治协商的重要机构,是我国政治生活中发扬社会主义民主的重要形式,是国家治理体系的重要组成部分,是具有中国特色的制度安排。现行《宪法》序言规定:"中国人民政治协商会议是有广泛代表性的统一战线组织,过去发挥了重要的历史作用,今后在国家政治生活、社会生活和对外友好活动中,在进行社会主义现代化建设、维护国家的统一和团结的斗争中,将进一步发挥它的重要作用。"

中国人民政治协商会议设全国委员会和地方委员会。全国委员会指导地方委员会,地方委员会指导下级地方委员会。中国人民政治协商会议地方委员会对全国委员会的全国性的决议,下级地方委员会对上级地方委员会的全地区性的决议,都有遵守和履行的义务。根据实际工作需要,中国人民政治协商会议全国委员会和地方委员会可以设立办公厅、专门委员会及其他工作机构。

我国在长期的政治实践中,形成了人民代表大会与人民政治协商会议同期召开大会、各级政协委员被邀请列席人民代表大会全体会议的惯例,也就是通称的"两会"。这种制度实践有利于人民政协进行充分和深入的协商,有利于实现最广泛的人民民主。与人民代表大会不同,人民政协不是国家机关,它由党派团体和界别代表组成,政协委员不是由选举产生,而是由各党派团体协商产生。在实现民主的具体方式上,政协也有别于人民代表大会,但两种民主形式是相辅相成的,都是宪法所确认的中国特色民主政治制度的组成部分。

在我国的政治实践中,人民政协主要履行政治协商、民主监督、参政议政三个方面的政治职能。

1. 政治协商。政治协商是对国家大政方针和地方的重要举措以及经济建设、政治建设、文化建设、社会建设、生态文明建设中的重要问题,在决策之前和决策实施之中进行协商的制度安排和机制程序。

2. 民主监督。民主监督是对国家宪法、法律和法规的实施,重大方针政策、重大改革举措、重要决策部署的贯彻执行情况,涉及人民群众切身利益的实际问题解决落实情况,国家机关及其工作人员的工作等,通过提出意见、批评、建议的方式进行的协商式监督的

制度安排和机制程序。人民政协的民主监督是中国特色社会主义监督体系的重要组成部分，是在坚持四项基本原则的基础上通过提出意见、批评、建议的方式进行的政治监督。

  3. 参政议政。参政议政是对政治、经济、文化、社会生活和生态环境等方面的重要问题以及人民群众普遍关心的问题，开展调查研究，反映社情民意，进行协商讨论，并通过调研报告、提案、建议案或其他形式，向中国共产党和国家机关提出意见和建议的制度安排和机制程序。参政议政是人民政协履行职能的重要形式，也是党政领导机关经常听取各民主党派、人民团体和各族各界人士的意见和建议，切实做好工作的有效方式。

# 第四章　国家的基本经济制度

## 第一节　经济制度的概念

经济制度是由不同层次的多种制度构成的复合体,马克思主义认为,经济基础由生产关系三项基本内容构成,即生产资料所有制形式、生产过程中人与人之间的关系及产品的分配形式。因此,作为经济基础的法律形式的经济制度也必然反映这三项基本内容,而与之相对应的就是所有制、财产权和分配制度三项基本经济制度。所有制即生产资料的所有制,在现实中是生产关系的核心,自然也是法律上的经济制度的核心。因为它决定了整个社会的财产的最终归属。财产权是所有制实现的具体化。任何一种所有制形式都必须以实现规模不断扩大的再生产和所有制自身的不断巩固、发展为目标。因此,所有制的实现也就不仅局限于所有制性质的确定,更在于既定所有制条件下如何安排使用财产权,从事社会财富的生产。而生产效率的要求又迫使财产权主体对不同的财产权通过价值判断进行选择,并将符合所有制实现的财产权以法律形式加以确认。马克思曾说:"给资产阶级的所有权下定义不外是把资产阶级生产的全部社会关系描述一番。"[①]可见,财产权就是整个生产关系在法律上的最好体现。最后是分配制度,分配制度虽然由生产过程所决定,但是,它同时具有某种程度的独立性,这不仅是因为劳动者与生产资料所有者在分配时所依靠的标准不同,更关键的是,生产资料的所有者欲通过分配来实现自己对劳动者剩余劳动的占有。因此,制定什么样的分配原则,不仅决定了人们最终所有财产的量,而且也反映了该社会的生产过程的性质。

总之,宪法上的经济制度是由生产资料所有制、财产权、分配制度这三种制度所构成的一个逻辑上自足的整体来展开的。在规定经济制度的社会主义国家宪法中,生产资料所有制、财产权、分配制度这三者也是相互联系并相互作用的。

## 第二节　公有制经济与非公有制经济

**一、公有制经济是社会主义经济制度的基础**

社会主义实行以公有制经济为主体的经济制度。1956年,生产资料私有制的社会主义改造基本完成,以公有制经济为基础的社会主义经济制度在我国得以确立。经过几十

---

① 《马克思恩格斯全集》(第4卷),人民出版社1958年版,第180页。

年的发展,公有制经济制度不断演变和发展,并在宪法中得以明确规范。我国现行《宪法》第6—8条规定:"中华人民共和国的社会主义经济制度的基础是生产资料的社会主义公有制,即全民所有制和劳动群众集体所有制。社会主义公有制消灭人剥削人的制度,实行各尽所能、按劳分配的原则。国家在社会主义初级阶段,坚持公有制为主体、多种所有制经济共同发展的基本经济制度,坚持按劳分配为主体、多种分配方式并存的分配制度。国有经济,即社会主义全民所有制经济,是国民经济中的主导力量。国家保障国有经济的巩固和发展。农村集体经济组织实行家庭承包经营为基础、统分结合的双层经营体制。农村中的生产、供销、信用、消费等各种形式的合作经济,是社会主义劳动群众集体所有制经济。参加农村集体经济组织中的劳动者,有权在法律规定的范围内经营自留地、自留山、家庭副业和饲养自留畜。城镇中的手工业、工业、建筑业、运输业、商业、服务业等行业的各种形式的合作经济,都是社会主义劳动群众集体所有制经济。国家保护城乡集体经济组织的合法的权利和利益,鼓励、指导和帮助集体经济的发展。"从我国《宪法》的规定可以看出,全民所有制经济和劳动群众集体所有制经济是社会主义公有制经济的两种形式,是我国社会主义经济制度的基础。当然,目前我国的经济制度体系中,除了公有制经济之外,还有非公有制经济的形式。

公有制经济在经济制度中所占有的主体地位是由社会主义的性质以及它的作用所决定的。首先,社会主义公有制经济是与社会化大生产相适应的,同社会发展的方向相一致。其次,公有制经济是社会主义制度的基本特征,是社会主义社会的经济基础。只有依靠作为主体的公有制经济的力量,社会主义国家才能充分利用经济手段引导个体经济、私营经济和外资经济沿着有利于社会主义的方向发展。再次,公有制经济控制着国民经济的命脉,拥有现代化的物质技术力量,能够进行规模化的生产和流通。最后,社会主义公有制经济是满足社会成员日益增长的物质文化需要,实现劳动人民经济上、政治上的主人翁地位和全体社会成员共同富裕的不可缺少的物质保证。社会主义公有制经济的建立途径也是多种多样的,主要包括以下几个途径:(1)取消帝国主义在华经济特权,没收官僚资本;(2)通过"赎买"方式对民族资本主义工商业进行社会主义改造,使其逐步成为社会主义全民所有制经济;(3)改造个体所有制,建立社会主义集体经济。

## 二、我国公有制经济的主要形式

根据我国《宪法》规定以及社会中的现实情况,社会主义公有制的主要形式包括国有经济和集体经济。在1993年以前,社会主义全民所有制一般被称为国营经济。1993年的《宪法修正案》第5条规定:"宪法第7条:'国营经济是社会主义全民所有制经济,是国民经济中的主导力量。国家保障国营经济的巩固和发展。'修改为:'国有经济,即社会主义全民所有制经济,是国民经济中的主导力量。国家保障国有经济的巩固和发展。'"国有经济的主要特点表现在:全体社会劳动成员占有生产资料,在全社会的范围内实现了劳动者和生产资料的结合;实行按劳分配,消灭了人剥削人的制度;在国有经济里,人与人之间的关系是平等的,并实行民主管理。国有经济的地位主要表现在:国有经济控制着国民经济的命脉,因为国家拥有在经济中的主要资源,国家可以通过强大的经济实力来控制整个社会经济的发展;国民经济是社会主义现代化建设的重要物质力量,因为国有经济具有强大的经济实力,国有经济的生产也高度社会化,因而国有经济在国民总收入中占有重要的地位;国有经济能够影响并制约其他经济的发展,比如目前我国所存在的多种经济成分的非公有制经济都受制于国有经济。我国目前国有经济的范围主要包括:矿藏、水流、森林、山岭、草原、荒地、滩涂等法律规定属集体所有以外的自然资源;城市的土地以及根据法律规定属于国家所有的农村和城市郊区的土地;银行、邮电、铁路、公路、航空、海运等国有企业、事业单位及其设施。

公有制经济的另一个主要形式就是集体经济。集体经济是社会主义劳动群众集体所有的经济形式。集体内的劳动群众共同占有生产资料,劳动者与生产资料在该集体范围内结合,并实行按劳分配。集体经济的生产资料属于该集体的劳动者共同所有,劳动者既是生产资料的集体所有者又是参加集体劳动的一员。集体经济一般都实行独立核算,自负盈亏,其效益取决于自身经营管理的好坏。集体经济的全部收入除了以利税形式上交国家和用以扩大再生产外,大部分作为个人消费品在集体经济组织内部实行按劳分配。

改革开放以来,农村集体经济组织形式不断得到发展。这在宪法修改上便可以体现出来。1993年《宪法修正案》第6条规定:"宪法第8条第1款:'农村人民公社、农业生产合作社和其他生产、供销、信用、消费等各种形式的合作经济,是社会主义劳动群众集体所有制经济。参加农村集体经济组织的劳动者,有权在法律规定的范围内经营自留地、自留山、家庭副业和饲养自留畜。'修改为:'农村中的家庭联产承包为主的责任制和生产、供销、信用、消费等各种形式的合作经济,是社会主义劳动群众集体所有制经济。参加农村集体经济组织的劳动者,有权在法律规定的范围内经营自留地、自留山、家庭副业和饲养自留畜。'"1999年《宪法修正案》第15条规定:"宪法第8条第1款:'农村中的家庭联产承包为主的责任制和生产、供销、信用、消费等各种形式的合作经济,是社会主义劳动群众集体所有制经济。参加农村集体经济组织的劳动者,有权在法律规定的范围内经营自留地、自留山、家庭副业和饲养自留畜。'修改为:'农村集体经济组织实行家庭承包经营为基础、统分结合的双层经营体制。农村中的生产、供销、信用、消费等各种形式的合作经济,是社会主义劳动群众集体所有制经济。参加农村集体经济组织的劳动者,有权在法律规定的范围内经营自留地、自留山、家庭副业和饲养自留畜。'"

公有制经济除包括国有经济和集体经济,同时还包括混合所有制经济中的国有成分和集体成分。

**三、社会主义公共财产神圣不可侵犯**

我国《宪法》第12条第1款规定:"社会主义的公共财产神圣不可侵犯。"对于这一条,首先需要注意的是,社会主义公共财产神圣不可侵犯不同于资本主义国家的私有财产神圣不可侵犯。资本主义国家之所以最初在宪法里面规定私有财产的神圣性,是受近代自然权利思想的影响。财产权既然是人与生俱来的权利,那么无论对国家还是对其他人,都是不能侵犯的。因此,其神圣性体现于它在与国家权力、其他人的权利的对抗中占优势地位,所以,这种优势地位可以随国家权力、公共利益的消长而得到限制。社会主义国家规定公共财产的神圣性,来源于社会主义公有制的基础地位和公有制经济的主体地位,它是为了否定资本主义私有制的神圣性,消灭由资本主义私有制所带来的人剥削人的现象而建立起来的,它本身就是国家利益、人民利益、公共利益、社会利益的体现。因此,公共财产的神圣性是社会主义制度的本质要求使然,这是社会主义国家与资本主义国家在财产法律制度上的根本区别,这种根本区别不能含糊,更不能抹杀,否则,就谈不上社会主义制度了。

社会主义公共财产的神圣性主要是针对私有制的神圣性,是社会主义根本制度的神圣性,是坚持四项基本原则的要求。因此,公共财产的神圣性是《宪法》第11条第2款规定关于国家对个体经济、私营经济实行引导、监督和管理政策的内在依据。

**四、社会主义市场经济体制**

经济体制即国家的经济管理体制。1993年全国人民代表大会通过了对1982年《宪法》第15条的修正案,明确规定:国家实行社会主义市场经济;1999年全国人民代表大会再次通过对《宪法》序言的修正案,将"发展社会主义市场经济"作为一项重要的国家任务写进宪法。

社会主义市场经济体制的特征包括:(1)在所有制结构上,以公有制为主体,多种所有制经济平等竞争,共同发展;(2)在分配制度上,实行以按劳分配为主体,多种分配方式并存,效率优先、兼顾公平;(3)在宏观调控上,国家能够把人民的当前利益与长远利益、局部利益与整体利益结合起来,更好地发挥计划与市场两种手段的长处。

**五、非公有制经济**

现行《宪法》第11条采用了"个体经济、私营经济等非公有制经济"的表述,也就是说,宪法认为个体经济、私营经济这两种经济形态属于典型的非公有制经济。根据经济学者的研究,非公有制经济就是私有制经济,包括各种形式的私有制和私有制的不同存在形式。个体经济、私营经济、外资独资企业都是私有制经济,混合经济中的私有制成分也是私有制经济。

当前,我国非公有制经济主要包括:

1. 劳动者个体经济和私营经济。劳动者个体经济是指城乡劳动者依法占有少量生产资料和产品,以自己从事劳动为基础,进行生产经营活动的一种经济形式。个体工商户是劳动者个体经济在法律上的具体表现。私营经济是指生产资料由私人占有,并存在雇佣劳动关系的一种经济形式。私营企业可以采用独资企业、合伙企业和有限责任公司三种形式。

2. "三资"企业。现行《宪法》第18条第1款规定:"中华人民共和国允许外国的企业和其他经济组织或者个人依照中华人民共和国法律的规定在中国投资,同中国的企业或者其他经济组织进行各种形式的经济合作。""三资"企业就是根据《宪法》的这一规定,经我国政府批准而举办的中外合资企业、中外合作企业和外商独资经营企业。中外合资企业是一种股权式合营企业,是由外商与中国的企业等经济组织共同投资、共同经营,并且按照出资比例共负盈亏的一种经济形式。中外合作企业是一种契约式的合营企业,一般由中方提供土地使用权、厂房、设施和劳力,由外商提供资金、技术和设备,双方依法根据事先达成的协议进行合作经营。外商独资企业则是指外商依照中国法律在中国境内设立的独自投资、独立经营的企业。

## 第三节 分 配 制 度

我国《宪法》第6条规定,社会主义公有制消灭人剥削人的制度,实行各尽所能、按劳分配的原则。国家坚持按劳分配为主体、多种分配方式并存的分配制度。

所谓"各尽所能"是指,在社会主义制度下,每个有劳动能力的公民都应当在其分工的范围内尽自己的能力为社会贡献力量;所谓"按劳分配"是指,在各尽所能的前提下,由代表人民的国家或集体经济组织按照每个公民劳动的数量和质量分配给公民应得的劳动报酬。在社会主义条件下,消灭了资产阶级私有制,建立了社会主义公有制,劳动人民成为生产资料的主人,劳动成果完全归劳动者共同所有,用于发展社会生产和按照劳动数量和质量支付劳动报酬。可见,按劳分配的原则是建立在生产资料公有制基础上的社会主义分配原则,同建立在资本主义私有制基础上的不劳而获、人剥削人的资本主义分配制度有着本质的区别。在社会主义历史阶段,只能实行按劳分配原则,而不能实行共产主义按需分配原则。它与社会主义初级阶段的具体情况相适应,因而有利于调动广大人民群众的积极性,有利于社会主义公有制的巩固,有利于改造生产管理和提高劳动生产率。

我国目前尚处于社会主义初级阶段,存在多种经济形式,在分配方式上就不可能是单一的,把按劳分配和按生产要素分配结合起来,坚持效率优先、兼顾公平,有利于优化资源配置,促进经济发展,保持社会稳定。依法保护合法收入,允许和鼓励一部分人通过诚实劳动和合法经营先富起来,允许和鼓励资本、技术等生产要素参与收益分配。在我国除按劳分配这种主要分配方式外,还有:(1)企业发行债券筹集资金,由此出现凭债券取得的利息;(2)随股份经济的产生,股份分红相应出现;(3)企业经营者的收入中,包括部分风险补偿;(4)私营企业雇佣一定数量的劳动力,会给企业主带来部分非劳动收入等。

# 第五章 国家政权组织形式与国家标志

## 第一节 政权组织形式

### 一、政体与政权组织形式

尽管政体与政权组织形式之间存在着密切的联系,它们之间也存在着明显的区别,即它们各自的侧重点不同:政体着重于体制,政权组织形式着重于机关;政体粗略地说明国家权力的组织过程和基本形态,政权组织形式则着重于说明实现国家权力的机关以及各机关之间的相互关系。[①]

马克思主义经典作家从政体的阶级实质出发,将政体分为民主政体、贵族政体和君主政体三种。虽然与西方学者论述政体的角度不同,但有一点是共同的,就是他们都是从宏观的角度来说明政体的,即政体是实现国家权力的一种宏观体制。

政权组织形式是指实现国家权力的机关以及各机关之间的相互关系,因而它实际上是指国家机关的组织体系,或者说是指国家机构的内部构成形式。因此,从总体上来说,政体与政权组织形式实际上分属于两个不同的层次,即政体是一种宏观的体制,是对政权组织形式的抽象和概括,而政权组织形式则是一种微观的体制,是政体的具体化。由此决定,在对政体类别进行界定时,必须抓住其本质及其最基本的特征,而对政权组织形式类别的界定,则不一定以基本区别点为依据。换言之,不同的政权组织形式可能属于相同的政体,同一种政体则可以有多种不同的政权组织形式。

### 二、政权组织形式的类型

一般认为,奴隶制、封建制国家的政权的组织形式基本可归结为君主制、贵族制、民主制。资本主义国家政权的组织形式可归结为君主制和共和制。社会主义国家由人民主权原则决定,其政权的组织形式只能是共和政体。然而,尽管政体的种类比较简明,但政权组织形式却比较复杂。也就是说,虽然现代国家的政体主要是君主政体和共和政体,但在这两种政体之下又各有不同的政权组织形式。

（一）资本主义国家的政体和政权组织形式

1. 君主政体下的政权组织形式

与奴隶制、封建制国家的君主政体不同,在现代资本主义国家的君主政体中,君主的

---

[①] 何华辉:《比较宪法学》,武汉大学出版社1988年版,第144页。

权力通常受到宪法和议会的限制,国家权力不再像奴隶社会、封建社会那样集中于一人之手,而是分别由不同的国家机关所掌握。由于君主权力所受限制的程度不同,因而在君主政体下产生了议会君主立宪制和二元君主立宪制两种政权组织形式。

议会君主立宪制,又称一元君主立宪制,它的主要特征是,君主的权力受到宪法和议会的严格限制,以至于君主行使的只是一些形式上的或者礼仪性的职权,君主对议会、内阁、法院都没有实际控制能力。议会君主立宪制多出现于资本主义比较发达、资产阶级势力比封建势力强大的国家。如英国、西班牙、荷兰、比利时和日本等国家建立的就是这种政权组织形式。

二元君主立宪制的主要特征是,虽然君主的权力受到宪法和议会的限制,但这种限制的力量非常弱小,君主仍然掌握着极大的权力。例如,议会中的部分议员由君主任命,议会制定的法律须经君主同意才能生效,内阁只是君主的咨询机构,并对君主负责。因此,它是一种以君主为核心,由君主在国家机关体系中发挥主导作用的政权组织形式。这种政权组织形式多产生于封建势力比资本主义势力强盛的国家。现代国家中,只有尼泊尔、约旦、沙特阿拉伯以及第二次世界大战前的日本等极少数国家实行这种政权组织形式。

2. 共和政体下的政权组织形式

共和政体是资本主义国家普遍采用的较为典型的政体。各国具体历史条件的差异,决定了在这种政体下产生了许多互有特点的政权组织形式,主要包括总统制、议会共和制、委员会制和半总统半议会制四种政权组织形式。

总统制的主要特征是国家设有总统,总统既是国家元首,又是政府首脑;总统由选民选举产生,不对议会负责,议会不能通过不信任案迫使总统辞职,总统也无权解散议会。美国是典型的总统制国家。此外南美洲的阿根廷、委内瑞拉等国,非洲的埃及、加纳等国也实行总统制。

议会共和制,又称议会政府制,是从议会和政府的地位及作用来说明的一种政权组织形式,此制从政府的角度而言也称为责任内阁制。它的主要特征在于:议员由选民选举产生,政府由获得议会下院多数席位的政党或构成多数席位的几个政党联合组成;议会与政府相互渗透,政府成员一般由议员兼任。议会可通过不信任案迫使政府辞职,政府也可以解散议会。意大利、德国是典型的议会共和制国家。

委员会制的主要特征是最高国家行政机关为委员会,委员会成员由众议院选举产生,总统(行政首长)由委员会成员轮流担任,任期1年,不得连任;众议院不能对委员会提出不信任案,委员会也无权解散议会。委员会制最初产生于法国,其后传至瑞士。现在法国已废弃此制,而瑞士仍在沿用。

半总统半议会制,又称具有议会制特点的总统制或混合制,它的主要特征在于:总统是国家元首,拥有任免总理、主持内阁会议、颁布法律、统帅武装部队等大权;总理是政府首脑,对议会就政府的施政纲领或政府的总政策承担责任,议会可通过不信任案,或不同意政府的施政纲领和总政策,迫使总理向总统提出政府辞职。1958年后的法国是典型的半总统半议会制国家。现在的俄罗斯大体也是采取此制。

## （二）社会主义国家的政体和政权组织形式

社会主义国家的政体都是共和政体，其政权组织形式都是人民代表制。人民代表制的主要特征在于：由选民选举代表组成行使国家权力的人民代表机关，各级国家行政机关和其他国家机关，由同级人民代表机关选举产生，对它负责，受它监督；人民代表机关在整个国家机关体系中居于主导地位，因而不可能与其他国家机关存在制衡关系。

社会主义国家政权组织形式的单一化，并不是说这些国家的人民代表机关都是同一个模式。在名称上，有的称苏维埃，有的称议会，有的称人民代表大会；在组织机构上，有的采取一院制，如我国、朝鲜，有的采取二院制，如苏联；在常设机构的职权上，有的可以行使部分立法权，如我国，有的则没有立法权，如罗马尼亚；有的采取个人元首制，如南斯拉夫，有的采取集体元首制，如苏联。这些差别表现出各社会主义国家的历史传统、现实状况、民族因素等的差别。但这种差别是细微的和形式上的，从本质上来看，各社会主义国家政权组织形式的基本结构并无不同，其根本宗旨在于切实保证广大劳动人民真正享有当家做主和管理国家的权力。

## 第二节 人民代表大会制度

### 一、人民代表大会制度的内容

我国《宪法》规定，中华人民共和国的一切权力属于人民，人民行使国家权力的机关是全国人民代表大会和地方各级人民代表大会。国家行政机关、监察机关、审判机关和检察机关都由人民代表大会产生，对它负责，受它监督。由此可见，人民代表大会制度就是我国的政权组织形式，是指拥有国家权力的我国人民根据民主集中制原则，通过民主选举组成全国人民代表大会和地方各级人民代表大会，并以人民代表大会为基础，建立全部国家机构，对人民负责，受人民监督，以实现人民当家做主的政治制度。人民代表大会制度具体包含四个方面的内容。

#### （一）人民主权是人民代表大会制度的逻辑起点

众所周知，不管采取何种政体形式，在奴隶社会、封建社会的君主专制制度下，国家的一切权力属于君主或者少数贵族。在资本主义社会，虽然标榜人民主权原则，但由生产资料的资本家私有制决定，它只能是有产者的主权，对于广大的劳动人民来讲，人民主权只能是理想、抽象的原则。而由社会主义的公有制决定，占社会成员的绝大多数的广大劳动人民，成为真正意义上的当家做主的国家主人。而要实现这一原则，就必须建立一套使人民能够形成统一意志，集中统一地行使国家权力，从而既有民主又有集中的政治制度。在我国，人民代表大会制度就是这样的政治制度。因此，人民主权不仅是人民代表大会制度与资产阶级议会制的根本区别，也是人民代表大会制度得以建立和运行的逻辑起点。

### (二)民主选举是人民代表大会制度的前提

理论上说,要实现人民主权最好的形式是全体选民能够直接参与国家重大事项的决策,或者退一步说,可以由全体选民直接选出自己的代表组成代议机关管理国家,但由于历史的和现实的原因,如地域的广阔、人口的众多,决定了国家权力的所有者不可能直接地经常地行使那些属于自己的权力,而只能实行间接民主的人民代表制。因此,我国《宪法》规定,人民行使国家权力的机关是全国人民代表大会和地方各级人民代表大会。这样,由选民通过民主选举程序选举产生人民代表大会代表,由他们代表人民,组成各级人民代表大会,行使国家权力,就构成了人民代表大会制度的前提和基础。

### (三)以人民代表大会为基础建立全部国家机构是人民代表大会制度的核心

国家机构是国家为实现其职能而建立起来的国家机关的总和。由于人民主权并不等同于人民代表大会主权,因此国家职能的全部实现还有赖于人民代表大会以外的其他国家机关。我国人民通过人民代表大会行使国家权力主要通过两大途径来实现:一是由人民代表大会直接行使宪法和法律赋予各级人民代表大会的职权;二是由人民代表大会选举产生国家行政机关、监察机关、审判机关和检察机关,这些国家机关行使宪法和法律赋予的职权,并对人民代表大会负责,受人民代表大会监督。由此可见,无论在国家机构的建立还是运行过程中,我国的人民代表大会始终处于主导地位。也正是因为以人民代表大会为基础建立全部国家机构,才真正全面地保证了国家机构始终以实现人民的意志和利益为宗旨,始终以保障人民当家做主为目标。

### (四)对人民负责、受人民监督是人民代表大会制度的关键

代议制度能否真正体现民意的一个关键就是看代表是否受选民监督、制衡,而要监督和制衡代表,承认和实行选举人对代表的罢免权是最有力的措施。因此,我国《宪法》规定,全国人民代表大会和地方各级人民代表大会都由选民选举产生,对人民负责,受人民监督。否则,人民代表大会就可能脱离人民,违背人民的意志和利益,从而使人民代表大会制度改变性质。

## 二、人民代表大会制度是我国的根本政治制度

### (一)人民代表大会制度是我国实现社会主义民主的基本形式

在我国,人民是国家的主人,可以根据宪法、法律的规定通过各种途径和形式实现人民当家做主的权利。但在诸种民主形式中,人民代表大会制度是最基本、最重要的形式。第一,它是最基本的形式,因为人民代表大会代表来自人民,人民代表大会的权力来自人民,人民代表大会必须对人民负责,受人民监督。第二,它是最重要的形式。这是因为,在所有实现社会主义民主的形式中,除人民代表大会制度以外,其他一切形式都存在一定的限制。这种限制有的表现在实现民主的主体方面,有的表现在实现民主的范围和效能方面。尽管我国人民代表大会制度在历史上走过一段曲折的发展过程,这一制度本身还在不断健全和完善,它的巨大作用也还没有充分发挥出来,但它适合我国的国情,因而必然具有极大的优越性:首先,《宪法》《全国人民代表大会和地方各级人民代表大选举法》和

《地方各级人民代表大会和地方各级人民政府组织法》规定的代表产生的民主方式及代表和选民的关系决定了它便于人民参加国家管理；其次，人民主权原则及人民代表大会在国家机构体系中的主导地位有利于集中统一行使国家权力；最后，我国宪法规定，中央和地方国家机构职权的划分，遵循在中央统一领导下，充分发挥地方主动性、积极性的原则。人民代表大会制度既能保证中央的集中统一领导，又能保证地方主动性和积极性的发挥。

（二）人民代表大会制度体现了我国一切权力属于人民的本质要求

国家的一切权力属于人民是我国人民代表大会制度的实质内容与权力基础。权力属于人民是指国家权力的整体或最终归属是全体人民，由于国家权力统一不可分割，因此不能把每一个公民单独地看作是部分权力的所有者，而且每个人都来行使权力也是不可能的事情，人民只能作为整体成为国家权力的所有者。人民只能在普选的基础上选派代表，组成全国人民代表大会和地方各级人民代表大会，形成统一的意志并行使我国宪法赋予的各种权力。由人民将权力授予一定的机关或公职人员去行使，同时又对行使权力者予以监督，就要实行民主与集中相结合的政治制度，我国人民代表大会制度正好体现了这一要求。我国宪法规定，人民行使权力的机关是全国人民代表大会和地方各级人民代表大会，这表明：(1)由于人民代表大会由代表组成，而人民代表大会代表又涵盖社会各个阶级、阶层和各方面的人士，全国人民代表大会和地方各级人民代表大会通过人民代表依照法律规定的方式和程序，集体行使国家权力，也是一切权力属于人民的重要表现形式和具体实现。(2)作为国家权力机关的人民代表大会，代表着人民的意志与利益，人民代表大会的全体成员整体地代表着人民的意志和利益。而每一个人民代表大会代表却只是选举产生他的那一部分群众的意志的代表，并接受这部分群众的监督。但是，每一个人民代表大会代表在参政议政以及在投票的时候，要立足于全局，把整体利益置于首位，这是起码的要求，在此基础上充分代表和反映本选区或选举单位的利益和意志。(3)人民代表大会常务委员会向本级人民代表大会负责，人民代表大会向人民负责。人民代表大会常务委员会是本级人民代表大会的一部分，由人民代表中的一部分常务代表所组成。人民代表大会常务委员会向本级人民代表大会负责就是间接向人民负责。在行使国家权力的过程中，人民代表大会要向人民负责并报告工作，通过媒体公开以后接受人民的监督，人民有权罢免自己选出的不称职的代表；人民可以向人民代表大会提出批评、建议等，促进其工作，使其能够更好地行使国家权力。

（三）人民代表大会制度全面反映了我国政治生活的全貌

人民代表大会制度体现了人民民主专政的国家本质，是我国人民当家做主、行使管理国家事务权力的基本形式。通过依照民主集中制的原则办事，从而使国家权力最终掌握在人民手中，达到维护人民群众根本利益的目的。人民代表大会制度就是能够体现各阶级、阶层和各民族人民在国家生活中的地位，便于实现最广泛的民主，吸收广大人民群众参加国家管理和社会主义建设事业，充分发挥最大多数人智慧和创造力的一种制度。另外，人民代表大会通过行使职权，在维持社会治安、维护国际和平、促进祖国统一等方面发挥着不可替代的作用，这也是实现人民民主专政的一个重要方面。

人民代表大会成立以后,它就可以制定各种制度和法律,而其他制度和法律则必须经过人民代表大会批准,或由它所授权的机关批准才能生效。我国的其他许多制度,诸如行政制度、司法制度、选举制度、公务员制度、社团制度等,只能表示我国政治生活的一个方面,而只有人民代表大会制度,才能反映我国政治力量的源泉来自广大人民群众,因此,人民代表大会制度在我国的政治生活中处于首要的地位,是我国的根本政治制度。

## 第三节 国家标志

国家标志是一个主权国家的代表和象征,主要包括国旗、国歌、国徽和首都等,它反映了一个国家的历史传统、民族精神。

**一、国旗**

国旗是一个国家的标志性旗帜。它通过一定的样式、色彩和图案来体现一个国家的政治特色和历史文化传统。在各国国旗中,红色、黄色、蓝色、绿色和白色用得较多。我国现行《宪法》第141条第1款规定,中华人民共和国国旗是五星红旗。1949年9月27日,中国人民政治协商会议第一届全体会议通过《关于中华人民共和国国都、纪年、国歌、国旗的决议》,其第4项规定:中华人民共和国的国旗为红地五星旗,象征中国革命人民大团结。1949年9月28日中国人民政治协商会议第一届全体会议主席团还公布了《国旗制法说明》。我国国旗为红色,长方形,长与宽之比为3:2。旗面为红色,象征革命;左上方缀五颗黄色五角星,象征中国共产党领导下的革命大团结,黄色五角星象征在红色大地上呈现光明。五星中,一星较大,其外接圆直径为旗宽的3/10,居左;四颗小五角星较小,其外接圆直径为旗高的1/10,环绕于大五角星的右侧,并各有一个角尖正对大星的中心点,表示亿万人民心向伟大的中国共产党,形式上显得紧凑、美观。旗杆套为白色,与旗面的红色相区别。

1990年6月28日,全国人民代表大会常务委员会通过了《中华人民共和国国旗法》(以下简称《国旗法》)。《国旗法》第5条规定,下列场所或者机构所在地,应当每日升挂国旗:北京天安门广场、新华门;全国人民代表大会常务委员会,国务院,中央军事委员会,最高人民法院,最高人民检察院;中国人民政治协商会议全国委员会;外交部;出境入境的机场、港口、火车站和其他边境口岸,边防海防哨所。

《国旗法》还规定,国务院各部门、地方各级人民代表大会常务委员会、人民政府、人民法院、人民检察院、中国人民政治协商会议地方各级委员会,应当在工作日升挂国旗。全日制学校,除寒假、暑假和星期日外,应当每日升挂国旗。除此之外,在国庆日、国际劳动节、元旦和春节,各级国家机关和各人民团体应当升挂国旗;企业事业组织,村民委员会、居民委员会,城镇居民院(楼)以及广场、公园等公共场所,有条件的可以升挂国旗。不以春节为传统节日的少数民族地区,春节是否升挂国旗,由民族自治地方的自治机关规定。举行重大庆祝、纪念活动,大型文化、体育活动,大型展览会,可以升挂国旗。

升挂国旗,应当将国旗置于显著的位置。列队举持国旗和其他旗帜行进时,国旗应当在其他旗帜之前。国旗与其他旗帜同时升挂时,应当将国旗置于中心、较高或者突出位置。在外事活动中同时升挂两个以上国家的国旗时,应当按照外交部的规定或者国际惯例升挂。在直立的旗杆上升降国旗,应当徐徐升降。升起时,必须将国旗升至杆顶;下降时,不得使国旗落地。

下半旗是世界通行的一种举国致哀方式。《国旗法》第14条第1—2款规定:"下列人士逝世,下半旗志哀:(一)中华人民共和国主席、全国人民代表大会常务委员会委员长、国务院总理、中央军事委员会主席;(二)中国人民政治协商会议全国委员会主席;(三)对中华人民共和国作出杰出贡献的人;(四)对世界和平或者人类进步事业作出杰出贡献的人。发生特别重大伤亡的不幸事件或者严重自然灾害造成重大伤亡时,可以下半旗志哀。"下半旗一般用于某些重要人士逝世或发生重大不幸事件、严重自然灾害,以此表达全国人民的哀思和悼念。下半旗时,应当先将国旗升至杆顶,然后降至旗顶与杆顶之间距离为旗杆全长的1/3处;降下时,应当先将国旗升至杆顶,然后再降下。《国旗法》第14条规定了下半旗仪式的适用范围和有权决定下半旗的机构。

《国旗法》第17条规定:"不得升挂破损、污损、褪色或者不合规格的国旗。"第18条规定:"国旗及其图案不得用作商标和广告,不得用于私人丧事活动。"《中华人民共和国刑法》(以下简称《刑法》)第299条第1款规定:"在公众场合故意以焚烧、毁损、涂划、玷污、践踏等方式侮辱中华人民共和国国旗、国徽的,处三年以下有期徒刑、拘役、管制或者剥夺政治权利。"情节较轻的,参照《治安管理处罚法》的处罚规定,由公安机关处以15日以下拘留。

## 二、国歌

国歌是代表国家的歌曲。在举行隆重集会、庆典以及国际交往等仪式时,通过奏唱国歌的形式表达隆重、庄严、爱国及国家尊严。

我国的国歌是《义勇军进行曲》,原是1935年拍摄的电影《风云儿女》的主题歌,由田汉作词、聂耳作曲。它诞生于民族危亡的抗日战争时期,歌词简洁、响亮、有力,乐曲沉着、雄壮、坚决,表达了中华民族勇敢、坚强、团结和充满必胜信念的斗争精神。1949年9月27日,中国人民政治协商会议第一届全体会议通过了《关于中华人民共和国国都、纪年、国歌、国旗的决议》,其中第3项规定:"在中华人民共和国的国歌未正式制定前,以《义勇军进行曲》为代歌。"1978年第五届全国人民代表大会第一次会议通过决议,以保留《义勇军进行曲》的曲谱、集体填词的《中华人民共和国国歌》为正式国歌。1982年12月,第五届全国人民代表大会第五次会议通过决议,撤销1978年通过的关于国歌的决议,以《义勇军进行曲》作为我国的国歌。我国国歌的歌词是:"起来!不愿做奴隶的人们!把我们的血肉筑成我们新的长城!中华民族到了最危险的时候,每个人被迫着发出最后的吼声。起来!起来!起来!我们万众一心,冒着敌人的炮火,前进!冒着敌人的炮火,前进!前进!前进、进!"

1954年《宪法》、1975年《宪法》、1978年《宪法》和1982年《宪法》中均未对国歌作出规定。2004年的《宪法修正案》将《宪法》第4章的章名"国旗、国徽、首都"修改为"国旗、国歌、国徽、首都";在这一章第136条中增加1款,作为第2款,即"中华人民共和国国歌是《义勇军进行曲》"。2017年全国人民代表大会常务委员会通过了《中华人民共和国国歌法》。2018年《宪法》在第141条第2款作了与2004年《宪法》同样的规定。

### 三、国徽

国徽是以图案为其组成形式而作为一个国家的特有的象征和标志,代表着国家的主权和民族的尊严。

1950年6月18日,中国人民政治协商会议第一届全国委员会第二次会议通过了国徽图案及对该图案的说明。同年9月20日,毛泽东主席签署中央人民政府令,正式公布国徽。我国的国徽呈圆形,中间是五星照耀下的天安门,周围是谷穗和齿轮。谷穗、五星、天安门、齿轮为金色,圆环内的底子及垂缨为红色,金、红两色是象征吉祥的中国传统色彩。天安门图案象征中国各族人民的革命传统和反帝反封建的不屈不挠的民族精神;齿轮和谷穗象征工人阶级和农民阶级;五颗星则代表中国共产党领导下的各族人民大团结。

1954年《宪法》第105条规定:"中华人民共和国国徽,中间是五星照耀下的天安门,周围是谷穗和齿轮。"此后历部《宪法》均予以确认。1991年3月2日第七届全国人民代表大会常务委员会第十八次会议通过了《中华人民共和国国徽法》(以下简称《国徽法》)。

《国徽法》第4条规定,下列机构应当悬挂国徽:县级以上各级人民代表大会常务委员会;县级以上各级人民政府;中央军事委员会;各级人民法院和专门人民法院;各级人民检察院和专门人民检察院;外交部;国家驻外使馆、领馆和其他外交代表机构。乡、民族乡、镇的人民政府可以悬挂国徽,具体办法由省、自治区、直辖市的人民政府根据实际情况规定。国徽应当悬挂在机关正门上方正中处。此外,第5条还规定,北京天安门城楼、人民大会堂,县级以上各级人民代表大会常务委员会会议厅,各级人民法院和专门人民法院的审判庭,出入境口岸的适当场所,应当悬挂国徽。

《国徽法》规定了印章应当刻有国徽图案的有关机关和应当印有国徽图案的文书和出版物的种类。国徽及其图案不得用于商标、广告、日常生活的陈设布置、私人庆吊活动。不得悬挂破损、污损或者不合格的国徽。根据《刑法》第299条第1款的规定,在公众场合故意以焚毁、毁损、涂划、玷污、践踏等方式侮辱国徽的,处3年以下有期徒刑、拘役、管制或者剥夺政治权利。情节较轻的,参照《治安管理处罚法》的处罚规定,由公安机关处以15日以下拘留。

### 四、首都

首都也称国都、首府,在我国古代称京城、京师。首都通常是一个国家最高领导机关所在地,一般也是一个国家的政治、经济和文化中心。由于历史传统和其他因素的影响,有的国家的首都有两个或者两个以上。还有些国家的国名和首都名相同,如新加坡、科威特、巴拿马、梵蒂冈等,既是国名又是首都名。

1949年9月27日,中国人民政治协商会议第一届全体会议通过了《关于中华人民共和国国都、纪年、国歌、国旗的决议》,其中第1项规定:"中华人民共和国国都定于北平。自即日起,北平改名为北京。"1954年《宪法》确认了这个决议,但将"国都"改称为"首都"。后来的三部宪法也作了相同的规定。

北京特殊的地理位置和良好的自然环境,使其具备了建都的自然基础。北京又是一座历史名城和文化古都。它是我国远古文化的著名发祥地。50万年前,就有"北京人"生活在这里。在文字记载中,此地最早称为"蓟",迄今已有三千余年的建城史和八百五十余年的建都史。西周时,北京成为周朝的诸侯国之一燕国的都城。自金朝起,正式迁都燕京,改称中都,并进行大规模的改造和扩建。元朝、明朝、清朝先后在北京建都。

北京又是有着光荣革命传统的城市。标志着新民主主义革命开始的"五四运动"、掀起抗日救亡运动的"一二·九"运动,都先后在此发生并影响全国,使北京成为全国革命运动的先锋和旗帜。1927年,国民革命军北伐胜利,平定北洋军阀,将北京改名北平。1949年1月,北平和平解放。9月,中国人民政治协商会议第一届全体会议决定,改北平为北京,成为首都。北京从此成为中华人民共和国的政治、经济和文化中心。

# 第六章 选举制度

## 第一节 选举制度概述

### 一、选举制度的概念

选举制度是一个国家选举代议机关的议员或代表和选举其他国家机关公职人员的原则方法和组织程序的总和。选举制度有广义、狭义之分,广义的选举制度包括选举代议机关的代表和选举其他国家机关公职人员,狭义的选举制度只涉及选举代议机关的代表。我国《选举法》只规定了选举全国人民代表大会代表和地方各级人民代表大会代表,因而属狭义的选举制度。选举制度是国家的统治阶级挑选本阶级的代表人物和优秀人物进入国家机关实现国家权力的重要手段和步骤。它体现国家权力的本质,又和国家权力的组织形式有着密切联系。选举制度是科学地分配与运用权力的重要组织形式,属于国家制度的重要组成部分,体现国家权力与公民之间的平衡关系。在实行宪政体制的国家,选举制度的合理运作是民主政治建立与发展的基础与出发点。选举制度的理论与实践在宪政体制的运作中起着非常重要的作用。

### 二、选举制度的产生和发展

近代意义的选举制度是伴随着代议制度的产生而出现的。它是封建等级授职制的对立物,也是资产阶级天赋人权学说、人民主权学说的补充物。它具有三个特点:一是被选举者以代议机关的议员或代表为主;二是形式上采取普选制;三是有一套比较完整的法律规范作指导。

资本主义国家的代议制度创始于英国。英国的议会是由中世纪的等级会议演变而来的。等级会议几经周折发展成为两院制议会,两院制议会随着资本主义生产关系的发展和资产阶级革命的胜利而变化,最终产生了由选民、选出的议员组成的下议院。其后,代议制为英美等资本主义国家所采用,议员的选举便成了一种普遍的政治活动,近代的选举制度也由此产生,并标志着资产阶级民主制度的正式确立。随后,代议制在发展进程中,逐步形成了一套比较完整的形式上的普遍、平等、直接选举原则,再加上秘密投票方法和选举的组织程序,把资产阶级民主制发展到了最高程度,成为人类政治文明史上的巨大成果。

社会主义的选举制度,是在继承资本主义选举制度的优秀成果基础之上产生的。它最早在苏联开花结果,然后被大多数社会主义国家所采用。我国社会主义选举制度的确立,经历了一个不断完善和发展的过程。1953 年,我国颁布第一部《中华人民共和国全国人民代表大会及地方各级人民代表大会选举法》。这部法律初步确立了选举全国人民代表大会及地方各级人民代表大会代表的原则和方法。1979 年 7 月,第五届全国人民代表大会第二次会议通过了《中华人民共和国全国人民代表大会和地方各级人民代表大会选举法》(以下简称《选举法》),对 1953 年的选举法作了重大修改,扩大了普选和直接选举的范围,改进了选举的程序和方法。此后,该《选举法》又历经 1982 年、1986 年、1995 年、2004 年、2010 年、2015 年六次修改,使我国的选举制度日趋完善。尤其是 2010 年对《选举法》进行了重大修改,进一步体现了选举制度的平等原则,全国各级人民代表大会代表名额,按照每一代表所代表的城乡人口数相同的原则以及保证各地区、各民族、各方面都有适当数量代表的要求进行分配。经过选举制度的几次调整,我国选举制度的民主性与科学性有了很大的提高,选举制度在国家政治体制的运作中发挥了重要的作用。

## 第二节 选举制度的基本原则

选举制度的基本原则是贯穿在选举制度过程中的一些基本的原理与准则,它是宪法民主精神的反映,决定着选举制度的民主程度。现代民主宪政国家多采用普遍选举、平等选举、直接选举、秘密选举、自由选举等原则。根据我国选举法的规定,贯穿于我国选举制度始终的基本原则有以下六个。

### 一、选举权的普遍性原则

选举权的普遍性原则是就享有选举权的主体范围而言的。它的含义是:凡具有一国国籍,达到一定年龄的公民,除因受刑事处分而被剥夺选举权之外,都取得该国的选举资格,都有选举权。根据宪法和选举法的规定,这里的选举权有不同的含义:宪法上规定的是广义的选举权,即包括选举和被选举国家代议机关代表和国家公职人员的权利;选举法上规定的则是狭义的选举权,仅指选举和被选举国家代议机关代表的权利。

在我国,理解选举权的普遍性原则应注意以下几个问题:第一,精神病患者能否行使选举权和被选举权,应经选举委员会确认;第二,因犯危害国家安全罪或者其他严重刑事犯罪案件被羁押,正在受侦查、起诉和审判的人,经人民检察院或人民法院决定,在羁押期间停止其行使选举权利;第三,虽被给予刑事处分,但未被剥夺政治权利的人或者在刑事诉讼中未被司法机关决定停止行使选举权和被选举权的人,应享有选举权和被选举权。此外,根据我国《选举法》第 6 条第 3 款的规定,旅居国外的中华人民共和国公民在县级以下人民代表大会代表选举期间在国内的,可以参加原籍地或出国前居住地的选举。

### 二、选举权的平等性原则

选举权的平等性原则是就享有选举权的主体实现权利的效力而言的。其基本含义是,所有选民在一次选举投票中只能投一张票,所有选票的效力完全相等。我国自 1953 年《选举法》以来,即实现了"一人一票"的原则。但在选票的效力上,经历了由不相等向相等发展的过程。1979年我国修改《选举法》,将城乡之间选票的效力确定为全国人民代表大会代表为8∶1,省级人民代表大会代表为5∶1,县级人民代表大会代表为4∶1;1995年我国修改《选举法》又将城乡之间选票的效力统一确定为4∶1;2010年我国修改《选举法》实现了城乡之间选票的完全相等。这一演变过程,既反映了我国的社会进步,又是与我国的社会现实相适应的。

在我国,选举权的平等性是相对的,即虽然城乡选民在投票效力上相等,但是对于一些人数较少的群体给予特殊的照顾。比如我国《选举法》第14条第1款规定:"……在县、自治县的人民代表大会中,人口特少的乡、民族乡、镇,至少应有代表一人。"第18条第3、4款规定:"聚居境内同一少数民族的总人口数不足境内总人口数百分之十五的,每一代表所代表的人口数可以适当少于当地人民代表大会每一代表所代表的人口数,但不得少于二分之一;实行区域自治的民族人口特少的自治县,经省、自治区的人民代表大会常务委员会决定,可以少于二分之一。人口特少的其他聚居民族,至少应有代表一人。聚居境内同一少数民族的总人口数占境内总人口数百分之十五以上、不足百分之三十的,每一代表所代表的人口数,可以适当少于当地人民代表大会每一代表所代表的人口数,但分配给该少数民族的应选代表名额不得超过代表总名额的百分之三十。"

### 三、直接选举与间接选举并用的原则

直接选举是指由选民直接投票选出国家代议机关代表和国家公职人员的选举。间接选举是指不是由选民直接投票选出,而是由下一级国家代议机关,或由选民选出的代表(或选举人)选举上一级国家代议机关代表和国家公职人员的选举。我国《选举法》规定采取直接选举和间接选举相结合的原则,即县级以下的人民代表大会代表实行直接选举,县级以上的人民代表大会代表实行间接选举。在间接选举中存在多个层次:一般情况下是由县级人民代表大会代表选举省级人民代表大会代表,省级人民代表大会代表选举全国人民代表大会代表。如果存在地级(如设区的市、自治州)人民代表大会代表的,则由县级人民代表大会代表选举地级人民代表大会代表,再由地级人民代表大会代表选举省级人民代表大会代表。

### 四、秘密投票原则

秘密投票又称无记名投票。它是由选民不署自己的姓名,亲自书写选票并投入密封票箱的一种投票方法。其优点在于保守秘密,保证选举人能够消除顾虑,自由地表达自己的意志。现代国家通常都采用这种投票方法。《选举法》第39条规定:"全国和地方各级人民代表大会的选举,一律采用无记名投票的方法。选举时应当设有秘密写票处。选民如果是文盲或者因残疾不能写选票的,可以委托他信任的人代写。"

### 五、差额选举原则

差额选举是指在选举中候选人的人数多于应选代表名额的选举。它与等额选举相对

应。等额选举是指在选举中候选人的人数与应选代表名额相等的选举。显然,差额选举要比等额选举更加公正。《选举法》第30条规定:"全国和地方各级人民代表大会代表实行差额选举,代表候选人的人数应多于应选代表的名额。由选民直接选举人民代表大会代表的,代表候选人的人数应多于应选代表名额三分之一至一倍;由县级以上的地方各级人民代表大会选举上一级人民代表大会代表的,代表候选人的人数应多于应选代表名额五分之一至二分之一。"

**六、选举权利保障原则**

为了保证我国公民选举权利的顺利实现,我国《选举法》还规定了国家提供物质和法律保障的各项措施。《选举法》第7条规定:"全国人民代表大会和地方各级人民代表大会的选举经费,列入财政预算,由国库开支。"我国《选举法》的这一规定,从物质上保障了选民根据自己的意愿投票,保障了选举人不因自己经济条件的差别而在选举时受到限制。除此之外,我国《选举法》第11章规定了"对破坏选举的制裁",为了保障选民和代表自由行使选举权与被选举权,明确规定对实施下列违法行为的人员,依法给予行政处分或者刑事处分:(1)以金钱或者其他财物贿赂选民或者代表,妨害选民和代表自由行使选举权和被选举权的;(2)以暴力、威胁、欺骗或者其他非法手段妨害选民和代表自由行使选举权和被选举权的;(3)伪造选举文件、虚报选举票数或者有其他违法行为的;(4)对于控告、检举选举中违法行为的人,或者对于提出要求罢免代表的人进行压制、报复的。

## 第三节 选举制度的民主程序

现代民主选举一般要经历选区划分、选民登记、候选人提名、竞选、投票、公布选举结果等环节。在我国,由于实行直接选举和间接选举并用的原则,加上存在香港、澳门、台湾地区的全国人民代表大会代表的选举等特殊情况,因此以下分别论述。

**一、直接选举程序**

(一)选举主持机构

我国《选举法》第8条第2款规定:"不设区的市、市辖区、县、自治县、乡、民族乡、镇设立选举委员会,主持本级人民代表大会代表的选举。不设区的市、市辖区、县、自治县的选举委员会受本级人民代表大会常务委员会的领导。乡、民族乡、镇的选举委员会受不设区的市、市辖区、县、自治县的人民代表大会常务委员会的领导。"第9条第1款规定:"不设区的市、市辖区、县、自治县的选举委员会的组成人员由本级人民代表大会常务委员会任命。乡、民族乡、镇的选举委员会的组成人员由不设区的市、市辖区、县、自治县的人民代表大会常务委员会任命。"

(二)划分选区

选区是以一定数量的人口为基础划分的区域,是选民选举产生人民代表的基本单位。

根据选举法的规定,不设区的市、市辖区、县、自治县、乡、民族乡、镇的人民代表大会的代表名额分配到选区,按选区进行选举。选区可以按居住状况划分,也可以按生产单位、事业单位、工作单位划分,同时选区一般按每一选区选 1 名至 3 名代表划分。选区的划分总体上应遵循有利于实现选举权的平等性原则,如果选区之间的人口数差距过大,就会影响选民之间的投票效力,不利于实现选举权的平等原则。

(三)选民登记

选民登记是选举工作的重要环节,是公民取得选民资格的基本程序。根据我国《选举法》的规定,选民登记应按选区进行,它是国家依法对选民资格进行的法律认可。凡年满 18 周岁未被剥夺政治权利的公民,都应被列入选民名单。选民名单应在选举日的前 20 日公布,并发给选民证。对于公布的选民名单有不同意见的,可以在选民名单公布之日起 5 日内向选举委员会提出申诉。选举委员会应在 3 日内对申诉意见作出处理决定。申诉人对处理意见不服的,可以在选举日 5 日前向人民法院起诉,人民法院应在选举日以前作出判决,其判决为最后的决定。经过登记确认的选民,资格长期有效。

(四)代表候选人的提出与确定正式代表候选人

根据我国《选举法》的规定,在直接选举中,各政党、各人民团体可以单独或联合推荐代表候选人,选民 10 人以上联名也可以推荐代表候选人。从实践来看,各方面初步提名的候选人必然大大超过差额选举规定的比例,所以需要选举委员会以根据较多数选民意见、酝酿协商的方式,或者以预选的方式,从初步候选人中确定正式候选人名单。正式候选人名单确定之后,应在选举日的 7 日前公布,以便选民有时间考虑最后的选择。

(五)候选人的介绍

候选人的介绍,是整个选举制度的一项重要内容,在一定程度上决定着代表的素质和选民参与选举的政治热情。因此,完善候选人提名制度的关键是保障选民对候选人的了解,资本主义国家将这一程序称为竞选。我国《选举法》规定,推荐者应向选举委员会介绍候选人的情况,但选举日必须停止对代表候选人的介绍。推荐代表候选人的政党、各人民团体、选民可以在选民小组会议上宣传、介绍所推荐的代表候选人的情况。

(六)组织投票

组织投票主要有三种形式:一是各选区设投票站;二是召开选举大会投票;三是在流动票箱投票。不论哪种形式,选举投票都必须在选举委员会主持下进行。另外,选民在选举期间如果外出,经选举委员会同意,可以书面委托其他选民代为投票,但每一选民接受的委托不得超过 3 人。

(七)确定当选

投票结束以后,就进入选举结果的确定程序,其内容包括:(1)确定选举是否有效。在直接选举时,选区全体选民过半数投票的,选举有效。每次所投票数多于投票人数的无效,等于或者少于投票人数的有效。(2)代表候选人当选的确定。在直接选举中,选区全体选民的过半数参加投票的,选举有效,代表候选人获得参加投票的选民的过半数的选票即可当选。若获得过半数选票的代表候选人的人数超过应选代表名额时,得票多的当选。

如果出现票数相等不能确定当选人时,应就票数相等的候选人重新投票。(3)宣布选举结果。选举结果由选举委员会根据选举法确定是否有效,并对外公布选举结果。

此外,县、乡人民代表大会代表在任期内,因故出缺的,由原选区选民补选。补选可以是差额选举,也可以是等额选举。

## 二、间接选举程序

间接选举不需要进行选区划分和选民登记,选举的组织工作也较容易,而且有关提名候选人、介绍候选人以及投票程序与直接选举的有关程序也很相似。但它也有一些自己的特点,现分述如下:

### (一)选举主持机构

与直接选举成立专门的选举委员会不同,间接选举由各级人民代表大会常务委员会主持。全国人民代表大会常务委员会主持全国人民代表大会代表的选举。省、自治区、直辖市、设区的市、自治州的人民代表大会常务委员会主持本级人民代表大会代表的选举。

### (二)代表候选人的提出与确定正式代表候选人

根据我国《选举法》的规定,间接选举的代表候选人由各政党、各人民团体联合或者单独推荐代表候选人,代表10人以上联名也可以推荐代表候选人。提名候选人阶段结束后,各该级人民代表大会主席团将依法提出的代表候选人名单及代表候选人的基本情况印发全体代表,由全体代表酝酿、讨论。如果所提代表候选人的人数符合差额比例,直接进行投票选举。如果所提代表候选人的人数超过最高差额比例,进行预选,根据预选时得票多少的顺序,按照本级人民代表大会的选举办法确定的具体差额比例,确定正式代表候选人名单,进行投票选举。

### (三)确定当选

选举大会由主席团主持,采用无记名投票方式,以代表候选人获得全体代表过半数的选票者当选。选举结果由大会主席团确定是否有效,并予以宣布。另外,经间接选举产生的人民代表大会代表选出以后,要经过代表资格审查委员会的审查,并经常务委员会确认其代表资格是否有效。

## 三、代表的罢免与辞职

罢免权是选举权的延伸,是对选举权的一种保护。因此,我国《选举法》规定,全国和地方各级人民代表大会代表受选民和选举单位的监督,选民或者选举单位有权罢免自己选出的代表。

### (一)对直接选举的代表的罢免

我国《选举法》第49条第1款规定:"对于县级的人民代表大会代表,原选区选民五十人以上联名,对于乡级的人民代表大会代表,原选区选民三十人以上联名,可以向县级的人民代表大会常务委员会书面提出罢免要求。"罢免案必须写明罢免理由。县级人民代表大会常务委员会是受理罢免案的单位,它在受理罢免申请后,经审查如果程序合法,应将罢免案及时转告被提出罢免的代表,让其提出申辩意见。受理罢免案的县级人民代表大会常务委员会应将罢免要求和提出罢免代表的书面申辩意见,印发原选区选民,并决定在适当时间召开选民会议,会议由县级人民代表大会常务委员会派负责人主持。罢免案最终须经原选区过半数的选民才能通过。

(二)对间接选举的代表的罢免

根据我国《选举法》第50条的规定,县级以上的地方各级人民代表大会举行会议的时候,主席团或1/10以上代表联名,可以提出对由它选出的上一级人民代表大会代表的罢免案。在人民代表大会闭会期间,县级以上的地方各级人民代表大会常务委员会主任会议或者常务委员会1/5以上的组成人员联名,可以向常务委员会提出对由该级人民代表大会选出的上一级人民代表大会代表的罢免案。根据地方组织法的有关规定,向代表大会提出的罢免案,由大会主席团交全体会议表决。向常务委员会提出的罢免案,由主任会议提交常务委员会全体会议进行表决。在表决罢免案之前,应由提出罢免案的一方作出罢免案的理由说明,然后由被提出罢免案的代表进行申辩,最后进行表决。在代表大会或常务委员会上通过罢免,须分别经代表大会过半数的代表或常务委员会组成人员的过半数才能通过,罢免的决议须报告上一级人民代表大会常务委员会备案。如果被罢免的代表是常务委员会的组成人员或者是专门委员会的组成人员,那么其代表职务被罢免后,其常务委员会组成人员或专门委员会组成人员的职务相应被撤销。

(三)代表的辞职

根据我国《选举法》的规定,代表可以自愿提出辞职,其具体程序是:全国人民代表大会代表,省、自治区、直辖市、设区的市、自治州的人民代表大会代表,可以向选举他的人民代表大会常务委员会书面提出辞职。县级人民代表大会代表可以向本级人民代表大会常务委员会书面提出辞职,乡级人民代表大会代表可以向本级人民代表大会书面提出辞职。

(四)代表资格的终止和停止

代表资格的终止是指由于出现某一法律事件或事实,导致代表资格自行丧失。《中华人民共和国全国人民代表大会和地方各级人民代表大会代表法》(以下简称《代表法》)第49条规定代表资格终止的情形包括以下几种:代表迁出或者调离本行政区域的;辞职被接受的;未经批准两次不出席本级人民代表大会会议的;被罢免的;丧失中华人民共和国国籍的;依照法律被剥夺政治权利的;丧失行为能力的。

代表资格的停止是指由于出现法定事由而暂时停止代表执行代表职务。《代表法》第48条规定:"代表有下列情形之一的,暂时停止执行代表职务,由代表资格审查委员会向本级人民代表大会常务委员会或者乡、民族乡、镇的人民代表大会报告:(一)因刑事案件被羁押正在受侦查、起诉、审判的;(二)被依法判处管制、拘役或者有期徒刑而没有附加剥夺政治权利,正在服刑的。前款所列情形在代表任期内消失后,恢复其执行代表职务,但代表资格终止者除外。"

### 四、其他情形的代表选举

**（一）香港和澳门特别行政区全国人民代表大会代表的选举**

根据《中华人民共和国香港特别行政区基本法》和《中华人民共和国澳门特别行政区基本法》的规定，两地将依全国人民代表大会确定的代表名额和代表产生办法，单独选举自己的全国人民代表大会代表。1997年3月14日，第八届全国人民代表大会第五次会议通过了《中华人民共和国香港特别行政区选举第九届全国人民代表大会代表的办法》，该办法确定香港特别行政区的全国人民代表大会代表名额为36名。有权参加选举全国人民代表大会代表的必须是香港特别行政区的公民。根据第九届全国人民代表大会第二次会议通过的《中华人民共和国澳门特别行政区第九届全国人民代表大会代表的产生办法》，该办法确定澳门特别行政区的全国人民代表大会代表名额为12名。

**（二）台湾地区全国人民代表大会代表的选举**

目前，我国全国人民代表大会代表采用协商选举的办法产生。在每次换届选举之前，由全国人民代表大会常务委员会制定一个协商选举方案。我国台湾地区的全国人民代表大会代表约为13人，他们是从各省、自治区、直辖市和中国人民解放军的籍贯为台湾地区的人员中选出的。具体选举程序是：从大陆现有的籍贯为台湾地区的人员中，产生一个约120人的选举委员会，全国人民代表大会常务委员会根据籍贯为台湾地区的人员的分布情况，将选举委员会成员名额分配到各省、自治区、直辖市，由其常务委员会负责组织协商选定。选定的选举委员会成员集中到北京参加协商选举会议。具体选举办法与《选举法》规定的间接选举程序相同。

**（三）军队人民代表大会代表的选举**

我国《选举法》第5条规定："人民解放军单独进行选举，选举办法另订。"在我国，从县级到全国的各级人民代表大会都有人民解放军的代表。驻军选举出席地方各级人民代表大会的代表名额，由驻军所在的省、自治区、直辖市、设区的市和县级人民代表大会常务委员会决定。驻军选举县级人民代表大会代表时，由驻该区域内的现役军人和参加军队选举的其他人员按选区直接选举产生。驻军应选的设区的市、自治州、省、自治区、直辖市人民代表大会代表，由团级以上单位召开军人代表大会选举产生。军队的全国人民代表大会代表，由解放军各总部、大军区级单位和中央军事委员会办公厅的军人代表大会选举产生。

# 第七章 国家结构形式

## 第一节 国家结构形式概述

### 一、国家结构形式的概念

国家结构形式是指特定国家依据一定的原则采取的调整国家整体与部分、中央与地方相互关系的形式。简言之，国家结构形式规定的是一个国家的中央和地方、整体与各个部分之间的关系。国家结构形式所要解决的问题是一个国家如何划分领土、处理整体与部分之间的关系，其中最为重要的就是要解决中央和地方的事权与财权的划分问题。

国家政权组织形式与国家结构形式共同构成国家形式。国家政权组织形式侧重解决一个国家政权的来源、国家政权的构成与具体包含的内容，其中最为重要的是解决国家权力机关与行政机关、司法机关以及其他国家机关之间的关系，即体现政权横向关系。而国家的结构形式侧重解决国家领土结构划分中的整体与部分之间的关系，即国家政权中的纵向关系。

### 二、国家结构形式的分类

由于各个国家的国情不同，因而采取的国家结构形式也不尽相同，概括地说，现代国家的结构形式主要有单一制和联邦制两大类。单一制是指一个主权国家由若干个普通行政单位或者自治单位组成，这些组成单位都是国家不可分割的一部分。单一制的基本特征有：国家只有一部宪法、只有一个中央国家机关体系（包括立法机关、行政机关和司法机关），地方政府的权力由中央政府授予，每个公民只有一个统一的国籍，国家整体是代表国家进行国家交往的唯一主体。

联邦制是指国家有两个或两个以上的成员单位（如邦、州、共和国等）组成的国家结构形式。联邦制的基本特征有：除了有联邦的宪法外，各成员国还有自己的宪法；除设有联邦立法机关、行政机关和司法机关外，各个成员国还有自己的立法机关、行政机关和司法系统；联邦和成员单位的权力由宪法规定；公民既有联邦的国籍，又有成员国的国籍；联邦是对外交往的国际法主体，而联邦组成单位一般没有对外交往的主体资格，但有的联邦国家允许成员单位同外国签订某方面的协定。美国是一个典型的联邦制国家。美国的联邦主义是一种介于单一制组织和独立国家联合体之间的国家结构。其职权划分由联邦宪法作出具体规定，但对所谓剩余权力的归属问题，有的规定归于联邦，有的规定归于各州，而无论哪一种归属，都是在保证联邦行使国家的立法、外交、军事、财政等主要国家权力的同时,又规定各成员国享有较大范围的自治权。美国联邦有一部宪法和一套司法体系,而各个州也有各自的宪法和州的司法体系,且两套体系相互独立。

目前世界上多数国家,如非实行单一制便实行联邦制,二者是主要的国家结构形式。它们的主要区别在于国家整体与组成部分的权限划分上:在单一制国家中,地方政府的权力种类、权力范围、权力变更、管辖区域的变更,均由中央政府决定,无须地方政府的同意,反映了这种国家中单一主权权力的性质;而在联邦制国家中,权力的划分和区域的变更等事项都要在联邦组成时通过的宪法中明确规定,属于成员国权力范围内的事项,原则上联邦概不能侵犯,反之亦然。

### 三、决定国家结构形式的因素

影响一个国家实行什么样的结构形式原因是多方面的,有立宪者自身的主观因素,也有这个国家客观方面的因素。就主观因素而言,包括立宪者的专业知识、专业能力、职业道德和政治素养等;就客观因素而言,包括客观存在的历史、地理、政治、经济、民族、宗教、文化等多种因素。在这些众多因素中,客观因素中的历史因素和民族因素是影响国家结构形式的最为主要的两种因素。所谓的历史因素是指一个国家形成和发展的历史传统,它既包括统治阶级在国家结构形式方面代代相沿的统治经验,也包括国家在历史发展的进程中,就国家结构形式问题形成的一种相对稳定的心理定式;而所谓的民族因素是指一个国家的民族形成、分布状况、民族关系、民族经济的发展等要素。

美国之所以实行联邦制,与美国的历史发展和民族分布相关。北美原属于英国的殖民地,来到北美大陆的殖民者们集中在 13 个殖民地区。1775 年,北美 13 个殖民地的资产阶级为了摆脱英国的殖民统治,发动了独立战争。1776 年北美殖民地宣布独立并发表了著名的《独立宣言》。1783 年,北美 13 个州迫使英国殖民统治者承认了它们的独立。正是基于这样的历史发展进程,1787 年美国宪法才确定了联邦制的国家结构形式。

## 第二节 我国是单一制的国家结构形式

### 一、我国采取单一制国家结构形式的原因

我国现行《宪法》明确规定:中华人民共和国是全国各族人民共同缔造的统一的多民族国家。这一规定明确表明我国的国家结构形式是单一制。具体表现为:第一,在法律制度方面,我国只有一部宪法,只有一套以宪法为基础的法律体系,维护宪法的权威和法制的统一是国家的基本国策;第二,在国家机构方面,只有一套包括最高国家权力机关、最高国家行政机关和最高司法机关的中央国家机关体系;第三,在中央和地方的关系方面,无论是普通的省、县、乡行政区划,还是民族自治区域,或者特别行政区域,都是中央人民政府领导下的地方行政区域,不得脱离中央而独立;第四,在对外关系方面,中华人民共和国是一个统一的国家法主体,公民只有统一的中华人民共和国国籍。我国之所以采取单一

制国家结构形式,建立统一的多民族国家,除有立宪者的主观因素外,更重要的来自我国的客观因素,这其中历史原因和民族原因最为重要。

（一）历史原因

我国自古以来就是统一的大国,五千年源远流长的文化传承铸就了我国的统一和集中。我国自秦始皇统一中国以来,就建立了统一的中央集权国家。迄商至周,中国是一个部族国与分封制相混合的封建制国家,但从春秋时代起,就逐渐完成了统一的民族国家进程。秦灭六国而建立一统天下的秦王朝以后,封建王国虽有兴衰分合,但统一是主要的,而分裂状态则是短暂的。随后的汉、唐、元、明、清都是统一的中央集权制国家。其间少数民族不仅建立过许多地区性国家政权,而且几次入主中原。但无论是汉族还是边疆民族建立的王朝,都以封建中国正统自居,把中华各民族纳入其封建版图之内。历代封建王朝对边疆少数民族还采取不同于内地的治理方法,在内地由皇帝直接派官吏治理,在少数民族地区则由皇帝加封少数民族统治者加以治理,如明清的"土司制度"。尽管也曾有过分裂割据的状态,但时间较短,而且国家统一的局面一直居于主导地位。长期的历史传统,决定了我们必须建立单一制的国家结构形式。秦以后,我国一直是中央集权制的国家,从未出现复合制的国家结构形式。历史证明,只有统一才能带来中国的团结、繁荣和发展。

（二）民族原因

中国自古以来就是一个统一的多民族国家。中华人民共和国沿袭了各民族和睦相处的特点,融合全国各族人民共同缔造了统一的多民族国家。迄今为止,通过识别并经中央政府确认的民族有56个。中国各民族分布的特点是:大杂居、小聚居、相互交错居住。汉族地区有少数民族聚居,少数民族地区有汉族居住。这种分布格局是长期历史发展过程中各民族间相互交往、流动而形成的。中国少数民族人口虽少,但分布很广。全国各省、自治区、直辖市都有少数民族居住,绝大部分县级单位都有两个以上的民族居住。目前,中国的少数民族主要分布在内蒙古、新疆、宁夏、广西、西藏、云南、贵州、青海、四川、甘肃、辽宁、吉林、湖南、湖北、海南等地区。

我国民族之所以有上述的分布状况,是在祖国土地上的各民族历史上互相合作、互相交流、共同生息的结果。比如,许多汉族地区原为少数民族居住,因而就有少数民族存在;许多少数民族地区原来也属于汉族居住区,所以也有汉族人口。在民族互动过程中,各民族共同创造了光辉灿烂的文化,也形成了相互之间千丝万缕的联系。特别是近代以来,中国曾沦为半殖民地半封建社会,中华民族遭受帝国主义侵略、压迫和欺凌,陷入被压迫民族的境地,为捍卫国家的统一和中华民族的尊严,各民族团结奋斗,共御外侮,与侵略者和民族分裂主义者进行了不屈不挠的斗争。历史上,在统一的中央集权制的国家内,曾存在着民族歧视和民族压迫,汉族地主阶级长期压迫少数民族,甚至导致民族矛盾和战争。但友好合作一直是民族关系的主流,各族人民有着共同的历史命运,有着共同斗争的历史传统,这决定了在我国只能建立单一制的多民族国家。长期的融合,经济、文化交往把中国各民族紧密地联系在一起,从而形成了相互依存、相互促进、共同发展的关系,创造和发展了中华文明。中国各民族相互依存的政治、经济、文化联系,使其在长期的历史发展中有着共同的命运和共同的利益,产生了强大的亲和力和凝聚力。

综上所述,我国民族发展的历史、少数民族的人口构成的快速增长、民族分布的情况以及和睦的民族关系等因素决定了我国只能建立统一的多民族国家,而民族的融合与繁荣也需要建立一个统一的中央集权国家。各民族的历史状况和民族关系决定了在我国的个体条件下,不适宜采取联邦制,更不能进行民族分离。采取单一制的国家形式,在统一的多民族国家内实行民族区域自治是解决民族问题的基本制度。

**二、我国单一制国家结构形式的主要特点**

我国单一制国家结构形式是基于我国的国情建立起来的,因此具有自身的特点,这些特点可以总结为:

(一)建立民族区域自治制度,解决民族问题

如前所述,我国是一个多民族大融合的国家,每一个民族都有自己深厚的文化底蕴和悠久历史。长期的历史积淀成就了各个民族灿烂的文化,又加之各自的自然条件的差异和经济发展的进度不同,因此,我们在实行单一制的国家结构形式的同时,也赋予了民族自治地方的自治机关以自治权,充分尊重各个民族的文化传统和区域特色。我们在保持国家的宪法和法律的统一的前提下,也赋予了一些少数民族的特别权力。如《中华人民共和国婚姻法》在对通常情况下的结婚、家庭关系、离婚等作了总的规定后,第50条又规定:"民族自治地方的人民代表大会有权结合当地民族婚姻家庭的具体情况,制定变通规定。自治州、自治县制定的变通规定,报省、自治区、直辖市人民代表大会常务委员会批准后生效。自治区制定的变通规定,报全国人民代表大会常务委员会批准后生效。"这显然体现了充分尊重各少数民族的风俗习惯的特点。在我国单一制结构形式下确立了多样的民族自治地方,而每一民族自治地方都建立了相应的政权体系。中央与地方关系上表现的这种多样性构成了我国单一制国家结构形式的重要特征。

(二)建立特别行政区制度,解决历史遗留问题

我国由于历史原因,需要对香港、澳门采取特别的政策。我国实施"一国两制"方针,在香港、澳门建立了特别行政区。在特别行政区内,实行不同于内地的政治、经济和社会制度,并保留了原有的资本主义制度和生活方式。在祖国统一的领导下,特别行政区在其事务范围内享有立法权、行政管理权、独立的司法权和终审权,即享有高度自治权,其所享有的高度自治权,实际上超过了联邦制国家组成部分所享有的权力。在单一制下,建立特别行政区制度体现了我国单一制国家结构形式下的高度灵活性。这样,既解决了我国的历史遗留问题,也开创了中央和地方关系的新模式。

(三)建立统一法律授权制度,解决权力分工问题

我国没有实行一般意义上的地方自治制度,中央与地方在行政管理事务及其相应的立法上没有严格的统一的立法分工,除分别行使宪法和法律规定的权力外,中央和地方之间是一种领导与被领导的关系,地方在法律上不具有与中央平等的地位和资格。地方的立法权、行政事务的管理权等都需要中央的法律授权。换言之,在我国单一制的结构形式

下,中央通过建立统一的法律体系和法律明确授权对地方事务实施管理或授予地方进行管理。这种通过统一的法律体系来解决授权问题的方式体现了我国单一制国家结构形式下国家主权的统一性和中央政府应有的权威性,也保证了中央对国家事务的统一领导。

## 第三节 我国的行政区划

### 一、我国行政区域划分的原则

行政区域划分又称行政区划,是指根据宪法和法律的规定,结合政治、经济、民族状况以及地理历史条件,将国家的领土划分为不同的区域,以便进行管理的制度。简言之,行政区划就是国家对地方行政区域、行政建制的划分与设置,如省、市、州、县、乡、镇等。行政区划管理工作,主要是对行政区划变更方案的提出和审批,内容一般包括行政建制的设置和撤销、行政区域的调整及界线变更、行政隶属关系及行政等级的变更及更名、行政机关驻地迁移等;同时,还要通过制定政策、法规等方式,对各级、各地的行政区划管理工作进行规范和指导。2017年国务院通过了《中华人民共和国行政区划管理条例》(以下简称《行政区划管理条例》),其第2条规定,行政区划管理工作应当加强党的领导,加强顶层规划。行政区划应当保持总体稳定,必须变更时,应当本着有利于社会主义现代化建设、有利于推进国家治理体系和治理能力现代化、有利于行政管理、有利于民族团结、有利于巩固国防的原则,坚持与国家发展战略和经济社会发展水平相适应、注重城乡统筹和区域协调、推进城乡发展一体化、促进人与自然和谐发展的方针,制订变更方案,逐级上报审批。行政区划的重大调整应当及时报告党中央。第3条规定,行政区划的设立、撤销以及变更隶属关系或者行政区域界线时,应当考虑经济发展、资源环境、人文历史、地形地貌、治理能力等情况;变更人民政府驻地时,应当优化资源配置、便于提供公共服务;变更行政区划名称时,应当体现当地历史、文化和地理特征。这也就确定了我国行政区域划分的原则包括如下:

(一)有利于社会主义现代化建设

行政区域划分是要照顾到自然资源和经济发展的状况,使行政区划与经济区划、国土规划尽可能地协调统一,以有利于社会主义现代化建设。《宪法》序言指出,国家的根本任务是集中力量进行社会主义现代化建设。为此,在划定行政区域时首先要考虑是否有利于本地区的经济建设和社会发展。改革开放后,我国设立了经济特区,确定了一些"较大的市",还设立了海南省、重庆市等,目的都在于利用国内外的各种积极因素,促进我国经济的快速发展。

(二)有利于行政管理和人民参与国家事务

国家行政管理的水平在一定程度上取决于行政区域的合理划分,诸如是否有中心城市、通讯交通是否便利、民族团结状况如何等因素。同时,人民参与国家事务也是行政区划要考虑的重要问题。行政管理的最终目的是要服务于人民,而人民是否能够便利参与国家事务,并行使国家主人翁的权力与行政区划关系密切。行政区划层次过多,不利于提高行政管理的效能;而行政区划层次过少,不利于照顾各地区、各民族的特点,也不利于人民行使权力,因此有利于行政管理和人民参与是行政区划的原则。

### (三) 有利于各民族的团结和发展

我国是一个统一的多民族国家,而各个民族都有自己特点。同时,我国56个民族有大杂居,小聚居。因此,行政区划一定要考虑我国的民族构成及分布特点,在充分尊重各民族的风俗习惯和有利于生活生产的基础上,对少数民族能实行自治的地方,要实行民族区域自治。真正保证做到既能保护各少数民族的特殊权益,又能促进少数民族地区的经济和文化的发展,使少数民族与全国其他地区共同进步,共同繁荣。我国实行的"西部大开发战略",实际上就划定了几个边疆省和自治区,作为国家重点扶持和发展的对象。这样,也就有利于各少数民族与汉族共同进步。

### (四) 有利于巩固国防和国家安全

我国位于亚洲东部,太平洋西岸。陆地面积960万平方千米,东部和南部大陆海岸线1.8万多千米,内海和边海的水域面积约470多万平方千米。海域分布有大小岛屿7600个,其中台湾岛最大,面积35798平方千米。我国同14个国家接壤,与8个国家海上相邻。漫长的陆疆边防线和众多国家的接壤与相邻,又加之国际局势变幻不定,决定了我们在进行行政区划时,必须充分考虑国防和国家安全问题。行政区划应该充分考虑到对可能的侵略的抵御,以有利于巩固国防和保证国家安全。实际上,我国早在汉代和唐代就在边疆地区设立了屯田区,以保证国防与安全问题。当代在新疆等地设置的军垦区也是考虑到了国防和国家安全。

### (五) 照顾自然条件和历史状况

我国各地自然条件千差万别,而总的特征如下:地理条件可概括为地形多种多样,山区面积大、地势西高东低;气候条件复杂多样,季风气候显著;土地资源绝对数量大,人均占有少,类型复杂多样,地区分布不均;水资源的分布情况是南多北少,而耕地的分布却是南少北多;植被种类丰富,地质条件多样,矿产资源充足;等等。我国这样一个特有的自然条件,进行行政区域划分时要充分考虑和尊重自然条件和规律。同时,我国源远流长的历史,也决定了在行政区划时要考虑各地的历史条件。只有充分利用了自然条件,即合理配置了自然资源,如山岭、森林、草原、河流、海域、土地、矿藏等,才能发挥其自然条件的优势;只有充分考虑了历史状况,即充分尊重历史上形成的人们居住、生活和生产的状况,才能够保持行政区域的稳定与发展。

## 二、我国行政区域的变更

### (一) 我国行政区域的设置情况

我国《宪法》第30条规定:"中华人民共和国的行政区域划分如下:(1)全国分为省、自治区、直辖市;(2)省、自治区分为自治州、县、自治县、市;(3)县、自治县分为乡、民族乡、镇。直辖市和较大的市分为区、县。自治州分为县、自治县、市。自治区、自治州、自治县都是民族自治地方。"《宪法》第 31 条规定："国家在必要时得设立特别行政区。在特别行政区内实行的制度按照具体情况由全国人民代表大会以法律规定。"根据《宪法》《地方各级人民代表大会和地方各级人民政府组织法》《行政区划管理条例》等法律法规的规定，截至 2017 年年底，我国设有 34 个省级行政区，包括 23 个省、5 个自治区、4 个直辖市、2 个特别行政区；334 个地级行政区，其中包括 294 个地级市、7 个地区、30 个自治州、3 个盟；2851 个县级行政区，其中包括 962 个市辖区、363 个县级市、1355 个县、117 个自治县、49 个旗、3 个自治旗、1 个特区、1 个林区；39888 个乡镇级行政区，其中包括 2 个区公所、21116 个镇、9392 个乡、152 个苏木、984 个民族乡、1 个民族苏木和 8241 个街道。

（二）我国行政区域变更的法律程序

行政区域变更主要包括行政区域单位的设立、撤销、更名，行政区行政机关驻地迁移、隶属关系的变更和行政区域界线的变更等，按照《行政区划管理条例》的规定：

1. 省、自治区、直辖市的设立、撤销、更名，报全国人民代表大会批准。

2. 下列行政区划的变更由国务院审批：(1) 省、自治区、直辖市的行政区域界线的变更，人民政府驻地的迁移，简称、排列顺序的变更；(2) 自治州、县、自治县、市、市辖区的设立、撤销、更名和隶属关系的变更以及自治州、自治县、设区的市人民政府驻地的迁移；(3) 自治州、自治县的行政区域界线的变更，县、市、市辖区的行政区域界线的重大变更；(4) 凡涉及海岸线、海岛、边疆要地、湖泊、重要资源地区及特殊情况地区的隶属关系或者行政区域界线的变更。

3. 县、市、市辖区的部分行政区域界线的变更，县、不设区的市、市辖区人民政府驻地的迁移，国务院授权省、自治区、直辖市人民政府审批；批准变更时，同时报送国务院备案。

4. 乡、民族乡、镇的设立、撤销、更名，行政区域界线的变更，人民政府驻地的迁移，由省、自治区、直辖市人民政府审批。

5. 依照法律、国家有关规定设立的地方人民政府的派出机关的撤销、更名、驻地迁移、管辖范围的确定和变更，由批准设立该派出机关的人民政府审批。

### 三、行政区域边界争议的处理

（一）行政区域边界争议的概念

行政区域边界争议是指省、自治区、直辖市之间，自治州、县、自治县、市、市辖区之间，乡、民族乡、镇之间的人民政府，对毗邻行政区域界线的争议。1981 年 5 月，国务院发布了《中华人民共和国行政区域边界争议处理办法》（以下简称《行政区域边界争议处理办法》）。1988 年 12 月国务院又通过了《中华人民共和国行政区域边界争议处理条例》（以下简称《行政区域边界争议处理条例》），并于 1989 年 2 月 3 日发布并实施，使我国行政区划边界争议的处理有了法律依据。我国《行政区域边界争议处理条例》第 6 条规定："民政部门是国务院处理边界争议的主管部门。县级以上的地方各级人民政府的民政部门是本级人民政府处理边界争议的主管部门。"可见，行政区域边界争议处理的主管部门与行政区域划分的机关并不相同。也就是说,行政区域边界争议的主管部门不是有权进行行政区划的人民政府,而是人民政府的一个职能部门即民政部门。民政部门的主要职责包括:第一,会同有关部门,如土地主管部门等在争议双方当事人参与下进行调解;第二,经调解未达成协议的,会同有关部门提出解决方案,但民政部门不是行政区域边界争议处理的决定机关,调解达不成协议的由人民政府决定。

(二)行政区域边界争议处理的程序

根据《行政区域边界争议处理条例》的规定,争议处理的类型主要包括两种:第一,省、自治区、直辖市之间的边界争议。第二,省、自治区、直辖市境内的边界争议。不管是何种争议,首先由争议双方相应人民政府协商解决,协商不成的应该逐级上报解决。具体争议处理的程序包括:(1)友好协商。任何层级的边界争议,都应该由相应级别的人民政府遵循处理原则,依据相应的材料友好协商解决。争议双方人民政府达成的边界协议,由双方人民政府的代表在边界协议和所附边界线地形图上签字。(2)上报解决。经协商未达成协议的,双方应当将各自的解决方案并附边界线地形图,上报上级人民政府处理。争议双方的上一级人民政府受理的边界争议,由其民政部门会同有关部门调解;经调解未达成协议的,由民政部门会同有关部门提出解决方案,报本级人民政府决定。(3)勘测地图。争议双方人民政府达成的边界协议,或者争议双方的上级人民政府解决边界争议的决定生效后,由争议双方人民政府联合实地勘测边界线,标绘大比例尺的边界线地形图。实地勘测的边界线地形图,经双方人民政府盖章后,代替边界协议或者上级人民政府解决边界争议决定所附的边界线地形图。(4)逐级备案。地方人民政府处理的边界争议,必须履行备案手续。争议双方人民政府达成的边界协议,由双方人民政府联合报备案;争议双方的上级人民政府解决边界争议的决定,由作出决定的人民政府上报备案。上报备案时,应当附实地勘测的边界线地形图。省、自治区、直辖市之间的边界协议,上报国务院备案。自治州、自治县的边界协议或者上级人民政府解决边界争议的协定,逐级上报国务院备案。县、市、市辖区的边界协议或者上级人民政府解决边界争议的决定,逐级上报民政部备案。乡、民族乡、镇的边界协议或者上级人民政府解决边界争议的决定,逐级上报本省(自治区、直辖市)人民政府备案。(5)公告明示。边界争议解决后,争议双方人民政府必须认真执行边界协议或者上级人民政府解决边界争议的决定,向有关地区的群众公布正式划定的行政区域界线,教育当地干部和群众严格遵守。

## 第四节 民族区域自治制度

历史的发展与民族的状况决定了我国必须采取单一制的国家结构形式。为了解决民族问题,中国共产党带领中国各族人民经过不懈的探索和总结,将民族区域自治制度确立为我国单一制国家结构形式下解决民族问题的基本制度。

## 一、民族区域自治制度的概念

民族区域自治制度是指在统一的祖国大家庭内,在中央的统一领导下,以少数民族聚居区为基础,建立相应的自治地方,设立自治机关,行使自治权,使实行区域自治的民族的人民自主地管理本民族地方性事务的制度。民族区域自治制度是我国宪政制度的重要内容,而各民族区域自治地方都是中华人民共和国不可分离的部分。

我国民族区域自治包括如下内容:第一,民族区域自治制度是我国地方制度的组成部分。各民族自治地方都是中华人民共和国不可分离的一部分,各民族自治地方的自治机关都是中央统一领导下的地方政权机关。作为国家一级地方政权机关,各自治机关必须接受中央统一领导,维护国家统一。在单一制国家结构形式下,民族区域自治制度由宪法规定,各民族自治地方必须遵守国家的宪法。第二,民族区域自治是以少数民族聚居区为基础的自治。民族区域自治不能简单地理解为区域自治。区域自治是指仅以区域为基础,而不考虑其他因素的自治制度。当然,民族区域自治也不同于民族自治。我们的民族区域自治是在综合了区域自治和民族自治的各自优势的基础上发展起来的,是适合我国国情的一种自治制度的创新,是民族自治与区域自治的完美结合。第三,民族区域自治的目的在于使聚居的少数民族能够根据本民族政治、经济、社会、文化等方面的特点,自主管理本地方本民族的内部事务。在民族自治地方设立自治机关,民族自治机关除行使宪法规定的地方国家政权机关的职权外,还可以依法行使广泛的自治权。由此可见,我国实行的民族区域自治是在单一制前提下自治,自治地方与国家的关系是自治与统一的关系。只有把国家的统一领导与自治机关的自治权统一起来,才能真正理解民族区域自治的内涵。

## 二、民族自治地方

中国的民族自治地方分为自治区、自治州、自治县三级;划分三级行政地位的依据,是少数民族聚居区人口的多少、区域面积的大小。各民族自治地方都是中华人民共和国领土不可分割的部分。民族自治地方的自治机关必须维护国家的统一,保证宪法和法律在本地方的遵守和执行。上级国家机关和民族自治地方的自治机关都要维护和发展平等团结互助和谐的民族关系。

少数民族聚居的地方,根据当地民族关系、经济发展等条件,并参酌历史情况,可以建立以一个少数民族聚居区为基础的自治地方,如西藏自治区、四川凉山彝族自治州、浙江景宁畲族自治县等;也可以建立以几个少数民族聚居区为基础的自治地方,如青海海西蒙古族藏族自治州、甘肃积石山保安族东乡族撒拉族自治县等;一个民族自治地方内其他少数民族聚居的区域,建立相应的自治地方或者民族乡,如在新疆维吾尔自治区内建有伊犁哈萨克自治州、焉耆回族自治县等。民族自治地方依据本地方的实际情况,可以包括一部分汉族或者其他民族的居民区和城镇。一个民族有多处大小不同的聚居区,可以建立多个不同行政地位的自治地方,如回族在全国建立有宁夏回族自治区、甘肃临夏回族自治州、河北孟村回族自治县等多个不同行政地位的民族自治地方。

民族自治地方的名称,除特殊情况外,按照地方名称、民族名称、行政地位的顺序组成,如广西壮族自治区,"广西"是地方名称,"壮族"是民族名称,"自治区"是行政地位。民族自治地方的建立、区域界线的划分、名称的组成,由上级国家机关会同有关地方的国家机关和有关民族的代表充分协商拟定,按照法律规定的程序报请批准。自治区的建置由全国人民代表大会批准。自治区的区域划分以及自治州、自治县的建置和区域划分由国务院批准。民族自治地方一经建立,未经法定程序,不得撤销或者合并;民族自治地方的区域界线一经确定,未经法定程序,不得变动。确实需要撤销、合并或者变动的,由上级国家机关的有关部门和民族自治地方的自治机关充分协商拟定,按照法定程序报请批准。

### 三、民族自治地方的自治机关

民族自治地方的国家机关与其他地方的国家机关在设置上、组织和活动原则上是相同的。民族自治地方的自治机关是自治区、自治州、自治县的人民代表大会和人民政府,其他国家机关并不是自治机关。民族自治地方的人民代表大会是民族自治地方的国家权力机关。自治区、自治州的人民代表大会代表由下一级人民代表大会选出,自治县的人民代表大会代表由选民直接选出。自治区人民代表大会的代表名额由全国人民代表大会常务委员会依照《选举法》确定。自治州和自治县人民代表大会代表的名额由自治区人民代表大会常务委员会依照《选举法》确定,报全国人民代表大会常务委员会备案。我国《选举法》对民族自治地方权力机关的组成还作了一些特殊规定,表现在:第一,民族自治地方的大会中,除实行自治区域的民族的代表外,其他居住在本行政区域内的民族也应有适当的名额的代表;第二,对实行区域自治的民族和其他少数民族的代表名额和比例,由自治区人民代表大会常务委员会根据法律作出规定;第三,有少数民族居住的地方,每一聚居的少数民族都应有代表参加当地的人民代表大会。散居的少数民族应选当地人民代表大会代表,每一代表所代表的人口数可以少于当地人民代表大会每一代表所代表的人口数。

自治区、自治州、自治县的人民代表大会成立常务委员会,它是本级人民代表大会的常设机关,对本级人民代表大会负责并报告工作。自治区、自治州的人民代表大会常务委员会由本级人民代表大会在代表中选举主任、副主任若干人、秘书长、委员若干人。自治县的人民代表大会常务委员会由本级人民代表大会在代表中选举主任、副主任若干人和委员若干人组成。民族自治地方的人民代表大会常务委员会中应当有实行区域自治的民族的公民担任主任或者副主任。

自治区、自治州、自治县的人民政府是本级人民代表大会的执行机关,是民族自治地方的国家行政机关。民族自治地方的人民政府对本级人民代表大会和上一级国家行政机关负责并报告工作。根据《中华人民共和国民族区域自治法》(以下简称《民族区域自治法》)的规定,自治区主席、自治州州长、自治县县长、副县长的人选,由本级人民代表大会主席团或者代表联合提名,由本级人民代表选举产生。为了体现自治机关的性质,我国《民族区域自治法》规定,自治区主席、自治州州长、自治县县长由实行区域自治的民族的公民担任。民族自治地方人民政府的其他组成人员,应当合理配备实行区域自治的民族和其他少数民族的人员。自治机关所属工作部门的干部中,应当合理配备实行区域自治的民族和其他少数民族的人员。

### 四、民族自治地方的自治权

民族自治机关行使自治权是我国民族区域自治制度的重要特点,也是我国少数民族当家作主的集中体现,同时也是和一般地方行政区域的相区别的标志。民族自治地方的自治权是指民族自治地方的自治机关依法管理本民族地方内部事务的权利。民族自治地方的自治机关在国家的统一领导下,在维护国家法制统一的前提下,从本民族的实际情况出发,照顾少数民族的特点和需要,贯彻执行国家的法律、政策。在不违背宪法和法律的原则下,自治机关有权采取特殊政策和灵活措施,加速民族自治地方经济、文化建设事业的发展。民族自治地方的自治机关除行使《宪法》第三章第五节规定的地方国家机关的职权外,更重要的,还要依照《宪法》《民族区域自治法》和其他法律的规定行使自治权。民族自治地方的自治权具体表现为:

（一）自主管理本民族、本地区的政治事务

民族自治地方各族人民行使宪法和法律赋予的选举权和被选举权,通过选出人民代表大会代表,组成自治机关,行使管理本民族、本地区内部事务的民主权利。中国 155 个民族自治地方的人民代表大会常务委员会中都由实行区域自治的民族的公民担任主任或者副主任,自治区主席、自治州州长、自治县县长全部由实行区域自治的少数民族公民担任。为切实保障自治机关充分行使管理本民族、本地区内部事务的政治权利,上级国家机关和民族自治地方的自治机关采取各种措施,大量培养少数民族各级干部和各种科学技术、经营管理等专业人才。

（二）享有制定自治条例和单行条例的权力

制定自治条例和单行条例是民族自治地方的自治机关行使自治权的重要内容,也是自治权在政治生活中的集中体现。所谓自治条例是指自治地方的人民代表大会根据宪法和法律的规定,并结合当地民族政治、经济和文化特点制定的有关管理自治地方事务的综合性法规。自治条例的内容涉及有关本地区实行的区域自治的基本组织原则、机构设置、自治机关的职权、工作制度及其他重大问题。自治条例是民族自治地方实行民族区域自治的综合性的基本依据和活动准则。如 1988 年 4 月 30 日松桃苗族自治县第九届人民代表大会第二次会议通过的《松桃苗族自治县自治条例》就是一个典型的自治条例。单行条例是指民族自治地方的人民代表大会及其常务委员会在自治权范围内,依法根据当地民族的特点,针对某一方面的具体问题而制定的法规。单行条例是根据区域自治的特点和实际需要制定的单项法规,它的内容比较具体,都属于关于某一方面的事务。如 2006 年通过并获得批准的《玉屏侗族自治县乡村公路条例》都属于具体某一方面的内容的单行条例。自治区的自治条例和单行条例须报全国人民代表大会常务委员会批准;自治州、自治县的自治条例和单行条例须报省、自治区、直辖市人民代表大会常务委员会批准,并报全国人民代表大会常务委员会备案。

### (三) 使用和发展本民族语言文字

我国《宪法》规定,各民族都有使用和发展自己的语言文字的自由。而《民族区域自治法》进一步规定,民族自治地方的自治机关保障本地民族使用和发挥自己语言文化的自由。中华人民共和国成立后,国家帮助十多个少数民族改进和创制了文字。到2003年年底,中国有22个少数民族使用28种本民族文字。在中国,无论在司法、行政、教育等领域,还是在国家政治生活和社会生活中,少数民族语言文字都得到广泛使用。现在,中国共产党全国代表大会、全国人民代表大会和中国人民政治协商会议等重要会议上都提供蒙古族、藏族、维吾尔族、哈萨克族、朝鲜族、彝族等民族语言文字的文件和同声传译。民族自治地方的自治机关在执行公务的时候,依照本民族自治地方自治条例的规定,使用当地通用的一种或者几种语言文字;同时使用几种通用的语言文字执行职务的,可以以实行区域自治的民族语言文字为主。内蒙古、新疆、西藏等民族自治地方,都制定和实施了使用和发展本民族语言文字的有关规定或实施细则。

### (四) 自主保持或者改革本民族风俗习惯

民族自治地方的自治机关保障各少数民族都有按照传统风俗习惯生活、进行社会活动的权利和自由。包括尊重少数民族生活习惯,尊重和照顾少数民族的节庆习俗,保障少数民族特殊食品的经营,扶持和保证少数民族特需用品的生产和供应以及尊重少数民族的婚姻、丧葬习俗等。同时,提倡少数民族在衣食住行、婚丧嫁娶各方面奉行科学、文明、健康的新习俗。

### (五) 自主管理地方财政

民族自治地方的财政是一级财政,是国家财政的组成部分,民族自治地方的自治机关有管理地方财政的自治权。自主管理地方财政是指在国家统一领导下,在财政权限划分上给予民族自治地方的一种权力。自主管理地方财政也称财政自治权,与其他行政区的财政权相比,它在具体运行过程中有自己的特点。由于自治地方集资程度比较低,故采取了不同于一般地区的财政管理体制。

### (六) 自主安排、管理、发展经济建设事业

民族自治地方的自治机关根据法律规定和本地方经济发展的特点,合理调整生产关系和经济结构;在国家计划的指导下,根据本地方的财力、物力和其他具体条件,自主地安排地方基本建设项目;自主地管理隶属于本地方的企业、事业。民族自治地方依照国家规定,可以开展对外经济贸易活动,经国务院批准,可以开辟对外贸易口岸;民族自治地方在对外经济贸易活动中,享受国家的优惠政策。根据国家的国民经济和社会发展的总体规划,各民族自治地方结合实际,都制定了经济社会发展的规划、目标和措施。

### (七) 自主发展教育、科技、文化等社会事业

民族自治地方的自治机关根据国家的教育方针,依照法律的规定,决定本地方的教育规划,各级各类学校的设置、学制、办学形式、教学内容、教学用语和招生办法;自治机关自主地发展具有民族形式和民族特点的文学、艺术、新闻、出版、广播、电影、电视等民族文化事业;自主地决定本地方的科学技术发展规划,普及科学技术知识;自主地发展体育事业,

开展民族传统体育活动。

(八) 组织维护社会治安的公安部队

民族自治地方的自治机关依照国家的军事制度和当地的实际需要,经国务院批准,可以组织本地方维护社会治安的公安部队。公安部队是国家统一的武装力量的重要组成部分,其主要任务就是维护本地方的社会治安。这一规定符合民族自治地方的实际情况,对于加强国防、维护社会治安有着重要作用。

## 第五节 特别行政区制度

### 一、特别行政区的概念和特点

特别行政区制度是"一国两制"构想的具体化。"一国两制"是"一个国家,两种制度"的简称,是指在统一的社会主义国家内,在中央政府的统一领导下,经过国家最高权力机关决定,可以容许局部地方基于历史原因而不实行社会主义制度和政策,依法保持不同于全国现行制度的特殊制度。"一国两制"的构想是邓小平在尊重历史、尊重事实的基础上,集中党中央的集体智慧提出来的。

根据"一国两制"的构想,现行《宪法》第 31 条和第 62 条直接规定了特别行政区制度。1984 年 12 月 19 日中英两国政府签订了《中华人民共和国政府和大不列颠及北爱尔兰联合王国政府关于香港问题的联合声明》。1987 年 4 月 18 日中葡两国签订了《中华人民共和国政府和葡萄牙共和国政府关于澳门问题的联合声明》。随后,全国人民代表大会分别于 1990 年 4 月 4 日和 1993 年 3 月 31 日根据《宪法》的规定,通过了《中华人民共和国香港特别行政区基本法》(以下简称《香港特别行政区基本法》)和《中华人民共和国澳门特别行政区基本法》(以下简称《澳门特别行政区基本法》)。两部法律的第 5 条都明确规定:特别行政区不实行社会主义的制度和政策,保持原有的资本主义制度和生活方式。这就以立法的形式确定了特别行政区的地位不同于一般的行政区。

特别行政区是中华人民共和国的一个地方行政区域,它是指在我国版图内,根据我国《宪法》和法律规定设立的,具有特殊的法律地位,实行特别的政治、经济制度的行政区域。特别行政区和我国其他的行政区相比,既有相同点,也有其独特之处。就国家的结构形式而言,特别行政区和一般行政区一样,都属于地方行政区域,都要隶属于中央人民政府,是中华人民共和国不可分离的一部分。但就其具体制度而言,特别行政区有其自身的特殊性,这主要表现在:

第一,特别行政区原有的资本主义制度和生活方式 50 年不变。《香港特别行政区基本法》和《澳门特别行政区基本法》都明确规定:在特别行政区范围内不实行社会主义制度和政策,保持原有的资本主义制度和生活方式,50 年不变,即特别行政区可实行与内地不同的社会经济、政治和文化制度。这就意味着特别行政区和一般的行政区有着完全不同的制度和政策,也是其特别之所在,也是一个国家两种制度的表现之一。

第二,特别行政区原来的法律基本不变。特别行政区原属于不同的殖民统治,且分别属于不同的法律体系。其中香港属于英美法系,澳门则属于大陆法系,而这两种法系都不同于我国内地的法系。为了保持特别行政区的繁荣稳定,基本法都规定了特别行政区原有的法律基本不变。原有的法律基本不变是指除属于殖民统治性质或带有殖民色彩,以及除同基本法相抵触或者经特别行政区立法机关作出修改者外,原来的法律予以保留。这就意味着特别行政区和一般行政区的法律制度不同,法律体系也不一样。

第三,特别行政区享有高度的自治权。和一般的行政区相比,特别行政区的特别之处还在于享有高度的自治权。高度的自治权具体表现在:(1)立法权。特别行政区的立法机关,在不与特别行政区基本法相抵触的前提下,可以制定、废除和修改法律。而且全国人民代表大会及其常务委员会制定的法律,除了有关国防、外交,以及其他有关体现国家统一和领土完整,并且不属于特别行政区自治范围内的法律外,其他均不在特别行政区实施。(2)独立的司法权和终审权。特别行政区有自己一套独立的司法系统,并且可以进行独立审判,不受任何干涉。特别行政区的终审法院为最高审级,终审法院的判决为最终判决。(3)行政管理权。特别行政区政府机构由当地人组成,中央政府所属各部门,各省、自治区、直辖市均不得干预特别行政区依法自行管理的事务。特别行政区有权依照基本法的规定,自行处理本行政区内有关经济、财政、金融、贸易、工商业、土地、教育、文化等方面的行政事务。(4)对外事务权。特别行政区可以以自己的名义单独同各国、各地区以及有关国际组织保持和发展经济、文化联系,签订双边和多边经济、文化、科技等协定,参加各种民间国际组织,自行签发出入本特别行政区的旅行证件。

## 二、特别行政区的政治体制

特别行政区是中华人民共和国不可分离的部分,是中华人民共和国的一级地方政权,也是享有高度自治权的地方行政区域。虽然特别行政区具有一系列显著的特点,但是它的建立并不改变我国单一制的国家结构形式,它仍然直接隶属于中央人民政府。因此,中央与特别行政区的关系是一个主权国家内中央与地方的关系。特别行政区的法律地位相当于我国的省、自治区、直辖市,高度的自治权来源于中央的特别授权,并受中央人民政府的直接领导。中央对特别行政区行使的权力主要有:中央人民政府负责管理与特别行政区有关的外交,负责管理特别行政区的防务,负责任命特别行政区的行政长官和行政机关的其他主要官员;全国人民代表大会常务委员会有权决定并宣布特别行政区的紧急状态,享有对特别行政区基本法的解释权;全国人民代表大会享有对基本法的修改权;等等。中央对特别行政区享有全面管治权。

特别行政区政治体制的内容主要通过特别行政区的行政长官、行政机关、立法机关和司法机关体现出来,具体内容如下:

(一)特别行政区行政长官

特别行政区行政长官是特别行政区的首长,代表特别行政区,对中央政府和特别行政区负责。根据基本法的规定,特别行政区行政长官必须由年满40周岁、在特别行政区居住连续20年并在外国无居留权的特别行政区永久性居民担任。在外国有居留权的人可担任澳门特别行政区行政长官,但在任期间,在外国不得有居留权。特别行政区行政长官在当地通过选举或协商产生,由中央政府任命。特别行政区行政长官的任期为5年,可连任一次。

基本法规定了行政长官的职权,包括:(1)领导特别行政区政府;(2)负责基本法和其他法律的执行;(3)签署立法会通过的法案,公布法律;(4)签署立法会通过的财政预算案,将财政预算、决算报中央政府备案;(5)决定政府政策,发布行政命令;(6)提名并报请中央政府任命各司、局正副司、局长等主要官员;(7)依照法定程序任免各级法院法官和公职人员;(8)执行中央政府就基本法规定的有关事务发出的指令;(9)代表特别行政区处理中央授权的对外事务和其他事务;(10)批准向立法会提出的有关财政收入或支出的动议;(11)根据安全和公共利益的考虑,决定政府官员或其他负责政府公务的人员是否向立法会作证和提供证据;(12)赦免或减轻刑事犯罪的刑罚;(13)处理请愿、申诉事项。

行政长官如有下列情况之一者必须辞职:(1)因严重疾病或其他原因无力履行职务;(2)两次拒绝签署立法会通过的法案而解散立法会,重选的立法会仍以全体议员2/3多数通过所争议的原案,而行政长官仍拒绝签署时;(3)因立法会拒绝通过财政预算案或其他重要法案而解散立法会,重选的立法会继续拒绝通过所争议的原案时。行政长官短期不能履行职务时,由各司司长依次临时代理其职务。

(二)特别行政区行政机关

特别行政区的行政机关即为特别行政区政府,行政区行政长官是特别行政区政府的首长。特别行政区政府设司、局、厅、处、署等机构。特别行政区政府的主要官员由在特别行政区通常连续居住满15年的特别行政区永久性居民中的中国公民担任。

特别行政区的行政机关行使的职权包括:(1)制定并执行政策;(2)管理各项行政事务;(3)办理中央政府授权的对外事务;(4)编制并提出财政预算、决算,拟定并提出法案、议案、附属法规;(5)委派官员列席立法会,并代表行政机关发言。特别行政区行政机关还要对立法会负责,主要表现为:(1)行政机关执行立法会通过并已生效的法律;(2)定期向立法会会议作施政报告;(3)答复立法会议员的质询;(4)征税和公共开支必须经立法会批准。

(三)特别行政区立法机关

立法会是特别行政区的立法机关。根据基本法的规定,立法会由在外国无居留权的特别行政区永久性居民中的中国公民组成。非中国籍的特别行政区永久性居民和在外国有居留权的特别行政区的永久性居民也可以担任特别行政区立法会议员,其所占比例不得超过立法会全体议员的20%。立法会由选举产生。包括直接选举和间接选举两种方式。由全体选民直接选举和由功能团体、选举委员会间接选举,共同选举产生立法会议员。立法会除第一届任期为2年外,每届任期4年。

立法会具有广泛的权力:(1)立法权。立法会根据基本法的规定制定、修改和废止法律。(2)财政权。立法会有权根据行政机关的提案,审核通过财政预算,批准税收和公共开支。(3) 监督权。立法会有权听取行政长官的施政报告并进行辩论,对行政机关的工作进行质询。行政长官如有严重违法或渎职行为,可按法定程序提出弹劾。(4) 任免权。同意终审法院法官和高等法院首席法官的任免。

(四) 特别行政区司法机关

香港和澳门特别行政区由于属于不同的法系,其司法机关也不尽相同。根据香港基本法的规定,香港特别区各级法院是香港特别行政区的司法机关,行使香港特别行政区的审判权。香港特别行政区各级法院包括终审法院、高等法院、区域法院、裁判署法庭和其他专门法庭。高等法院设上诉法院和原诉法院。香港各级法院法官的任命,根据当地法官和律师界及其他方面知名人士组成的独立委员会推荐,由行政长官任命。香港没有单独的检察机关,其检察职能归律政司。

澳门特别行政区司法机关包括澳门法院和澳门检察院。澳门法院包括初级法院、中级法院和终审法院。同时,澳门还设立了专门管辖行政诉讼和税务诉讼的行政法院。澳门各级法院的院长由行政长官从法官中选任,终审法院院长由澳门特别行政区永久居民中的中国公民担任。澳门特别行政区检察院独立行使法律赋予的检察职能,不受任何干涉。检察长由澳门特别行政区永久性居民中的中国公民担任,由行政长官提名,报中央人民政府任命。检察官由检察长提名,由行政长官任命。

### 三、特别行政区的法律制度

香港、澳门长期以来受殖民统治,其实行的法律制度也完全不同于大陆,属于资本主义的法律制度。香港、澳门回归祖国怀抱并设立为特别行政区之后,原来的法律制度基本保留,但必须在基本法的范围内,不得和基本法相抵触。所以,特别行政区法律制度的内容包括:特别行政区基本法、予以保留的原有法律、特别行政区立法机关制定的法律和在特别行政区实施的全国性法律。

(一) 特别行政区基本法

特别行政区基本法是由全国人民代表大会根据我国宪法制定的体现"一国两制"方针的法律,它在特别行政区的法律体系中具有特殊的法律地位,高于特别行政区的其他法律。特别行政区制定的法律必须以基本法为依据,不得同基本法相抵触。特别行政区基本法既是社会主义法律体系的重要组成部分,也是特别行政区法律体系的组成部分。在我国社会主义的法律体系中,特别行政区基本法的地位仅次于宪法,属于基本法律的范畴;但是在特别行政区的法律体系中,基本法处于最高法的地位。为此,香港基本法和澳门基本法都在各自的第 11 条明确规定,特别行政区的任何法律均不得同基本法相抵触。

(二) 予以保留的原有法律

《香港特别行政区基本法》第 8 条规定:"香港原有法律,即普通法、衡平法、条例、附属立法和习惯法,除同本法相抵触或经香港特别行政区的立法机关作出修改者外,予以保留。"《澳门特别行政区基本法》也在第 8 条明确规定:"澳门原有的法律、法令、行政法规和其他规范性文件,除同本法相抵触或经澳门特别行政区的立法机关或其他有关机关依照法定程序作出修改者外,予以保留。"所以,在特别行政区的法律制度中,特别行政区原有的法律占有重要地位。但原有法律是有特定范围的,主要是指在当地形成的法律。原有法律经过全国人民代表大会常务委员会审查后才能确定是否被继续采用;而凡具有殖民统治性质或者带有殖民主义色彩、有损我国主权的法律,都应该被废止或者修改,否则不予保留。

(三) 特别行政区立法机关制定的法律

特别行政区的立法机关对于凡属高度自治范围内的事项都可立法,即除防务、外交及其他在特别行政区自治范围以外的事务外,都可以由特别行政区公布或自行立法,并在特别行政区施行。特别行政区的立法机关制定的法律须报全国人民代表大会常务委员会备案,但备案并不影响法律的生效。特别行政区制定的法律,包括民法、刑法、诉讼法、商法等法律。如香港特别行政区立法机关近年来通过了《保护濒危动植物物种条例草案》《2005年幼儿服务(修订)条例草案》《2005年民航(修订)条例草案》等。澳门特别行政区立法机关也根据自己的职权范围,依据基本法制定了大量的法律,如近年来制定了《非高等教育制度纲要法》《违法青少年教育监管制度》等。这些新制定的法律在各自的特别行政区的范围内产生法律效力。

(四) 在特别行政区实施的全国性法律

全国性法律是指全国人民代表大会及其常务委员会制定的法律。由于特别行政区的特殊法律地位,全国性法律一般不在特别行政区实施。但是,特别行政区作为中华人民共和国的一个行政区域、一个不可分离的部分,对于体现国家主权和统一的全国性法律还是应该实施的。在特别行政区实施的全国性法律是指基本法附件三上所指的全国性法律,主要包括:《关于中华人民共和国国都、纪年、国歌、国旗的决议》《关于中华人民共和国国庆日的决议》《中华人民共和国国籍法》《中华人民共和国国旗法》《中华人民共和国国徽法》《中华人民共和国外交特权与豁免条例》《中华人民共和国领事特权与豁免条例》《中华人民共和国领海及毗连区法》《中华人民共和国香港特别行政区驻军法》和《中华人民共和国澳门特别行政区驻军法》《中华人民共和国专属经济区和大陆架法》《中华人民共和国外国中央银行财产司法强制措施豁免法》《中华人民共和国国歌法》等。

# 第八章 公民基本权利的一般原理

## 第一节 人权与国家权力

从国家的视角来看待人权,是认识和了解人权内涵必不可少的维度。

### 一、人权是构成法和国家权力的核心要素

国家权力就其本来面目而言是人民通过政治契约而让渡给政府的权力,人民的让渡是政府拥有的权力的来源,但是政府一旦形成或者权力一旦产生就有其独立的形态,国家权力就像"利维坦"(意即恶魔)一样可怕,国家由于执行职责需要军队、警察、监狱等暴力工具,同时国家自身的存在和公共职能又使得其拥有一定的财政权,这些暴力性权力和财政权力是单个的个人或者团体所难以抗衡的,国家权力如果不被套上枷锁的话,一旦被滥用则对个人的权利和自由就会构成重大威胁,这就是国家权力的双重性,一方面为公共利益服务,另外一方面又可能对个人权利和自由构成威胁。

人权是作为防御国家权力的面孔出现的,人权的首要功能就是防御国家权力侵犯的功能,人权是国家权力的界限所在,即国家权力的运行不可以伤害或者触及人权的底线。人权是指基于人之所以为人,理所应当被承认的权利。由于人之为人的权利在数量上无限,在种类上无穷,宪法要保障的人权全部在宪法中列举出来没有可能也没有必要。这样就有了所谓的"人权清单"。人权清单就是把人类或者一个国家根据历史经验或者当时所认可的人之为人的最基本的权利列举出来,这些权利是作为一个健全的人所必需的,缺乏之就难以健康正常生存。因此,宪法中所列举的仅仅是一部分必要的"人权",更多的人权种类是无法出现在宪法中的,一些宪法中就会出现概括条款,还有一些国家通过不断修改宪法或者宪法解释来弥补成文宪法之局限性。

### 二、人权与国家权力的关系

在国家权力与人权关系上,首先是对国家权力的认识,正如孟德斯鸠所言:"一切有权力的人都容易滥用权力,这是万古不易的一条经验。有权力的人们使用权力一直到遇有界限的地方才休止。"① 规范意义的国家权力与人权的关系应该是这样的:国家权力的目的是保障人权,人权是国家权力的界限所在,国家不可以侵害或者损害个人权利和自由。国家权力是保障人权的手段,国家权力是表,人权是国家权力存在的意义和目的,因而人

---

① 〔法〕孟德斯鸠:《论法的精神》(上册),张雁深译,商务印书馆1997年版,第154页。

权是里。人权是一种个人对国家权力可能侵犯的防御性权利,国家权力只有在不侵犯人权的前提下其存在才有意义。

## 第二节 人权与权利、基本权利

在分清楚人权与国家权力的关系之后,还要分清人权与权利、基本权利的关系,如果说人权与国家权力是一种外部关系的话,则人权与权利、基本权利就是一种内部关系。

### 一、权利的概念

何谓权利?权利在西方文化中有两个层面的意义:第一个层面是法律的,即指那些具备合法性的正当权益和利益。法律权利体现着法律关系主体与国家的关系。把握住这种关系,就能够揭示法律关系的本质、国家的本质、法律关系主体的特点。也正是通过法律关系主体与国家之间关系的矛盾运动,法律权利的本质才裸露无遗。第二个层面是普遍价值,它作为近代西方自由主义的核心概念,其含义为"个人的自主性",权利具有一种道德的正当性。权利的本质是自由,权利的理想状态就是强制最小的状态即自由,自由就是一种权利,权利与自由是同一对象的不同指称而已,自由与权利有同源性。

### 二、人权的概念与特征

人权的概念也是近代才有的,人权指的是那些人之生存所必需的、基本的、不可剥夺的权利。具体而言,人权有三个维度的含义:道德意义的人权是人作为人所享有的一切权利的总和,道德意义的人权是抽象权利,这种人权概念的出现与自然权利观念有密切的关系,也就是认为按照人的本质属性,人必然享有某些权利,否则人将不成为人。法律意义的人权是法不禁止即自由,把人权视为人的自由。宪法意义的人权是人作为人的最起码和最基本的权利,它一般在宪法文本中明确规定,是与宪法权利、基本权利、基本人权等同的概念。宪法意义的人权有如下特征:

第一,人权的固有性。所谓人权的固有性是指人权是天赋的当然具有的权利,它是先于宪法而存在的,是先定的,而不是宪法或者某人的恩赐,宪法只是把人性所固有的权利确认下来罢了。

第二,人权的不可侵犯性或曰防御性、对抗性。人权主要是对抗、防御国家公权力侵犯而存在的。

第三,普遍性。宪法上人权的普遍性是从人权的应然维度而言的,人之为人所应该享有的权利是普遍一致的。人权的普遍性是指人权不分国家、民族、种族、性别、年龄、职业等差异,只要是人都一体享有,即人权的享有主体具有普遍性,同时人权的内容也有普遍性。这里的内容是从人权的应然角度而言的,当然,就实际享有的人权来说,不同的国家和民族甚至同一国家的不同的人所实际享有的人权是有一定差异的。这种差异并不否定人权的普遍性,条件不成熟时还有些人权暂时不能够享有,不排除以后享有的可能性,也不能以此为理由剥夺人权。

第四,人权主体的个人性。个人是人权的主体,其意义在于防御国家权力的滥用,对抗不正当的国家权力。

第五,法律性。宪法规定的人权具有法律性,人权的保障是受到宪法在内的一切法律保障的,法律保障的程序性、强制性等都要得以体现,人权的法律性也是违宪审查的一个理论基础之一。

第六,相对确定性。宪法上的人权种类相对恒定,具有确定性。人权的确定性基于人权的普遍性,因为人权有普遍性的特点,因此,人类在实践过程中可以把已经为人类认识的人权写进宪法或者宪法性文件,这些人权具有一定的普世性和相对确定性。

第七,人权的至上性。即人权相对于其他法律权利而言具有优先性和高位阶性,任何法律都不可以侵犯和违反人权。

### 三、人权与基本权利

人权从理论上说来源于自然法所主张的自然权利,而自然权利是任何人都可享有的权利。在这个意义上,人权的范围要大于基本权利。人权的享有主体除了公民,还包括外国人、无国籍人。

基本权利是指那些表明公民在国家基本政治、经济、文化、社会关系中所处法律地位的权利,亦称宪法权利。基本权利是人权的宪法化,我国《宪法》使用了"基本权利"这一用语,所谓"基本",无非是要强调这些权利是制宪者认为最为重要和必不可少的权利。

### 四、基本义务与基本权利

公民的基本义务,是指宪法规定的公民必须履行的最主要的义务,是国家对公民的最基本、最重要的要求。在法律上,权利与义务是相对而言的,公民在享有宪法所确认的基本权利的同时,也要承担相应的基本义务。不过,就重要性来说,宪法是以基本权利保障为核心价值的规范体系,因此,基本义务在价值上并不与基本权利居于同等的地位。宪法中规定的基本权利与基本义务在数量上是不平衡的,通常基本权利要多于基本义务。如果换个角度看,履行基本义务的过程本身就是享有基本权利,例如,纳税是公民的一项基本义务,同时也是公民参与国家政治、行使监督权的条件。

基本义务作为公民应尽的法律责任,是公民宪法地位的直接表现,并构成对基本权利的一种限制。在社会生活中,公民需要履行多种形式的法律义务,通过将其中一部分义务写入宪法,充分体现了这些义务对国家存在的重要性。需要注意的是,宪法并未限定公民对国家所承担的法律义务的范围与种类,在宪法列举的基本义务之外,国家还可以通过法律规定公民应履行的其他义务。基本义务并不产生直接拘束公民的效力,必须经由立法机关制定法律,转化为法律义务后,才能得以实现及具体化。比如,宪法规定公民有依照法律纳税的义务,但是公民并不因此规定而直接承担纳税义务,还必须通过《中华人民共和国个人所得税法》《中华人民共和国企业所得税法》等法律,将纳税主体、纳税客体、课税标准、税率幅度及征税程序等事项明确规定后,税务部门才能据以向公民征税。

《宪法》第 33 条第 4 款规定:"任何公民享有宪法和法律规定的权利,同时必须履行宪法和法律规定的义务",这是权利与义务一致性原则的体现。该原则是我国社会主义宪法的一项重要原则,强调公民在享有权利的同时必须履行义务,不能一方只享受权利不承担义务,而另一方只承担义务不享受权利。权利与义务一致性原则的渊源,可以追溯到马克思所说的"没有无义务的权利,也没有无权利的义务"。

公民的基本权利与基本义务之间具有不可分割、相辅相成的联系,具体表现在以下三个方面:(1) 相互依存,不可分离。也就是说,权利离开了义务就失去意义,义务离开了权利也不可能存在。不允许只享有权利而不履行义务,也不允许只履行义务而不享有权利,这是公民在法律面前一律平等原则的要求。(2) 相互结合,相互促进。公民的某些权利和义务是直接结合为一体的,如劳动权和受教育权既是公民的一项基本权利,也是公民的一项基本义务。而且,公民的权利和义务可以相互促进,有效行使权利会促使公民自觉地履行义务,义务的自觉履行将为公民权利的扩大创造条件。(3) 相互制约。任何权利和义务都是相对的,既没有绝对的权利,也没有绝对的义务。公民在享有权利的同时,负有遵守权利的法定界限的义务;公民在履行义务的同时,也享有要求他人遵守义务的法定界限的权利,有权拒绝超出义务的要求。总之,在我国,公民的基本权利和基本义务是密切联系、不可分离的。

## 第三节 基本权利的主体与分类

### 一、基本权利的主体

基本权利的主体,也可称为基本权利的保障对象,是指享有宪法上的基本权利和受宪法条款保障的主体。基本权利的主体包括以下几类:

(一) 自然人

1. 公民

公民通常是指具有某个国家国籍的自然人。我国宪法使用的是"公民的基本权利"这样的表述,表明基本权利的主体首先是公民。我国《宪法》第 33 条第 1 款规定:"凡具有中华人民共和国国籍的人都是中华人民共和国公民。"也就是说,只要具有中国国籍,就是公民,就享有宪法上的基本权利。国籍的取得方式有以下两种:

(1) 出生国籍。因出生而取得国籍。出生国籍的取得有两种不同的原则:一为血统主义,也就是以出生时父母的国籍为准;一为出生地主义,即以出生地所属的国家为准。按照我国《国籍法》的规定,我国采取的是血统主义和出生地主义相结合的原则,具体包括以下规定:父母双方或一方为中国公民,本人出生在中国的,具有中国国籍;父母双方或一方为中国公民,本人出生在外国的,具有中国国籍;但父母双方或一方为中国公民并定居在外国,本人出生时即具有外国国籍的,不具有中国国籍;父母无国籍或国籍不明,定居在中国,本人出生在中国的,具有中国国籍。

(2) 继有国籍。因为加入而取得国籍。对继有国籍,我国《国籍法》第 7 条规定:"外国人或无国籍人,愿意遵守中国宪法和法律,并具有下列条件之一的,可以经申请批准加入中国国籍:一、中国人的近亲属;二、定居在中国的;三、有其他正当理由。"在经过批准以后,申请人就具有了中国国籍,成为中华人民共和国的公民。

公民与人民的外延大致相同。二者也有区别:第一,性质不同。公民是与外国人(包括无国籍人)相对应的法律概念,人民则是与敌人相对应的政治概念。第二,范围不同。公民的范围比人民的范围更加广泛,公民中除包括人民外,还包括人民的敌人。第三,后果不同。公民中的人民,享有宪法和法律规定的一切公民权利并履行全部义务,公民中的敌人,则不能享有全部公民权利,也不能履行公民的某些义务。此外,公民所表达的一般是个体概念,而人民所表达的往往是群体概念。

2. 外国人

对于外国人是否属于基本权利的主体,各国宪法学上曾存在争议。但在当代强调人权保障的背景下,特别是在各个国际人权公约要求普遍保障人权的背景下,外国人应该成为基本权利的主体已经不存在太大的争议。关于外国人的人权保障,所争议的问题主要是:外国人的哪些基本权利、在何种程度上应该得到保障?

(二) 法人

基本权利从其起源来看,是个人的权利,也就是自然人的权利。基本权利的保障最初并不及于法人。但是,在现代的经济社会生活中,法人已然成为重要的主体,人们的许多目的必须通过组成法人团体才能达成。"人的联合"是社会生活最为基本的现象,是社会结构的基本因素。法人在现代的社会生活中也会享有一些基本权利,例如出版自由、通信自由、经济自由、财产权,等等。在宪法中明确规定法人是基本权利主体并不常见,典型的如《德国基本法》第 19 条第 3 项规定:"基本权利亦适用于国内法人,但以依其性质得适用者为限。"但从法人是自然人的联合这一角度出发,法人应当可以成为基本权利主体。

## 二、基本权利的分类

基本权利的分类有多种不同的标准,我国《宪法》规定的基本权利大致可以分成以下 10 类:(1) 平等权,宪法规定中华人民共和国公民在法律面前一律平等;(2) 政治权利和自由,具体可分为选举权和被选举权,言论、出版、集会、结社、游行、示威权等;(3) 宗教信仰自由;(4) 人身自由权,包括人身自由权、住宅不受侵犯权、人格尊严权、通信自由和通信秘密权等;(5) 对国家机关和国家工作人员的批评、建议、申诉、控告、检举权,取得赔偿权;(6) 社会经济权,包括财产权、劳动权、劳动者休息权、退休人员生活保障权、获得物质帮助权、受教育权;(7) 教育、科学、文化权利和自由;(8) 妇女的权利,婚姻、家庭、儿童和老人受国家保护的权利;(9) 华侨、归侨和侨眷的合法权益受法律保护等;(10) 社会生活权利等。

## 第四节　公民基本权利的保障与界限

### 一、基本权利的保障

宪法所保障的人权,不仅拘束行政部门、司法部门,也拘束立法部门,亦即拘束所有的国家权力。正如《德国基本法》第1条第3款规定的,基本法是直接适用的法,拘束立法、行政与司法。

(一)基本权利的立法保障

基本权利的立法保障是将应有权利转变或上升为宪法法律权利的必要环节,也是用宪法法律保障权利的起始环节。实施权利的立法保障要做到三点:首先,立法的发展、完善以基本权利保护为主要评价标准,基本权利引导立法的价值导向。其次,通过制定法律、法规加快基本权利的具体化。最后,立法保护基本权利,要注意民主、科学立法,在充分尊重民意基础上以严格的科学立法程序保障立法质量。

(二)基本权利的执法保障

基本权利的执法保障是将法律权利转变为现实权利的关键环节。因为,法律所规定的公民权利只有在社会生活中落实下来,才是真正的而不是虚假的、实在的而不是幻想的权利。实施权利的执法保障要做到以下几点:首先,要提高执法者的权利保障意识和素质。其次,要建立、健全执法过程中的权利保障机制。最后,要建立、健全权利执法保障的监督制约机制。执法权作为国家权力体系中最重要的一种权力具有双重性,既可能有效地保障权利的实现,也可能对权利造成现实的威胁,因此必须建立与完善权利执法保障的监督制约机制。

(三)基本权利的司法保障

公民基本权利作为权利获得司法救济应是理之自然,没有救济就没有权利,没有救济的权利不是权利。司法救济是各种法律救济中最基本的救济。基本权利的司法保障是将法律权利转变为现实权利的最后环节,也是保障公民权利的最后一道屏障。"无救济则无权利",这句古老的法律谚语告诉我们:法律对公民权利、自由规定得再完备、列举得再全面,如果在这些权利和自由受到侵犯之后,公民无法获得有效的司法保障的话,那么,这些法律上的权利和自由都将成为一纸空文。

### 二、基本权利的界限

任何权利都是有界限的。任何一项权利的行使,都有可能与他人的权利发生冲突,也有可能与社会的公共利益发生冲突。为了避免各种权利主体在行使权利上相互妨碍,为了保证公共利益和个人利益的相互平衡,宪法必然要对各种权利和利益进行调和与界定,这在一定范围内就表现为基本权利的限制。

(一) 限制基本权利的理由

一般认为,限制基本权利的理由包括以下三点:

1. 防止妨碍他人

不同的基本权利主体之间会发生基本权利的冲突与对抗。例如,一些人进行的示威游行与其他人的行动自由就会发生冲突。在德国宪法学中,一个典型的基本权利冲突的例子是:妇女选择堕胎应该属于人格发展权的行使,但孕妇的堕胎权利却会与未出生胎儿的生命权发生冲突。基本权利的相互冲突是相当正常的现象,此时就有必要对某些基本权利作出一定程度的限制,从而保障另一些基本权利得以实现。所以,限制基本权利的一个重要理由是防止对他人权利的妨碍。

2. 保证国家的正常秩序

当代民主国家的正当性来源于对人民权利的保障。也就是说国家存在的基本目的和基本功能是保障人权。如果国家被颠覆,或者国家的功能无法实现,则人民的基本权利就会普遍地无法得到保障。而基本权利的滥用在某些情形下会导致国家的生存受到威胁或者国家的功能无法实现,此时基本权利就有可能受到限制。例如,泄漏国家的军事机密的言论就有可能被限制。

3. 维护公共利益

我国《宪法》第51条对基本权利的限制作出了规定:"中华人民共和国公民在行使自由和权利的时候,不得损害国家的、社会的、集体的利益和其他公民的合法的自由和权利。"这一规定与当代宪法理论关于基本权利的限制理由的研究大体一致。但是,此条规定的内涵还需要进一步的界定,否则容易造成任意以公共利益为借口限制基本权利的问题。对于基本权利的限制问题的界定,还需要深入研究基本权利限制的形式、限制的界限、限制的方法和宪法的表达技术等方面。

(二) 基本权利限制的形式

1. 基本权利的本质限制

基本权利的本质限制,也称为基本权利的内在限制。每一项基本权利都有其一定的构成要件,通过这些构成要件,可以对某种行为是否属于该项基本权利的行使作出判断。也就是说,基本权利的构成要件本身就对基本权利的范围的框定,从这种意义上讲,基本权利的构成本身就是基本权利的限制。由于是从界定基本权利的内涵的角度去界定基本权利的限制,所以这种限制是基本权利的自我限制,体现了基本权利在本质上的有限性。

2. 基本权利的宪法限制

在宪法保障基本权利的条款中,有时会同时出现限制性的规定。例如,《德国基本法》第2条第1款就概括性地对基本权利作出了限制:"人人有自由发展个性权,但不得损害他人的权利或触犯宪法秩序或者道德准则。"而《日本国宪法》第13条规定:"本宪法所保障的国民的自由和权利,国民必须以不断的努力保持之。此种自由与权利,国民不得滥用,并应经常负起为公共福利而利用的责任。"除此以外,现代宪法还会在某些基本权利条款中对该项基本权利的行使作出具体限制,例如,《德国基本法》第13条第3款规定:"本项不可侵犯的权利(指住宅自由)依法可能遭到剥夺或受限制,其目的是为防止公共利益受到危害或危及个人生命,以及紧急防止危害公共秩序和治安,特别是在为解决住宅缺乏问题,同流行病作斗争和保护青年人免受危害而采取措施时。"又如,《德国基本法》第8条规定:"所有德国人均可在不携带武器的情况下有和平集会的权利"。我国《宪法》第36条第3款规定:"国家保护正常的宗教活动。任何人不得利用宗教进行破坏社会秩序、损害公民身体健康、妨碍国家教育制度的活动。"这样的限制性规定在许多国家的宪法中都存在,由于这项限制性规定是与基本权利的保障性规定同时出现,所以可以用前述的"基本权利的内在限制说"去解释,也就是说,这些限制性规定实际上就是该项基本权利的构成要件本身,是基本权利的自我限制或者本质限制。

3. 基本权利的法律限制

最为常见的基本权利限制是法律的限制。各国宪法理论一般认为,只有通过人民代表机关或者议会制定的法律才可以限制基本权利。这一原理也体现在许多国家宪法的规定中。例如,《德国基本法》第19条第1款规定:"在现行基本法范围内,基本权利可由法律或者依法予以限制。"我国《宪法》的一些条款也体现了这样的宪法原理。例如,关于人身自由,我国《宪法》第37条第3款规定:"禁止非法拘禁和以其他方法非法剥夺或者限制公民的人身自由,禁止非法搜查公民的身体";关于住宅自由,我国《宪法》第39条规定:"中华人民共和国公民的住宅不受侵犯。禁止非法搜查或者非法侵入公民的住宅。"这些规定可以被解释为基本权利可以"依法"限制。对于这些条款的理解可以包括两个层次:(1)法律可以对基本权利作出限制;(2)对基本权利的限制只能由法律作出。后一个层次的理解就是当代公法理论中非常重要的"法律保留原则"。

(三) 对基本权利限制的限制

对于基本权利限制的限制,主要包括以下几个方面的宪法原则:

1. 法律保留原则

所谓"法律保留原则"是指,要对公民基本权利作限制性规定,必须以法律的形式,即通过议会或全国人民代表大会及其常务委员会制定的法律来限制公民基本权利,并且法律规范在对象、措施、范围上必须非常明确具体,使公民可以从该规范中明确获知自己应当如何行为,也能够使得公民及相关的主体清晰地了解如果没有法律的明文规定是不可以剥夺个人的基本权利的。法律保留原则表明了对个人权利保障的层次和级别非常高,对个人权利的限制有严格的法律限制,不能随意以行政法规、其他规范性法律文件或者政策而剥夺或限制个人基本权利,法律保留原则是法治国区别于以人治国的重要标志。法律保留可以分为两种:一种是一般保留,也就是在宪法中概括性地规定法律可以对所有基本权利进行限制,例如前述的《德国基本法》第19条的规定;另一种是个别保留,也就是在个别的基本权利条款中规定本项基本权利可以由法律进行限制,例如前述的我国《宪法》第37条和第39条的规定。

2. 正当程序原则

法律的正当程序,通常又称为"正当法律程序"或"正当程序"。它作为一条重要的法治观念与宪法原则,起源于英国的"自然正义",在美国《宪法》中有明确规定。注重程序公正日益成为现代法治国家共同的价值取向。在我国,由于受"重实体轻程序"观念的影响,同时缺乏自然法的法律文化基础,程序意识相对落后,正当程序观念亦不发达。对基本权利进行限制必须严格按照正当程序而为,违反程序正当原则和规定的限制或者剥夺基本权利的行为不受法律保护。

3. 比例原则

比例原则最早是德国行政法的原则,强调国家在作出行政行为时,必须在目的与手段之间作出均衡的选择,不能不择手段地追求行政目的的实现。这一原则逐渐转化为公法的共通原则,也就是所有的公权力运作都必须作出手段和目的的相互协调。比例原则包括三个具体内容:(1) 适当性原则。指国家机关采取的手段必须能够达到所希望达到的目的。(2) 必要性原则。指在一切适当的手段中必须选择对当事人侵害最小的一个。(3) 狭义比例原则。指不能为了达成很小的目的,而严重损害他人的利益。也就是说,如果某个合法的行为能够达到目的,但是仍然会导致基本权利的过于严重的损害,则这项合法行为也应该被放弃。

## 第五节 我国公民基本权利的发展

1982年《宪法》对原有的基本权利体系作了较大的调整,我国现行《宪法》对公民基本权利和义务的新发展表现如下:

1. 结构顺序有所变动。前三部《宪法》将"公民的基本权利和义务"作为第三章放在国家机构一章之后,而1982年《宪法》则把它改为第二章,和总纲连接在一起。表明公民宪法地位的提高,同时也意味着公民基本权利是国家机构存在之目的。

2. 基本权利条款有所增加,内容更加充实。1954年《宪法》中公民基本权利条文是14条,1975年《宪法》中是2条,1978年《宪法》中是12条,1982年《宪法》则增加到19条,而且内容更加充实、具体、明确。现行《宪法》第33条至第51条共19条规范构成我国公民基本权利体系,列举的公民基本权利有18项之多。这些基本权利规范采用逐条列举的方式,内容包括平等权,选举权和被选举权,言论、出版、集会、结社、游行、示威的自由,宗教信仰自由,人身自由、人格尊严不受侵犯,住宅不受侵犯,通信自由与通信秘密,批评、建议、申诉、控告、检举和取得赔偿的权利,劳动权,休息权,退休人员的社会保障权,物质帮助权,受教育权,文化活动与创造的自由,男女平等权,对婚姻、家庭、母亲、儿童的特别保护,对华侨、归侨和侨眷的权益保护,对基本权利与自由行使的限制。尽管这些规范是逐条列举式的,但依据其内容可以将其进行基本的分类,包括平等权、政治自由与权利、人身自由与人格尊严权、经济权利、社会权利、文化权利、对特殊主体的权利保护等。

3. 强调基本权利的实现条件。1982年《宪法》确定了基本权利实现的相应的物质保障和法律保障,使基本权利的实现具有现实性。

4. 强调权利义务的一致性。1982年《宪法》明确规定,公民享有宪法和法律规定的权利,同时还必须履行宪法和法律所规定的义务。另外,还要求公民在行使权利和自由的时候,不得损害国家的、社会的、集体的利益,不得损害其他公民的合法权利和自由。

5. 将"人权"概念写进宪法。2004年《宪法修正案》增加了"国家尊重和保障人权"的内容,这是以前所没有的,反映出我国政府对保障人权的高度重视。

# 第九章 我国公民的基本权利与义务

依据不同的标准,各个国家宪法中所规定的基本权利可以被分为不同的类型。对基本权利的分类是我们认识和适用基本权利的重要方法。我国《宪法》第二章"公民的基本权利和义务"中第33条至第51条规定了若干我国公民享有的基本权利,2004年颁布的《宪法修正案》第22条也通常被认为确立了我国宪法中的"财产权"制度。

## 第一节 平 等 权

### 一、平等权的内涵

作为一项基本权利,平等权内涵包括:第一,公民享有在立法中的平等地位和平等权利;第二,公民享有法律适用的平等,给予公民权利或自由的平等保护;第三,禁止歧视性对待公民权利,不得因肤色、种族、宗教信仰、性别、年龄等的差异而给予公民歧视待遇;第四,合理差别的原则;第五,禁止或废除一切特权和贵族制度。

立法的平等是平等权的重要内涵,公民应首先享有立法当中的平等地位和平等权利。众所周知,基本权利的直接适用仅在相对特殊的情形下进行,宪法中所规定的基本权利主要是通过普通法律的制定和适用来实现的,因此保障普通法律立法源头的内容平等是至关重要的。也就是说,要在实践中达到公民权利的平等实现,首先要求有关权利的法律规定是平等的。我们无法想象,一项在内容上并不平等的立法仍可以实现平等、公正的最终效果。譬如,一项剥夺了女性选举权的法律,无论其在适用法律的过程中如何平等、如何公正,其结果都不能实现女性与男性平等的选举权。因而,在实践当中出现的一些侵犯公民平等权的案例,其构成违宪的形式就是法律本身并没有平等、合理地分配公民权利,造成了公民不平等的法律地位和不平等的法律权利配给。

法律适用的平等也是公民平等权实现的重要环节。这里的法律适用是指广义的法律适用,既包括行政机关对法律的执行,也包括司法机关的司法行为。法律制定完毕,进入到行政机关和司法机关对于法律执行和裁判的过程。在这些过程中,鉴于上述国家机关对法律再解读的偏差,或者个体判断的差异等多种原因,可能发生对公民权利的不平等对待,而造成对平等权的侵害。一项平等的法律规定完全可能因为一个不平等、不公正的法律适用行为而遭受不平等的结果。因此,法律的平等适用也是公民平等权的内涵之一。

平等权之内涵既有一般的、正向的含义,也包含了反向的、禁止性的含义。要实现公民的平等权,必须反对歧视行为。所谓歧视,是指依据性别、年龄、身高、民族、宗教信仰、国别、籍贯、健康与否、婚姻状况甚至血型、属相等因素对具有相同条件的公民给予不合理的差别对待,从而侵害平等的公民权利。反对歧视是维护和保障公民平等权的重要方式。以歧视行为是否直接针对具体个人为标准,歧视可以分为两种:直接歧视及间接歧视。直接歧视是指某个人与另一个人比较,因为性别、年龄、身高等上述所提及的因素而获得较差的待遇,但这种区别对待并没有合理的理由支持。例如,在应聘的过程中一位条件最优秀的应聘者因为是女性,而不被录用。所谓间接歧视是指对所有人一律附加并无充分理由支持的划一的条件或要求,而这项要求实际上是对某一些人不利的。例如银行只招聘身高一米七零以上的毕业生。同男性相比,女性较少符合这项要求,同时由于银行并没有合理理由支持这项条件,出纳员的职业与身高并没有直接的联系,因而该银行进行身高限制的政策属于间接歧视,而侵犯到女性公民平等的就业权。从歧视行为的具体原因划分,歧视分为性别歧视、婚姻歧视、年龄歧视、怀孕歧视等,诸如此类的歧视其实在我们的生活中是比较常见的。

事实上,在社会生活当中,尽管我们所享有的法律人格和自由的理论值是平等的,但是我们不能否认每个公民在个体上的差异和社会生活所提供的不同资源的特殊性,就像男女体能有别且女性在生理上一般居于劣势,不是所有的人都有做宇航员的素质和条件一样,实际生活当中各个元素的差异性和多元性使得我们的"平等"观念并不是完全绝对的,平等权主体和客体本身造就了平等权的相对性,只有一个相对的平等权内涵才更符合社会正义的基点。因而,同现代平等权的法理所蕴含的"实质平等"相统一,宪法当中的平等权并非是指公民权利应整齐划一、毫无差别,作为宪法所规定的为任何公民所享有的基本权利,"平等权"之"平等"亦考察社会个体的真实差异、社会元素的多样复杂以及法律所应当体现的人情世故的道德性,通过对公民群体进行合理分类,并针对不同类别的公民的权利进行合理的差别性的对待来保障公民最终实现权利平等,这就是平等权所包含的"合理差别原则"。平等权的内涵当中包含了合理差别的存在,合理差别是在宪政主义的价值之中的,是合乎宪法的。

## 二、我国有关平等权的宪法规定以及实践

在中华人民共和国成立后制定的四部宪法中,1954 年《宪法》和 1982 年《宪法》就平等权作了规定,1975 年、1978 年《宪法》因受历史条件的限制,取消了对平等权的一般性规定。现行的 1982 年《宪法》在总结历史经验的基础上重新确定了一般的平等原则,为公民享有平等权提供了宪法基础。

一般认为,现行《宪法》的平等权是由一般的平等权规范以及与具体权利相结合而体现出来的具体平等权规范组合设置的,它们分散于宪法规范体系的各个部分,共同构成了我国现行宪法有关平等权规定的一个完整的规范系统。

(一) 一般平等权条款

《宪法》第 33 条第 2 款规定,中华人民共和国公民在法律面前一律平等。第 5 条第 5 款规定,任何组织或者个人都不得有超越宪法和法律的特权。

### （二）特别平等权条款

1. 民族平等权。《宪法》第4条第1款规定："中华人民共和国各民族一律平等。国家保障各少数民族的合法的权利和利益，维护和发展各民族的平等团结、互助和谐关系。禁止对任何民族的歧视和压迫，禁止破坏民族团结和制造民族分裂的行为。"国家根据各少数民族的特点和需要，帮助各少数民族地区加速经济和文化的发展。

2. 选举平等权。《宪法》第34条规定："中华人民共和国年满18周岁的公民，不分民族、种族、性别、职业、家庭出身、宗教信仰、教育程度、财产状况、居住期限，都有选举权和被选举权；但是依照法律被剥夺政治权利的人除外。"

3. 宗教信仰的平等权。《宪法》第36条第1款、第2款规定："中华人民共和国公民有宗教信仰的自由。任何国家机关、社会团体和个人不得强制公民信仰宗教或者不信仰宗教，不得歧视信仰宗教的公民和不信仰宗教的公民。"

4. 性别平等权。《宪法》第48条规定："中华人民共和国妇女在政治的、经济的、文化的、社会的和家庭的生活等方面享有同男子平等的权利。国家保护妇女的权利和利益，实行男女同工同酬，培养和选拔妇女干部。"

现行《宪法》关于"法律面前一律平等"的规范表达取代了1954年《宪法》中"法律上一律平等"的表述方式，更为准确地表明了平等权的适用范围，即宪法保障法律实施、法律适用中的公民平等，但这并不等于摒弃了立法平等的原则。立法平等是平等权的首要内涵，如果在立法上不能做到平等地对待权利和分配利益，执法与司法的过程再为平等，平等权的实现仍是奢谈。

在民族平等权的条款中，一般性地表达了我国民族平等权的含义，表述了国家维护和保障民族平等的国家义务、反对压迫和歧视行为以及为实现民族发展平等而负有的作为职责。在选举权的条款当中，宪法虽未非常明确地表述"反歧视"的选举权平等特征，但宪法条款的表达已隐含了选举权的行使并不因"民族、种族、性别、职业"等列举因素的不同而有所差别。同时，选举权主体中排除了"不满18周岁的公民"与"依法被剥夺政治权利的人"，这意味着属于这两种情况的人不能享有同其他公民同样的选举权。鉴于这一规定决定于选举权的政治权利之特性，因此选举权的内涵中已具备了相对性的特征。在性别平等权的条文中，表达了所谓性别平等是指女性与男性在政治、经济、文化、社会和家庭的生活等方面享有平等的权利的一般含义，以及国家为实现性别平等而对女性权利与利益而负有特别保障的义务。

因此我国现行《宪法》关于平等权的规范系统中，既有有关平等权的一般性规定，又有关于民族平等、选举权平等、男女平等的特别性规定；既有平等权的正面规定，又有反特权、反歧视的侧面规定，比较详尽和完备。尤其是在特别平等权的规定方面，宪法依据年龄、人的生理条件和民族的特别情况等因素采取了对其权利和利益的差别对待或特别保护，体现了合理差别的原则。

## 第二节 政治权利

政治权利是指公民参与并影响国家政治生活从而得以在政治生活领域作为自决、自主的存在的权利,权利行使的基本表现形式就是公民参与并影响政治生活。现代国家建构中,政治权力的运行是国家存在和运转的主要动力,公民参与和影响政治权力的运行是国家政治民主化、合法化的主要表现形式。因此,公民所享有的政治权利是构成各国宪法中基本权利体系的非常重要的一部分。我国《宪法》当中有关政治权利的规定包括:第34条"选举权",第35条"言论、出版、集会、结社、游行、示威的自由",第41条"监督权以及获得赔偿的权利"。

### 一、选举权

(一)选举权的价值与内容

广义的选举权包含了选举权和被选举权,是指公民具有选举代议机关及其代表与国家机关公职人员的权利以及被依法选举为代议机关代表和特定机关公职人员的权利。公民享有和行使选举权是现代政治国家中公民地位的重要体现,是公民参与公共事务管理与决策的基本保障。在人民主权的国家理念下,国家的主权归全体人民所有,为体现全体公民的共同意志,自然应由全体公民投票来决定国家事务。同时,选举权同其他的基本权利相比具有一定的特殊性,即行使选举权不但是一种权利的表现,也包含了享有该权利之人对其所在国家与社会的一种责任,因此为保障这种权利的合理行使以获得最大合理化的社会效果,一些国家的宪法对公民的选举权给予必要限制,还有的国家则采用强制投票的方法,这些制度都反映出选举权内涵的社会责任价值。

依据选举实现过程中的不同环节来分析,公民所享有的选举权具体表现为选民登记确认、推荐权、投票权、选举监督权和选举救济权。选民登记确认是以选民名册的形式将享有选举权的公民登记入册,是国家负责选举工作的机构依法对公民是否享有选举权进行审查和确认的活动。经过登记确认之后公民可合法有效地进行投票等选举活动,因此登记确认以获得选民资格的权利是进行其他正式选举活动的前提,是构成公民选举权的重要内容。推荐权是选民享有推荐选举候选人的权利,推荐权的实现同各国的候选人提名制度的具体设计相关。投票权是构成选举权的重要内容,我们通常所理解的选举权也主要表现为投票权。投票权所保障的是公民独立自由地进行政治判断、政治选择和意思表达的权利。同时为保证公正自由的选举结果的实现,公民应享有选举监督权,对选举过程进行监督,对舞弊、贿赂等行为进行监督和制约。最后,当某一环节的具体的选举权利遭到侵犯后,公民应享有进行救济的权利,即通过法律的途径对遭到侵害的权利进行补救。选举救济权是选举权自我实现的最后保障。

(二)选举权的宪法保护

对于选举权的宪法保护主要体现在两点:一是要保障公民选举自由的实现,即选民的选举自由不受侵犯,二是要保障选民享有平等的选举权。

保障公民的选举自由要求国家一方面对此负有消极义务,不得以积极的作为侵犯公民选举自由的实现,对于合法的拥有选民资格者,国家不得拒绝、剥夺其行使选举权的自由;另一方面,对于选举自由遭受侵犯的选民,国家应该应其请求而进行积极的权利救济,以保障公民选举权的实现。

(三) 我国《宪法》与法律中关于选举权的规定及实践

现行《宪法》第 34 条对公民的"选举权"加以了规定,具体内容是:"中华人民共和国年满 18 周岁的公民,不分民族、种族、性别、职业、家庭出身、宗教信仰、教育程度、财产状况、居住期限,都有选举权和被选举权;但是依照法律规定被剥夺政治权利的人除外。"现行《宪法》关于选举权的设置体现了我国选举权的两方面特征:一是设定了我国享有该权利的主体资格,即年满 18 周岁、依法享有政治权利的中国公民;二是公民平等享有选举权与被选举权,不分种族、性别、职业、家庭出身、宗教信仰、教育程度、财产状况、居住期限等差别对待。1979 年 7 月 1 日,第五届全国人民代表大会第二次会议通过了《中华人民共和国全国人民代表大会和地方各级人民代表大会选举法》(以下简称《选举法》),《选举法》的实施真正保障公民所享有的宪法权利的实现。该法历经 1982 年、1986 年、1995 年、2004 年、2010 年、2015 年六次修正。

**二、言论自由及其他表达自由**

政治权利作为一种民主的权利,它包含了公民发表政治见解以及表达政治观点的自由。政治自由在许多国家宪法文本中的具体表现是言论自由。

(一) 言论自由的概念及意义

言论自由的概念定位与"言论"的内涵是什么这个问题紧密相连。这个问题看起来简单,却有着非常重要的实际意义,它决定着我们实践中可以保护的"言论范畴"有多大。对"言论范畴"的认识也比较清晰地折射出"言论自由"宪法保护的历史变迁。在狭义的概念定义中,言论是指口头意见的表达,而此种口头意见表达的自由便是言论自由。狭义的言论自由概念反映出早期言论自由保护的主要内容。随着社会的发展,越来越多的新的社会生活方式给了人类更多的言论表达的机会和平台,"言论"已经从一个相对狭小的空间拓展开来而具备了更为广阔的表现领域,诸如利用书写、出版、广播媒体、网络形式甚至艺术与科学、研究与教学等过程中表现的言论,亦被认定为可以给予自由保护的"言论";同时"集会、结社、游行、示威的自由"有学者认为其实质也是表达的自由,因而也可以被纳入广义的"言论"范畴。对上述所有形式的言论自由的保障构成了广义的"言论自由",成为现代宪法通识的正是后者这样一个广泛的言论自由概念。

言论自由的重要性在很多人的眼中几乎是不证自明的,在所有的自由当中,言论自由最为重要。言论自由对于一个公民个体的重要性至少反映在三个方面:第一,言论自由的价值首先满足人的自然性生理需求。人的本性是一种语言动物,它需要通过文字、声音等各种语言方式同他人进行交流。在人的日常行为之中,言论是最常见、最便利、成本最小、传播最快的人类交流方式。第二,言论自由还维系着一个社会的道德基础。自由的言论可以使人们养成讲真话、讲实话的品格和习惯,社会因此而可能具备来自每个人的诚实和自由言论的开明和务实。第三,民主政治成为社会主流意识的今天,言论自由是每个国家公民实现其公民权的重要方式和手段。通过自由地发表言论,公民可以对政府及其官员的行为进行批评和建议,可以获得更多公正客观的社会信息。这些信息既可能与个人利益息息相关,也可能成为公民判断政府行为的依据和基础,因此公共信息的交流和传播使得一个理性民主的政府建立成为可能。

(二) 言论自由的宪法保护

言论自由在国际公约以及各国宪法当中有着非常广泛的规定。同时各国尤其以美国为代表的西方发达国家在有关这一自由保护的宪法实践中却植入了许多丰富的内容,积累了大量的经验。

1. 政府对事先限制原则的重大举证责任

所谓事先审查指的是,任何言论、报纸和书籍等未经政府事先批准和核发证照不得发表和出版发行,政府有时也可对报纸的出版发行申请置之不理,以达到事先审查的目的。事先审查原则是对言论自由实现的巨大挑战,因为政府往往可以以审查为借口而对公民的言论自由进行肆意的封杀和侵犯,这为政府滥用权力提供了机会。所以美国《宪法修正案》第1条中所提出的言论自由主张这一自由应免遭事先限制。但同时在实践中,我们又不得不承认,政府为处理一些例外事件而采取事先审查的原则具有一定的合理性,例如在公共场所发表演说、散发传单甚或游行、示威等活动,须经政府事先批准,以避免干扰公共场所的日常活动。

2. 对公共官员及公共个人诽谤及侵犯隐私的实际恶意原则

为保障公民个人以及媒体对公共事务进行表达的充分自由,美国宪法实践当中"《纽约时报》诉沙利文"一案,确立了对公共事务及公共个人诽谤及侵犯隐私的实际恶意原则,即除非能够充分证明造成言论失实并产生不良结果的言论发表者具有明知失实而故意言之的"实际恶意",否则对关涉公共官员以及公共个人的公共事务的言论具有免受诽谤与隐私追讨和赔偿的免责权。这使得公民所享有的针对公共事务的言论自由与针对一般个人的言论自由区别开来,而享有对公共事务加以评判和讨论的更多的自由。

3. 政治性言论与商业性言论的区别保护

在言论自由保护的实践中,人们发现言论的不同性质使得对言论的保障应该采取不同的保护原则和方式,才能体现言论自由保护的实质。如前所述,为保护公民自由参与政治讨论的机会以及维护自由宪政的政治体制,美国宪法实践中对公民所享有的政治言论进行了严格的保障。除此之外,社会生活中还有大量的商业言论以及非言论性表达。这些言论的价值与意义并不同于政治言论。例如,商业言论是以促进商品销售和商业服务为目的的信息和言论,主要包括商品和商业服务的广告。这些言论的发表将会对商业消费者的权利和利益产生影响甚至重大影响。因此,商业言论的实质更接近于经济行为,它的最终目的在于博取利润,而非交流思想。商业言论构成了市场经济社会条件下的重要生活内容。在美国的宪法实践中,商业言论的保护限定在真实、非误导、非欺骗的言论之内,对于符合上述特征的言论则可以给予较为充分的保障。

(三) 对言论自由的限制

事实上,在各个国家的现实生活中,基于更高的法律利益例如公共利益、公共安全的必要,基于保障他人权利之需要,言论自由亦受到限制。同时公民的言论自由又时常与个人的人格尊严权以及隐私权发生冲突。在德国,针对这一问题采用"双向约束"的原则,一方面言论与新闻自由需要获得保障,另一方面这一自由必须建立在对个人的人格与尊严的适当尊重之上。即使是政论的表达,纯粹的个人攻击与人身侮辱亦不应受到宪法的保护,政治家也不应因投入政治就完全丧失了对个人名誉的法律保护。因此,法院往往需要在具体案件当中对这些利害关系加以平衡,处于这些纷杂的现实冲突中的言论自由也不是绝对无限的。

(四) 我国《宪法》及法律关于言论自由的规定

我国 1954 年、1975 年、1978 年《宪法》中对言论自由均有规定。我国现行《宪法》第 35 条规定:中华人民共和国公民有言论、出版、集会、结社、游行、示威的自由。

我国《宪法》有关言论自由的规范结构比较简单,仅对言论自由作了一般性的规定。鉴于宪法规范当中并没有在"言论"概念之后再独立列举"利用广播或媒体等文字、声音、图像等"言论表达及传播形式,因此宪法规范当中的"言论"无疑采用了广义的言论内涵,即"言论自由"已经包含了在现实生活中我们所采用的多种方式进行言论表达和传播的自由。

《中华人民共和国集会游行示威法》中对我国公民"集会、游行、示威"的自由进行了更为具体的保障和限制。依据该法第 2 条的规定,集会是指聚集于露天公共场所,发表意见、表达意愿的活动;游行是指在公共道路、露天公共场所列队行进、表达共同意愿的活动;示威是指在露天公共场所或者公共道路上以集会、游行、静坐等方式,表达要求、抗议或者支持、声援等共同意愿的活动。文娱、体育活动,正常的宗教活动,传统的民间习俗活动不属于集会、游行、示威的范畴。从有关"集会、游行、示威"的法律界定中,也可以看到这三类自由的核心仍是表达自由。依据该法第 4、5 条的规定,公民享有和行使集会、游行、示威的权利,需要符合下列条件:第一,必须遵守宪法和法律的规定;第二,不得反对宪法所确立的基本原则;第三,不得损害国家的、社会的、集体的利益和其他公民的合法的自由和权利;第四,应当和平地进行,不得携带武器、管制刀具和爆炸物,不得使用暴力或者煽动使用暴力。对集会游行示威的程序和实质限制也反映在该法的第二章、第三章"集会游行示威的申请和许可""集会游行示威的举行"的一些内容中。该法第 7 条规定,除国家举行或者根据国家决定举行的庆祝、纪念等活动以及国家机关、政党、社会团体、企业事业组织依照法律、组织章程举行的集会外,举行集会、游行、示威,必须依照该法规定向主管机关提出申请并获得许可。该法第 12 条规定,申请举行的机会、游行、示威,有下列情形之一的,不予许可:反对宪法所确定的基本原则的;危害国家统一、主权和领土完整的;煽动民族分裂的;有充分根据认定申请举行的集会、游行、示威将直接危害公共安全或者严重破坏社会秩序的。

### 三、监督权和获得赔偿的权利

国家权力的行使是一个过程,因而公民参与其中并进行决策的权利也体现在国家权力行使的许多环节中。当权力的行使不符合公民自身利益或者公共利益时,公民具有对权力行使进行监督的权利,当权力已经造成了对公民权利的侵害时,公民享有对受害权利进行救济的权利、获得赔偿的权利。

(一)监督权以及获得赔偿权利的价值与内涵

对国家权力进行监督是公民参与国家管理、表达政见的一种重要方式,公民享有对国家机关及其工作人员的监督权构成了公民政治权利的一部分。

公民获得赔偿的权利是一项针对国家权力形成对公民权利的侵害之后、提供公民与权利救济与补偿的权利。当穷尽言论自由与监督权利的行使之后并没有拦截国家权力对公民权利之侵害时,对公民权利而言最为实际的方法应是尽可能修复和补偿受到损害的权利。因而这项权利平衡了受损的公民权利与施暴的国家权力之间的落差,是一项救济性权利。

(二)我国《宪法》关于"监督权"和"获得赔偿的权利"的规定

我国《宪法》第41条规定:"中华人民共和国公民对于任何国家机关和国家工作人员,有提出批评和建议的权利;对于任何国家机关和国家工作人员的违法失职行为,有向有关国家机关提出申诉、控告或者检举的权利,但是不得捏造或者歪曲事实进行诬告陷害。对于公民的申诉、控告或者检举,有关国家机关必须查清事实,负责处理。任何人不得压制和打击报复。由于国家机关和国家工作人员侵犯公民权利而受到损失的人,有依照法律规定取得赔偿的权利。"由该条可见:第一,该条文列举了六项权利,即批评权、建议权、申诉权、控告权、检举权以及取得赔偿请求权。从这些权利设置的目的考察,我们将前五项权利统一称为"监督权",第六项权利称为"获得赔偿权"。第二,该条文大致反映了三个规范层次:首先,公民有权对国家机关及其工作人员进行批评、建议、申诉、控告、检举;其次,国家机关应对公民的上述监督行为作出回复;最后,权利受到侵犯的公民有取得赔偿的权利。

## 第三节 宗教信仰自由和人身自由

在自由权与社会权两分法的基础上,以人在自然状态和社会状态下的不同属性和价值差异为依据,自由权又可以进一步分为个人权利与政治权利,这样就形成了个人权利、政治权利与社会权利的三分法。个人权利是在自然状态下的人所享有的自由与权利的宪法确认,是免于国家权力侵犯和干涉的权利,是自由价值的体现。这种权利的存在和获得以对"人"的自然性的尊重和认可为价值选择,因此对这类权利的保障在许多国家中是不需要"公民"身份即可获得的。近代宪法诞生的早期,宪法中所确认的基本权利大多属于这类权利的范畴,如美国宪法的《权利法案》中所确认的生命、财产、自由、安全的权利,法国《人权宣言》中所宣扬的自由、安全、财产、反抗压迫的权利,都深切地反映了对个人的自然权利的关爱和保护。即便在现代宪法之中,个人权利的内容亦构成了基本权利体系最为重要的基础价值。

个人性基本权利在各国宪法文本中的具体表现主要包括:(1) 人身完整的权利,主要是指生命权;(2) 人身自由与人身安全,这其中包括人身及人身自由不受侵犯、免受奴役、迁徙自由、通讯自由、保有私生活秘密、住宅不受侵犯的权利;(3) 人格尊严的保护;(4) 宗教信仰自由。

我国现行《宪法》的基本权利体系中,涉及公民的"个人性基本权利与自由"的内容包括:第36条"宗教信仰自由";第37条"人身自由不受侵犯"、第38条"人格尊严不受侵犯"、第39条"住宅不受侵犯"、第40条"通信自由和通信秘密"。从其他国家的宪法来看,除了上述内容以外,个人性的基本权利还包括生命权、迁徙自由、隐私权等权利内容。

## 一、宗教信仰自由

### (一) 宗教信仰自由的价值与内涵

宗教信仰自由的思想是欧洲17世纪宗教迫害的产物,人民因为不堪宗教的迫害,要求宗教信仰自由、还原宗教本来面目的呼声随之而起。[①] 近代立宪活动中,这一要求受到立宪者的重视,宗教信仰自由写入宪法而成为宪法确认和保护的基本权利。例如1789年法国《人权宣言》第10条写道:"意见的发表只要不扰乱法律所规定的公共秩序,任何人不得因其意见、甚至信教的意见而遭受干涉";美国《宪法修正案》第1条规定:"国会不得制定法律,去涉及宗教信仰或禁止其自由使用。"

鉴于宗教信仰的独特的社会价值以及教民众多、信仰不可调和的实施状况,确立宗教信仰的宪法地位以及在实践中合理地实施这一基本权利,对一个国家的社会秩序和稳定与和谐具有十分重要的意义,对国家以及社会生活能够起到广泛而有益的社会调节的功能。

### (二) 宗教信仰自由的宪法保护

因为每个个体的宗教信仰往往折射出本人的精神世界需求和内心的信念,宗教信仰自由作为公民的一项基本权利,通常被认为属于个人的精神自由范畴。所谓公民的宗教信仰自由,一般认为其内涵有四:一是公民有信仰与不信仰宗教的自由;二是公民有信仰任何宗教的自由;三是公民有遵循其教规而进行礼拜与举行宗教仪式的自由,即参加宗教活动的自由;四是公民有设立宗教团体、加入宗教活动以及不加入特定宗教团体活动的自由,即进行宗教结社的自由。

宗教信仰自由的实现和保护,首要的是提出国家权力的要求:不得强制公民信仰宗教;不得禁止公民信仰宗教;不得采用任何办法来鼓励公民信仰宗教。在宗教信仰自由的

---

[①] 王世杰、钱端升:《比较宪法》,中国政法大学出版社1997年版,第98页。

宪法实践中,往往要求国家既不能将某些宗教信仰确立为正统或"国教",也不能对任何宗教进行打击或歧视,同时政府对特定的宗教信仰所采取的促进活动也往往是受到质疑的。这就似乎在宗教和政府之间形成了一座分割之墙,使政府不能以任何方式插手宗教事务或妨碍宗教事务,即使这一干涉或者妨碍的方式是间接的。

(三)宗教信仰自由的限制

尽管宗教信仰自由以其绝对权的特征,在基本权利的谱系当中具有比较宽广的权利的自由度,但这项权利本身亦不是绝对自由而没有任何限制的。通常宗教信仰的自由以不破坏社会秩序与公共安全、不损害公民身体健康为其自由以及公共福祉为其限度。

同时宗教信仰自由除了可能发生公共价值的冲突之外,也可能存在普遍的社会价值与国家政策之间的冲突。例如,在战时的美国和德国都产生过公民的反战信仰与公民负有的国防义务之间的冲突。如何来判断宗教信仰自由的宪法界限、如何来平衡宗教信仰自由与其他权利以及重要社会价值,是在宪法实践当中需要去面对和具体解决的问题,这些问题的答案也往往留待个案环境去解决。

(四)我国《宪法》关于宗教信仰自由的规定

现行《宪法》36条对"宗教信仰自由"作出了规定:"中华人民共和国公民有宗教信仰自由;任何国家机关、社会团体和个人不得强制公民信仰宗教或者不信仰宗教,不得歧视信仰宗教的公民和不信仰宗教的公民;国家保护正常的宗教活动;任何人不得利用宗教进行破坏社会秩序、损害公民身体健康、妨碍国家教育制度的活动;宗教团体和宗教事务不受外国势力的支配。"此外,我国《刑法》《选举法》《民法》等对实现我国公民的宗教信仰自由这一宪法权利提供了法律保障。我国现有的宗教信仰自由的规定是比较全面的:第1款包含了宗教信仰自由的一般规定;第2款规定了保障信仰自由的禁止性条款,即不得强制信教或不信教、不得歧视信教或不信教公民,这一规定既适用于国家机关,也包含了任何社会团体和个人;第3款规定了国家对正常宗教活动的保障义务;第4款规定了对宗教活动的限制及宗教团体和事务的自主性原则。

尽管我国宪法的宗教信仰自由内涵中也内在地包含了"国家不能确立国教"原则,但在实践中,为了保障宗教信仰自由,保护民族文化的精神财富,国家不得不对某些特定的宗教活动提供物质方面的援助,为特定的宗教设立宗教院校。在这一意义上,宗教不仅以信仰的方式存在,更是以民族文化的方式而存在,政府的举措其实质目的并不在于鼓励和支持某类宗教信仰,而是希望其作为民族文化能够传承和发展,这也形成了我国宗教信仰自由保障的重要特色。

## 二、人身自由不受侵犯

(一)"人身自由"与"人身自由不受侵犯"的价值与内涵

人身自由又称身体自由,是指公民的人身不受非法侵犯和非法拘束的自由。人身自由表达了个人的独立和自由行动的基本价值,每个人应掌有对其人身的自主权,其行动举止的自由依其意志自由支配,这是每个人不可或缺的基本自由。人身自由是人们一切行动的前提条件,作为一项基本权利,人身自由构成了个人自由权的核心内容之一。人身自由的重要性在现代宪法文明的熏陶下,被认为是不证自明的。但在奴隶社会、封建社会甚至早期的资本主义社会的相当长的发展时间内充斥了对人身的奴役、买卖和驱使,而对人身自由价值的现代性认识也是人类在经历了漫长的奴役史后所获得的深刻教训。

广义的人身自由包括人身自由不受侵犯、住宅不受侵犯、迁徙自由,因为上述这些权利均表达了个人行动自由的宪法价值。狭义的人身自由范畴就是指"人身自由不受侵犯"。所谓人身自由不受侵犯,是指个人享有不受非法搜查、拘禁、逮捕或奴役等限制或剥夺其身体自由的权利。"人身自由不受侵犯"同"住宅不受侵犯"的区别在于后者更多强调对公民住宅安全、住宅之内居住人的人身的安全以及居住人隐私之保护,同"迁徙自由"的区别在于前者所强调的"行动自由"是一种更狭窄意义上的身体活动的自由,譬如将某一个人强行拘禁在监狱、看守场所、精神病设施、劳动营或者戒毒设施中以及家中等,这些干预措施的合法性是"人身自由不受侵犯"这一权利所要解决的,而诸如限制在岛屿、城市等较大场域的行为则属于"迁徙自由"的范畴。

作为一项基本权利,人身自由的不受侵犯的直接宪法含义是针对国家机关或某些公共权力机关的非法侵犯,意即国家机关以及其他公共权力机关不得非法侵犯公民的人身自由。宪法的规定也往往通过普通法律的立法在私人之间进行调整,来保证平等主体之间不能相互侵犯或者伤害他人的人身自由,因此宪法的规定也间接地蕴涵了排除其他组织或个人对个人人身自由的侵犯行为,后者正是刑法中对各种非法侵犯人身自由行为进行定罪量刑的法理基础。

鉴于人身自由的上述特性,人身自由作为一项个人性的基本权利,其权利主体包括不特定的任何自然人。在一国之内,不论该国公民或外国人,都享有人身自由。

(二) 人身自由不受侵犯的宪法保护与实践

人身自由不受侵犯是国际公约以及许多国家宪法中的一项重要内容。任何一个国家,基于社会秩序、公共利益以及其他人的合法权利和利益等因素的考虑,对具有某一些危险性或者具有危险性与危害性倾向的人进行人身自由的限制或者剥夺具有合理性,对某些人身自由的限制与剥夺也是主权国家权力行使的合法方式。"人身自由的限制"是指通过强制措施对人身自由实现进行的干预,譬如强行拘禁在精神病设施、劳动营或者戒毒设施中等。"人身自由的剥夺"是指以处罚方式进行的对人身自由的干预,譬如监狱服刑。宪法对"人身自由不受侵犯"的确认并非表明所有的人身自由都不可剥夺,而是禁止任意与非法的剥夺。人们所反对的也不是剥夺自由本身,而是一种非法的剥夺自由的程序与方式。所以,准确地说,"人身自由不受侵犯"更倾向于一种程序性保障。这要求立法机关准确界定允许剥夺人身自由的情况和程序,司法机关也应该对行政机关的执行情况进行有效的行动。

从各个国家的宪法和法律规定以及宪法实践的情况来看,限制和剥夺人身自由的合法条件包括:第一,作出限制人身自由决定的机关必须是宪法或者法律授权的特定机关。这一方面表明只有该特定机关方有权实施对个人人身自由之限制或者剥夺,其他国家机关无权行使该项权力,另一方面限制某一类人的人身自由又是该机关的工作职责而不能怠于行使其职权。第二,"法律保留原则",即只有处于较高法律效力层级的法律才可以对人身自由之限制作出规定,来具体设置限制人身自由的条件、程序、手段、程度等问题;除法律效力之下的效力层级较低的法规、规章及其他规范性文件无权设置对人身自由的限制与剥夺。第三,限制人身自由的理由主要包括刑事责任追究的需要以及维护公共安全和公共卫生等重要公共利益价值。鉴于人身自由对于每个人的重要价值和意义,对人身自由限制必须给予必要的代表更高法律利益的理由,这不取决于有权行使该权力的国家机关的简单的工作需要,而是该工作的法律依据以及背后所代表的更深的法理基础。而且,只有在上述三个合法条件同时具备的前提下,对当事人人身自由之限制才属合法。

(三)我国现行《宪法》与法律对人身自由不受侵犯的规定

我国现行《宪法》第 37 条规定了我国公民享有人身自由不受侵犯的宪法权利。具体内容是:"中华人民共和国公民的人身自由不受侵犯。任何公民,非经人民检察院批准或者决定或者人民法院决定,并由公安机关执行,不受逮捕。禁止非法拘禁和以其他方法非法剥夺或者限制公民的人身自由,禁止非法搜查公民的身体。"

现行《宪法》关于人身自由不受侵犯的规定明示了这样几重含义:第一,人身自由不受侵犯,这是一项一般性规定;第二,有权批准或决定逮捕个人事项的权力属于检察院或法院,并且执行逮捕的权力属于公安机关;第三,禁止以非法拘禁等方式限制或剥夺人身自由,禁止非法搜查身体。

同时我国《刑事诉讼法》第六章强制措施对逮捕犯罪嫌疑人、被告人的条件、程序等内容作了具体规定。根据《立法法》第 8 条的规定,对公民政治权利的剥夺、限制人身自由的强制措施和处罚必须由法律加以制定;该法第 9 条尤其强调上述内容只能由法律加以规定,而全国人民代表大会亦无权就该问题授权国务院进行行政法规的立法。上述法律规范体现了对"人身自由不受侵犯"基本权利的法律保障。

### 三、人格尊严的保护

(一)人格尊严的价值与内涵

人格尊严是以人身为载体的,但具有区别于身体感官的特定内涵和独立价值。多数学者均赞同,"人格尊严的保护是最高的宪法价值"这样一个论断。这样一个法学判断的结论首先来源于哲学上对"人是主体、目的"的宣称和判断,在这里的"人"并不需要附加有美德、有良善这样一些道德条件,只要其是生物基因意义上的人,其作为人的尊严和资格就应该受到尊重和保护。在这里的"人"接近于一种比较纯粹的生理概念,而摒弃了对"人"的世俗评价、主流观念等。因此,宪法学中的所谓"人格尊严"的人格并非单指日常生活中形容某人的"人格高尚"或"人格"低下的人格,而是作为人的"身份",或作为"人的资格"。这一资格是个人作为法律主体得到承认的前提。如果没有这一权利,那么个人就会被降格为仅仅是一个法律客体,由此他也就不再是一个法律意义上的人。对法律人格的承认是所有其他个人权利的必要,是不可克减的个人权利,它表明每个个人都是人并且被赋予了在法律面前被承认为一个人的能力。① 正因为"人格尊严"所保护的是每个人作为人的尊严和资格,因而权利的主体包括不特定的一切人,这一权力适用于一切人、任何人、每个人。诸如《世界人权宣言》《公民权利和政治权利国际公约》《美洲人权公约》等国际法律文件中,使用了"人人、每个人、每个个人"来作为这一权利主体的表述,并非仅以公民身份为限。因此"人格尊严"的宪法规范意味着,只要是人,不论其处于何种环境和何种境遇,即具有作为人的尊严和资格,国家权力不能非法侵犯之,并有义务保护和实现之。这即是人格尊严的宪法内涵。

(二)人格尊严的宪法保护与实际限制

对人格尊严的重视与严格保障首推德国,这与德国人对第二次世界大战期间所铸成的那段不堪回首的人类悲剧的反思密切相关。回顾历史,德国人深刻地意识到每个人保有其自由的意志和独立的人格不受国家意志的摧残是一件何其重要的事情。所以,《德国基本法》开篇即写道,"人的尊严不可侵犯。一切国家权力具有责任,去尊敬与保护之"。在德国,"人格尊严"即被描述为"人的尊严","对人的尊严的保护和尊敬"构成了德国宪法的核心,体现了德国宪法对个人权利与社会责任的融合与统一。除此之外,《俄罗斯联邦宪法》第21条也规定了:"人的尊严受国家保护。任何东西均不得成为诋毁人格的理由。任何人不应遭受刑讯、暴行、其他残酷的或有损人格的对待或处罚。任何人未经自愿同意不得经受医学、科学或其他实验。"

"人格尊严保护"的基本权利赋予了国家对保护该权利的宪法义务,这一义务可以包含"尊重"和"保护"两层内容:国家首先具有对每个人的人格尊严加以尊重的义务,不得对任何人进行奴役和非法的强迫劳动,不得对任何人施以酷刑或者施以残忍的、不人道的或侮辱性的待遇或刑罚;不得对任何人未经其自由同意而施以医药或科学实验等;其次,对出现的来自国家或者社会其他人的上述行为具有制止侵害、施以惩罚的义务等,以此来保护每个人人格尊严的实现。

考虑实际的社会生活中,特殊环境或特殊情境下的人的人格尊严的保障更为迫切,其人格尊严受到侵犯的情况堪为忧虑,所以在人格尊严保障的宪法规定与实践中,对特殊群体人格尊严的保障给予了更为细致具体的关照。例如《公民权利和政治权利国际公约》第10条规定了对被剥夺自由人的人格尊严和人道主义待遇。该条规定应给予所有被剥夺自由人以尊重及固有人格尊严的待遇,应给予少年罪犯与成年人罪犯的分别关押待遇,应给予所有罪犯以争取改造和社会复原希望的尊重。

(三)我国《宪法》关于"人格尊严不受侵犯"的规定

我国现行《宪法》第38条对人格尊严不受侵犯加以了规定。具体内容是:"中华人民共和国公民的人格尊严不受侵犯。禁止用任何方法对公民进行侮辱、诽谤和诬告陷害。"现行《宪法》关于"人格尊严的保护"包含了一般性规定与禁止性条款两个方面,基本满足

---

① 〔奥〕曼弗雷德·诺瓦克:《民权公约评注》(上),毕小青、孙世彦等译,生活·读书·新知三联书店2003年版,第280页。

了基本权利规范的内容构成层次。但我国现行的《宪法》规范还存在着两个问题：第一，如前所述，"人格尊严"保护的主体应不仅限于我国公民，而是任何人，因为该权利的主体并不应以是否具有中国国籍为标准，即使是外国人也具有人格尊严；第二，从禁止性条款所禁止的"侮辱、诽谤、诬告陷害"的内容来看，我国《宪法》关于"人格尊严"保护的实质是民法上所使用的传统的人格权范畴，这里的"人格"就是指"人格高尚"或者"人格低下"之"人格"，是指对个人品质等已包含了道德标准的评价，未曾到达人格尊严保护的更高的法哲学高度。因此笔者主张提升我国宪法人格尊严保护的宪法价值，既保留原有的含义，并同时拓展"人格尊严"更广泛深刻的宪法内涵。

### 四、住宅不受侵犯

**（一）住宅不受侵犯的价值与内涵**

住宅为人之最重要的财产之一，早在古罗马法时代就已有"住宅为最安全之避难所"之称，私有财产神圣不受侵犯，住宅不受侵犯。英美普通法系也承认"住宅为个人之城堡"，实际上也揭示了住宅的不受侵犯性。从其用途来判断，住宅除了能够满足个人睡眠、休息等生活需求之外，它是个人排除外界干扰、保护个人私生活、寻求人身安全的最重要的场所。从某种角度而言，住宅的安全就意味着居于其中的个人的人身安全和私生活获得保护的可能。所以住宅不受侵犯的宪法意义可以体现在如下几个方面：第一，对个人财产的保障和尊重；第二，对人身安全的保障；第三，对个人私生活的尊重和保护。鉴于宪法当中所认可的"住宅"内涵并非以个人私有的"住宅"为限，暂住之所，寄宿场所等暂时保存人身和私生活之所皆受到保护，因此"住宅不受侵犯"的宪法价值更多地体现对后面两项内容的尊重和保护中。

"住宅不受侵犯"作为一项基本权利，该权利直接指向的是国家义务，国家对公民该项权利的实现兼具尊重和保护的义务：首先，国家机关非经法律的规定与程序亦不能侵入，该"侵入"的内容不仅指在物理空间的侵入，也包括通过器具进行非法的窃听与窥视等干扰住宅内容私生活的行为；其次，国家亦有立法和执法的义务对私人不经本人同意侵入住宅或进行窥视、监听等干扰他人私生活的行为进行制止和惩罚。所谓"住宅不受侵犯"的宪法含义可以概括为，个人在住宅内的安全与隐私受到保护，非经本人同意不得侵入个人住宅，禁止在住宅外部通过一定的器具非法监听或窥视住宅内部的私生活或家庭生活情境等。

**（二）"住宅不受侵犯"的宪法保护**

许多国家的宪法当中对这一基本权利进行了明确的规定。对于"住宅不受侵犯"的实际的宪法保护一方面要在实践中认定具有宪法意义的"住宅"的成立；另一方面要对该项权利进行比较严格的程序性保护，通过法律设定可进入公民住宅的权力机构及其行使该项权力的条件和程序。

**（三）我国《宪法》与法律有关"住宅不受侵犯"的规定**

我国现行《宪法》第39条规定："中华人民共和国公民的住宅不受侵犯。禁止非法搜查或者非法侵入公民的住宅。"这一宪法结构表现了一般性规范与禁止性规范的两层规范含义,即"住宅不受侵犯"的正面表达和禁止"非法侵入"与"非法搜查"的禁止性条款设计。由此可见,现行宪法关于"住宅不受侵犯"的规定是比较合理的。同时为了保障宪法当中这一基本权利的具体实现,我国《刑法》第245条第1款对侵犯公民个人住宅的行为的罪责进行了规定:"非法搜查他人身体、住宅,或者非法侵入他人住宅的,处3年以下有期徒刑或者拘役。"

**五、通信自由和通信秘密**

(一)通信自由和通信秘密的价值与内涵

所谓通信自由,在传统意义上即是指书信往来的自由。但今天,随着科学技术的进步,现代通信手段的发展和发达,通信范畴已经包括了所有的远距离通信方式,例如电话、电报、电传、传真以及其他的机械及电子通信方式。所以通信自由的宪法含义,不仅包括书信自由,泛指利用上述所有方式进行通信而不受国家权力非法干涉或侵犯的自由。通信自由作为一项基本权利的存在对于个人生活的根本价值,在于肯定和保障每个人向特定的通信对象进行意思表达、思想交流或情感倾诉的自由。鉴于通信对象之特定性,通信自由不同于一般的表达自由的特征即在于其所含有的通信秘密的内在要求。

所谓通信秘密是指反映在通信过程当中的个人秘密不受国家的非法侵犯。今天的现代通信方式往往包含有一种准国家的性质和功能,譬如邮政、电讯等通信方式在许多国家是国家垄断性质的行业,因此反映在个人通信过程中的秘密和隐私很容易为国家以打击刑事犯罪、打击恐怖主义、维护国家安全等名义进行监视和窃听,所以对于通信秘密的保护具有较强的现实性。

(二)"通信自由和通信秘密"的宪法保护与限制

对通信自由与通信秘密的宪法保护一般包含两个方面:第一,国家不得以留置、检查、审查或公布等方式对私人通信进行非法干预;第二,只有由法律明确的授权机关,在保全证据或防止犯罪等合宪目的的基础上,所进行的适当的干预才是被许可的。从通信保护的两个宪法层次当中,我们也可以解读出通信自由与通信秘密的基本自由是有其限度的,宪法所保护的是为宪法价值所肯认的合法、正当的通信方式或内容,同时为了国家安全、公共利益以及他人权利的需要,可以对公民个人的通信自由和通信秘密进行适当限制。

(三)我国现行《宪法》与法律对"通信自由与通信秘密"的保护

现行《宪法》第40条规定了"通信自由与通信秘密":"中华人民共和国公民的通信自由和通信秘密受法律的保护。除因国家安全或者追查刑事犯罪的需要,由公安机关或者检察机关依照法律规定的程序对通信进行检查外,任何组织或者个人不得以任何理由侵犯公民的通信自由和通信秘密。"该条第1款确立了对我国公民通信自由与通信秘密的一般保护。该条第2款则提出了限制公民该项基本权利的目的、授权实施限制行为的国家机关以及程序,即"因国家安全或者追查刑事犯罪的需要,由公安机关或者检察机关依照法律规定的程序对通信进行检查"。同时为了保障这一基本权利的具体实施,我国《刑法》

等法律作了相应的具体规定,例如《刑法》第252、253条分别规定:"隐匿、毁弃或者开拆他人信件,侵犯公民通信自由权利,情节严重的,处1年以下有期徒刑或者拘役";"邮政工作人员私自开拆或者隐匿、毁弃邮件、电报的,处2年有下有期徒刑或者拘役⋯⋯"

## 第四节 社会权利

一般认为,广义的社会权利包括经济权利、狭义的社会权利与文化权利。见诸于其他国家宪法的此类权利的具体权利内容主要包括:财产权、经济活动的自由、劳动权以及由劳动权派生的其他权利、社会救助权、社会保障权、受教育权、文化艺术活动的自由等。

我国现行《宪法》的基本权利体系中涉及"经济、社会、文化权利"的内容有第42条"劳动的权利",第43条"休息的权利",第46条"受教育权",第47条"科学研究及文化创作的自由",同时在现行宪法的"总纲"部分对"财产权"作了相应的规定。

### 一、财产权

(一) 财产权的价值、概念、内涵与性质

争取财产权是近代宪法诞生的基点。在物质仍然有限的近代社会之中,财产的拥有和保障对于个人的生命、生存和发展有着不可或缺的意义。这一意义甚至成就了近代以来各国宪法的核心价值。争取财产权是近代市民革命的起点,近代宪法所规定的财产权具有强烈的自由权气息,权利实现的要点在于排斥和抵抗国家权力对于个人财产权的剥夺和侵犯。例如1789年《人权宣言》第17条把财产权宣布为一项"神圣不可侵犯的权利",同时规定除非经必须而显然的公共需要,并在事先正当补偿的条件下,任何的财产不得受到剥夺。财产权的宪法保障由此发端。《美国宪法修正案》第5条规定:"没有依据正当的程序,任何人的生命、自由或财产均不得受到剥夺。"

所谓作为基本权利的财产权,其区别于民法上的财产权的概念特征在于,它是一项宪法权利,它强调个人所有的财产不受国家权力的非法侵犯,以此形成公民个人与国家在私有财产保障问题上的不同法律地位。

(二) 财产权的宪法规范结构

现代财产权的宪法规范构成包含三个主要层次:财产权的保障、财产权的限制、对财产权的征用补偿。

宪法规范的第一层次即财产权的保障表明了两层含义:第一,基于财产权内在的自由权特征,财产权的实现首先要抵御国家权力的非法侵犯,国家对此负有不侵犯的义务;第二,基于其社会权的属性,国家对财产权的实现负有给付义务,即应该保障公民个人的财产不受侵犯。财产权的限制是财产权宪法规范构成中非常重要的实质性问题。从各国宪法的规定来看,对于公民财产权的限制一般基于如下条件:一是因为公共福利之需要,一是依照法律规定。对于财产权的补偿条款,大致有两种规定形式:一是给予公正的补偿方式,一是给予适当的补偿。前者如上述《俄罗斯联邦宪法》第30条规定:"为了国家需要强行没收财产只能在预先作出等价补偿的情况下进行";而《德国基本法》第14条所规定的"只有以公共福利为由才能占取财产;占取的施行只能根据调控补偿的性质与程度之法律;这种补偿应通过建立公共利益和那些受到影响的利益之间的公正平衡来确定"亦应视为公正的补偿方式。充分的或者公正的补偿方式较之适当的补偿而言,当然更有助于维护个人的财产完整。

(三) 我国现行《宪法》对财产权的规定

2004年《宪法》的修改确立了我国现行的《宪法》财产权制度,具体规定在第13条,即:"公民的合法的私有财产不受侵犯。国家依照法律规定保护公民的私有财产权和继承权。国家为了公共利益的需要,可以依照法律规定对公民的私有财产实行征收和征用并给予补偿。"从现行《宪法》规范的构造不难看出:第一,《宪法》确立了明确的财产权概念,依据这一概念的内涵宪法所要保护的个人财产范围无疑要大于宪法修改之前的个人财产范畴;第二,《宪法》确立了财产权保障的义务主体,这一主体首先针对国家,即国家权力的行使不得侵犯公民的私有财产权,此外也可以在统一的客观的法价值体系的层面上延伸为公民个人对他人财产权的禁止侵犯义务;第三,《宪法》确立了限制财产权的基本条件,即国家为了公共利益的需要,依照法律规定加以限制;第四,《宪法》确立了征用财产的补偿条款,即给予补偿,这一补偿应属于适当补偿。由此可见,财产权保障的规范意义较未修改之前有了很大进步。

## 二、劳动权

(一) 劳动权的价值、内涵与特征

劳动权是指公民有获得劳动机会、保持适当劳动条件并取得相应的劳动报酬等的权利。劳动权是公民赖以生存的基础,为行使其他权利创造物质上的支持。

劳动权是一个具有概括性的权利概念,构成统一的劳动权的具体权利内容包括:(1) 就业权。其内容又包括享有获得劳动机会的权利与自由选择劳动机会的权利。(2) 劳动报酬权。其内容有二:一是同工同酬,即相同的工作相同的对待,不得因性别、年龄等具体情形的差异而对任何人进行歧视;二是建立劳动报酬的最低标准来保障劳动者享有最起码的生活水准。(3) 劳动保护权,即劳动者必须享有劳动过程中的安全与健康的权利。(4) 职业培训权,劳动者享有通过职业培训而获得从事各种职业所需的专业知识和实际操作技能的权利。(5) 组织并参加劳工组织及罢工的自由和权利。

从劳动权的构成分析,劳动权兼有自由权与社会权的性质。譬如,选择劳动机会的自由应属于自由权范畴,而请求获得就业机会的权利则属于受益权,即使对于劳动者所享有的选择劳动的自由,在其受到侵犯时所要求获得救济的权利从某种意义而言,也属于受益权范畴。劳动权具有双重权利性格,使它一方面需要通过具体立法来实现基本权利,同时对于一些自由权性质规范可以直接适用于权利救济的实践。

(二) 对劳动权的宪法保护

劳动权的双重权利属性,使得对该权利的宪法保障应适应对自由权、社会权的不同要求而采取不同的方法：第一，国家要保障公民选择劳动机会的自由，不能侵犯到公民劳动的自由；第二，国家应通过积极手段，来创造就业机会，提供就业岗位，解决公民劳动就业以谋求生存发展的需求，对于不能提供劳动就业机会而无法生活者应给予最低的生活保障；第三，国家应制定和实施有关劳动保护的法律，规范和管理劳动市场，对劳动者获得劳动报酬、保持劳动条件等权利进行具体保障。

(三) 我国《宪法》对劳动权的规定

我国现行《宪法》第42条对公民的劳动权作了比较详尽的规定。条文分4款，其具体内容是："中华人民共和国公民有劳动的权利和义务。国家通过各种途径，创造劳动就业条件，加强劳动保护，改善劳动条件，并在发展生产的基础上，提高劳动报酬和福利待遇。劳动是一切有劳动能力的公民的光荣职责。国有企业和城乡集体经济组织的劳动者都应当以国家主人翁的态度对待自己的劳动。国家提倡社会主义劳动竞赛，奖励劳动模范和先进工作者。国家提倡公民从事义务劳动。国家对就业前的公民进行必要的劳动就业训练。"该条第1款明确了我国公民有劳动的权利和义务。鉴于权利和义务本是一对对立的概念，因此许多人对此条款充满了疑问，如何来理解劳动既是权利又是义务？劳动义务是相对于社会保障而言。鉴于公民有劳动的权利，因而国家应创造劳动机会，当国家不能提供这一机会时，应为公民提供社会保障而满足其基本的生活需求，但如果国家提供了劳动机会而公民拒绝通过自我劳动谋生时，则国家可以拒绝为其提供社会保障，因此，从获取社会保障的条件而言，劳动是义务、是前提。

### 三、休息权

休息权是指劳动者休息和休养的权利。"休息"只在劳动者的劳动与通过休息而可能继续劳动的作息循环中才有权利价值。休息是劳动者在进行一定的劳动之后为消除疲劳、恢复正常的劳动能力所必需的条件，从而也是持续实现具体主体之劳动权的一个必不可少的契机。就这种意义上而言，休息权既是劳动权存在的一个前提条件，也是劳动权的一个派生形态。

现行《宪法》第43条规定了休息权，条文有2款，其具体内容是："中华人民共和国劳动者有休息的权利。国家发展劳动者休息和休养的设施，规定职工的工作时间和休假制度。"我国《宪法》中休息权的主体是劳动者，休息权指的是劳动者所享有的特定权利。我国现行《宪法》第43条的规定可理解为是对第42条劳动权规定的一种具体的展开和强调。

### 四、社会保障权

(一) 社会保障权的价值与内涵

社会保障权是指处于贫困状态的公民，为了维持基本的生活条件而向国家要求给付的请求权。社会保障权的宪法价值一方面体现了对人的尊严的尊重和保护，另一方面体现出实质正义的价值，即由国家为社会成员解决因能力、失业等而导致的生活贫困问题。

作为现代宪法意义上的社会保障权的最早提出源于1948年联合国大会通过的《世界人权宣言》,该宣言第22条规定:"所有公民,作为社会成员之一,都享有社会保障权。"第25条第1款规定:"每个人都有权享受能够保证个人及其家庭身心健康的生活标准,其中包括食物、衣物住房、医疗、必要的社会服务,以及在失业、生病、残疾、丧偶、老年或其他个人无法控制的影响生计的情况下获得社会保障的权利。"

(二)我国《宪法》有关社会保障权的规定

我国现行《宪法》对社会保障权的规定主要体现于《宪法》第45条,即:"中华人民共和国公民在年老、疾病或者丧失劳动能力的情况下,有从国家和社会获得物质帮助的权利。国家发展为公民享受这些权利所需要的社会保险、社会救济和医疗卫生事业。国家和社会保障残疾军人的生活,抚恤烈士家属,优待军人家属。国家和社会帮助安排盲、聋、哑和其他有残疾的公民的劳动、生活和教育。"

2004年《宪法修正案》第23条规定在总纲部分第14条增加一款内容,即国家建立健全同经济发展水平相适应的社会保障制度。这意味着国家根据经济水平的发展而不断完善和发展社会保障制度,为公民社会保障权的具体实现建立更坚实的制度支持。同时这一制度已上升为宪法制度的高度而具有更高的稳定性和重要性。

### 五、受教育权

(一)受教育权的价值、内涵与特征

受教育权是公民接受文化知识、科学技能等方面教育培训的权利。从个人人格形成和不断发展的过程来看,教育在其中起到了极为重要的不可或缺的作用。同时接受教育获得生活和发展的技能和知识条件,是个人维持生存并谋求更为幸福的生活条件的一项必要的工作。另外对于现代社会和国家的民主政治的存续与有效也需要公民个人较高的文化素质来参与其中、决策其中。

受教育权始见于德国1919年的《魏玛宪法》。确认并保障公民的受教育权是现代宪法的一项重要特征,今天国际公约以及许多国家宪法当中都确认了受教育权为一项基本权利。

(二)我国《宪法》有关受教育权的规定

我国《宪法》第46条规定:"中华人民共和国公民有受教育的权利和义务。国家培养青年、少年、儿童在品德、智力、体质等方面全面发展。"同时,我国《宪法》第一章"总纲"部分第19条第1—4款也比较详尽地规定了发展我国教育事业的国家政策。"国家发展社会主义的教育事业,提高全国人民的科学文化水平。国家举办各种学校,普及初等义务教育,发展中等教育、职业教育和高等教育,并且发展学前教育。国家发展各种教育设施,扫除文盲,对工人、农民、国家工作人员和其他劳动者进行政治、文化、科学、技术、业务的教育,鼓励自学成才。国家鼓励集体经济组织、国家企业事业组织和其他社会力量依照法律规定举办各种教育事业。"该条规范明确了国家举办教育事业的目标、开展各层次教育事业的方法及目标等内容,间接体现了国家对公民接受教育的责任和义务。

### 六、科学研究、文学创作与其他文化活动的自由

我国《宪法》第 47 条还规定了公民享有科学研究、文学创作与其他文化活动的自由。"中华人民共和国公民有进行科学研究、文学艺术创作和其他文化活动的自由。国家对于从事教育、科学、技术、文学、艺术和其他文化事业的公民的有益于人民的创造性工作,给以鼓励和帮助。"

同时,《宪法》总纲部分第 22 条亦规定了我国发展文学艺术、新闻广播等文化事业的国家政策与制度。"国家发展为人民服务、为社会主义服务的文学艺术事业、新闻广播电视事业、出版发行事业、图书馆博物馆文化馆和其他文化事业,开展群众性的文化活动。国家保护名胜古迹、珍贵文物和其他重要历史文化遗产。"

## 第五节 对特定主体权利的保护

对特定主体权利的保护彰显了现代宪法所体现的分配正义与实质平等的价值观念,现代社会对某些社会利益的平衡和倾斜。在完全自由的发展前提下,女性相对于男性、老人相对于青年、儿童相对于成年人而言,无疑是先天的弱势群体,如果任由完全的个人意志和自由态度来对待弱势者的利益,将导致弱者更弱、强者更强的显失正义的社会困局。在现代宪法的基本权利体系中,对女性、老人、儿童的权利给予了特别关注与保护,同时家庭作为构建社会的基本单元,保持其稳定与和谐对于健康的社会氛围的确立是非常重要的,因此对婚姻家庭的特别保护也是合乎法理与情理的。

我国《宪法》对其他特定主体的权利保护体现在第 44 条"退休人员的生活保障权"、第 48 条"男女平等的权利",第 49 条"对婚姻、家庭、妇女、儿童的保护权"以及第 50 条对"华侨的权利保护"中。

《宪法》第 44 条规定了退休人员的生活保障权,即:"国家依照法律规定实行企业事业组织的职工和国家机关工作人员的退休制度。退休人员的生活受到国家和社会的保障。"该条所规定的退休人员的生活保障权接近于特定群体的社会保险权的范畴;该条文不仅规定了退休人员生活受国家和社会保障的权利,亦明确了国家建立并实施法律来保障退休制度。因此第 44 条是权利性条款与制度性条款的结合,折射出社会性权利的实现对国家权力与国家制度的依赖性。

《宪法》第 48 条规定了对妇女的平等保护权,共有两款,即:"中华人民共和国妇女在政治的、经济的、文化的、社会的和家庭的生活等各方面享有同男子平等的权利。国家保护妇女的权利和利益,实行男女同工同酬,培养和选拔妇女干部。"

《宪法》第 49 条规定了对婚姻、家庭、母亲、儿童的特别保护权,共有四款,即:"婚姻、家庭、母亲和儿童受国家的保护。夫妻双方有实行计划生育的义务。父母有抚养教育未成年子女的义务,成年子女有赡养扶助父母的义务。禁止破坏婚姻自由,禁止虐待老人、妇女和儿童。"

《宪法》第 50 条规定了"中华人民共和国保护华侨的正当的权利和利益,保护归侨和侨眷的合法的权利和利益"。

## 第六节 公民基本义务的主要内容

我国《宪法》第 52 条至第 56 条集中规定了公民的基本义务,除此之外,在宪法的其他条款中也规定有一些基本义务。以下分别简要介绍我国现行《宪法》规定的公民基本义务。

### 一、维护国家统一和民族团结的义务

国家的统一和各民族的团结,是我国社会主义建设事业取得胜利的重要保证,也是实现公民基本权利的前提条件。《宪法》第 52 条规定:"中华人民共和国公民有维护国家统一和全国各民族团结的义务。"

维护国家统一,是指维护国家主权独立和领土完整。主权,即国家的统治权,是构成国家的中心概念,指一个国家独立自主地处理自己的内外事务,管理自己国家的最高权力,表现为对内最高统治权和对外独立权。领土是构成国家的重要因素之一,是指国家统治权范围内所支配的土地。维护领土的完整性表明,中华人民共和国领域内的领土、领水、领空是一个完整的统一体,均属中华人民共和国主权所系,我国政府对此享有排他性的管辖权。主权和领土密不可分,国家根据主权对属于它的全部领土行使管辖权,反过来,主权也必须有领土才能存在和行使。我国是统一的单一制国家,一般地方行政区域、民族自治地方和特别行政区都是国家不可分离的组成部分。任何公民都负有维护国家统一的义务,不得从事分裂国家的活动。为了将此项义务以法律的形式具体化,2005 年第十届全国人民代表大会第三次会议通过了《中华人民共和国反分裂国家法》,规定维护国家主权和领土完整是包括台湾同胞在内的全中国人民的共同义务。

我国是一个统一的多民族国家,维护民族团结对于社会和谐稳定、国家长治久安具有重要影响。《宪法》第 4 条第 1 款规定:"中华人民共和国各民族一律平等。国家保障各少数民族的合法的权利和利益,维护和发展各民族的平等团结互助和谐关系。禁止对任何民族的歧视和压迫,禁止破坏民族团结和制造民族分裂的行为。"维护民族团结义务的基本内容是:(1)各少数民族聚居的地方实行区域自治,设立自治机关,行使自治权;(2)禁止对任何民族的歧视和压迫,禁止破坏民族团结和制造民族分裂的行为;(3)保障各少数民族的合法的权利和利益,促进全国各民族的共同繁荣。各民族都有使用和发展自己的语言文字的自由,都有保持或者改革自己的风俗习惯的自由。与此同时,国家也应根据各少数民族的特点和需要,帮助各少数民族地区加速经济和文化的发展。

### 二、遵守宪法和法律的义务

《宪法》第 53 条规定:"中华人民共和国公民必须遵守宪法和法律,保守国家秘密,爱

护公共财产,遵守劳动纪律,遵守公共秩序,尊重社会公德。"概括地说,就是公民有遵守宪法和法律的义务。《宪法》第53条与第5条第4款是互相呼应的,由于第53条规定了公民必须遵守宪法和法律,故而在第5条第4款只提到"一切国家机关和武装力量、各政党和各社会团体、各企业事业组织都必须遵守宪法和法律",未将公民包括在内。

1. 遵守宪法和法律的义务。遵守宪法义务是指以宪法为根本的活动准则,维护宪法尊严,保证宪法实施的义务。这一义务是基于宪法规范的最高性而产生的,体现了宪法在法律体系中具有最高的地位。宪法序言规定,宪法是"国家的根本法,具有最高的法律效力。全国各族人民、一切国家机关和武装力量、各政党和各社会团体、各企业事业组织,都必须以宪法为根本的活动准则,并且负有维护宪法尊严、保证宪法实施的职责"。不过,宪法本质上是限制国家权力的基础法,因此,遵守宪法的义务主要是针对国家权力的行使者。当公民遵守宪法义务时,所体现的其实是一种政治道德上的义务。宪法规范具有高度概括性,其实现离不开法律的具体规定。在我国,法律是由最高国家权力机关及其常设机关,即全国人民代表大会及其常务委员会制定的,效力上仅次于宪法。遵守宪法和法律是建设社会主义法治国家的基础和核心。

2. 保守国家秘密的义务。国家秘密是关系国家安全和利益,依照法定程序确定,在一定时间内只限一定范围的人员知悉的事项。保守国家秘密,有利于国家与人民的利益,对于保障改革开放和社会主义建设事业的顺利进行,具有重要意义。为落实宪法规定的保守国家秘密义务,《中华人民共和国保守国家秘密法》第3条规定:"国家秘密受法律保护。一切国家机关、武装力量、政党、社会团体、企业事业单位和公民都有保守国家秘密的义务。任何危害国家秘密安全的行为,都必须受到法律追究。"刑法中具体规定了泄露国家秘密所要承担的刑事责任。

3. 爱护公共财产的义务。公共财产是指全民所有财产和劳动群众集体所有财产。《宪法》第12条规定:"社会主义的公共财产神圣不可侵犯。国家保护社会主义的公共财产。禁止任何组织或者个人用任何手段侵占或者破坏国家的和集体的财产。"我国是社会主义国家,公有制是国家经济制度的基础,是公民切实享有各项权利、自由的物质保证,每一公民都有义务爱护公共财产。

4. 遵守劳动纪律的义务。劳动纪律是指劳动者在从事社会生产时,必须遵守和执行的劳动秩序、劳动规则及其工作程序。它是保证生产和工作正常进行不可缺少的重要手段,劳动者应当予以遵守。根据《中华人民共和国劳动法》第25条的规定,劳动者严重违反劳动纪律的,用人单位可以解除劳动合同。

5. 遵守公共秩序的义务。公共秩序在内涵及外延上均较为模糊,通常是指为了有效地进行生产、工作、学习和有秩序地生活而人为建立起来的行为规则,包括社会秩序、工作秩序、生产秩序、教学秩序和生活秩序等。公共秩序代表着全体公众的共同利益和社会生活的正常要求,是实现社会稳定、进行现代化建设的重要条件,因此,宪法要求公民必须履行遵守公共秩序的义务。

6. 尊重社会公德的义务。社会公德是指社会公共道德,是公民在生产、工作和生活中必须遵守的基本道德标准。《宪法》第24条第2款规定的"爱祖国、爱人民、爱劳动、爱科学、爱社会主义",构成了社会公德的主要内容。社会公德作为道德的一个重要方面,与法律有着密切的联系:一方面,法律规范必须有道德基础,失去道德基础,法律规范势必会蜕变为立法者的专横恣意;另一方面,法律与道德毕竟是两种不同的调整社会关系的方式,它们在形成、表现形式、调整对象、调整机制、调整范围等方面又各不相同。

### 三、维护祖国安全、荣誉和利益的义务

《宪法》第54条规定:"中华人民共和国公民有维护祖国的安全、荣誉和利益的义务,不得有危害祖国的安全、荣誉和利益的行为。"这是1982年《宪法》在总结历史经验的基础上,根据我国实行对外开放政策的新情况,新增加的一项公民基本义务。

1. 维护祖国安全的义务。维护祖国安全是指国家的领土完整和主权不受侵害,国家政权不受威胁。国家安全是政权稳定和公民依法行使权利与自由的根本保障。为维持国家长久生存、发展,确保领土、主权与国家利益,并提升国家在国际上的地位,国家有必要采取一系列维护国家安全的措施。《中华人民共和国国家安全法》第13条第2款规定,任何组织和个人进行危害中华人民共和国国家安全的行为都必须受到法律追究。危害国家安全的行为,是指境外机构、组织、个人实施或者指使、资助他人实施的,或者境内组织、个人与境外机构、组织、个人相勾结实施的危害我国国家安全的行为,如阴谋颠覆政府,分裂国家,推翻社会主义制度,参加间谍组织或者接受间谍组织及其代理人的任务,窃取、刺探、收买、非法提供国家秘密,策动、勾引、收买国家工作人员叛变,等等。为遏制此类行为,刑法分则还专章规定了"危害国家安全罪",具体列举了各类危害国家安全的犯罪行为及所对应的刑罚。

2. 维护祖国荣誉的义务。维护祖国荣誉是指国家的声誉与荣誉不受损害,对有辱祖国荣誉的行为将追究法律责任。国家的荣誉关系到国家和民族的尊严,公民对国家荣誉的维护,不仅体现了对国家的忠诚,也是对整个共同体价值的维护。鉴于国旗和国徽是国家的象征和标志,对它们的尊重和爱护,体现着国家的荣誉。我国先后制定了《中华人民共和国国旗法》和《中华人民共和国国徽法》,规定在公共场合故意以焚烧、毁损、涂划、玷污、践踏等方式侮辱国旗、国徽的,依法追究刑事责任;情节较轻的,参照治安管理处罚法的规定予以处罚。

3. 维护祖国利益的义务。祖国利益是相对于集体利益和个人利益而言的,是全国各族人民的共同利益的最集中表现。祖国利益通常分为对内和对外两个方面,对外主要是民族的政治、经济、文化等方面的权利和利益,对内主要是指国家利益。据此,祖国利益既不是政府的利益,也不是某个阶级、阶层或派别的利益,而是国家内部全体人民的整体利益。公民在行使自由和权利时,不得损害国家的利益。同时,还应认识到实现个人利益与增进国家、集体利益之间相互促进的辩证统一关系,合理追求个人利益,实现个人价值。

### 四、依法服兵役的义务

《宪法》第55条规定:"保卫祖国、抵抗侵略是中华人民共和国每一个公民的神圣职责。依照法律服兵役和参加民兵组织是中华人民共和国公民的光荣义务。"国家为维护主权完整、对外独立,必须保持一定数量的武装部队,以抵御外侮。公民作为国家的组成分子,承担着加入军队、保家卫国的责任,该责任在和平时期的主要表现就是依法服兵役。

1. 依法服兵役义务的含义。服兵役是指公民依照国家征召入伍的命令,从事战斗任务、负担保家卫国责任的一种行为。服兵役义务对公民的人身自由构成了限制,因此,政府必须依据法律才能征兵。1984年,第六届全国人民代表大会第二次会议通过《中华人民共和国兵役法》(以下简称《兵役法》),明确了服兵役义务的具体内容与程序。该法第2条规定:"中华人民共和国实行义务兵与志愿兵相结合、民兵与预备役相结合的兵役制度。"据此可知,我国实行的兵役制度是征兵制,即军队武力的组成基础来自全民,国家有权强迫公民服兵役,任何人到了一定年龄均不能免除该义务。

2. 依法服兵役义务的主体。《兵役法》第3条第1款规定:"中华人民共和国公民,不分民族、种族、职业、家庭出身、宗教信仰和教育程度,都有义务依照本法的规定服兵役。"通常情况下,并非每一个公民都需要入伍,《兵役法》通过对义务主体与义务期间的限制规定,并依据军队员额的需求,将该义务在公民中分派。由于服兵役义务的主体是"中华人民共和国公民",故根据军队需要,也可以征集女性公民服现役,但是,外国人不能成为服兵役义务的主体。另外,因香港、澳门特别行政区基本法没有规定特别行政区居民必须服兵役,加之《兵役法》也不属于在特别行政区实施的全国性法律,因此,香港、澳门特别行政区居民无须承担服兵役的义务。我国公民履行服兵役义务的形式主要有两种:一是服现役,即参加中国人民解放军;二是服预备役,即参加民兵组织、预编到现役部队、编入预备役部队或以其他形式服预备役。高等院校和中学的学生,按照国家规定参加军事训练,也是履行服兵役义务的一种形式。

3. 不履行服兵役义务的法律责任。依法服兵役作为公民的基本义务,具有法律约束力,不履行服兵役义务的公民须承担法律责任。《兵役法》第66条第1款规定:"有服兵役义务的公民有下列行为之一的,由县级人民政府责令限期改正;逾期不改的,由县级人民政府强制其履行兵役义务,并可以处以罚款:(一)拒绝、逃避兵役登记和体格检查的;(二)应征公民拒绝、逃避征集的;(三)预备役人员拒绝、逃避参加军事训练、执行军事勤务和征召的。"

### 五、依法纳税的义务

纳税义务由来已久,我国在1954年《宪法》中就规定公民有依照法律纳税的义务,1975年和1978年《宪法》曾取消公民的纳税义务,1982年《宪法》又恢复了1954年《宪法》的规定。现行《宪法》第56条规定:"中华人民共和国公民有依照法律纳税的义务。"

1. 依法纳税义务的含义。纳税是指纳税义务人按照法律规定,向税收部门缴纳税款的行为。税收不仅是国家获得财政收入的主要手段,也是一种非常重要的调节国民经济的方法,发挥着资源配置、收入分配以及宏观调控的作用。纳税义务的基本特征是:(1)强制性,即纳税是一种法律义务,公民不履行该义务将承担法律责任;(2)无偿性,即税收是国家单方面向纳税人征收的,不需返还;(3)固定性,即纳税主体与具体税率都是由法律明文规定的;(4)平衡性,即是否纳税和纳税多少应考虑社会成员的纳税能力,依照其财产收入的多寡,按比率征收税款。

纳税义务的履行,不可避免地会影响到宪法所保障的公民的私有财产权和经济自由。因此,国家与纳税人之间一直存在着紧张的关系,近代以来立宪运动的展开也与之密切相关,例如,美国独立战争最初起因于北美殖民地不堪忍受英国强加的种种重税,随后演变成争取独立的斗争。为防止国家任意课税,各国宪法都对征税权的行使规定了限制性措施,主要表现为征税必须依据代议机关制定的法律,这是源自英国的"无代表则不纳税"的政治原理的要求。

2. 纳税义务的主体。根据《宪法》第56条的规定,纳税义务的主体是"中华人民共和国公民",这里的"公民",应从广义上进行理解,既包括作为自然人的公民,也包括法人。而且,由于国家间的贸易往来以及人员交流越来越频繁,为使本国的税收管辖权得到最大限度的行使,保证本国财政收入的获取,大多数国家在征税时都兼采属地原则和属人原则,因此,一些外国公民、法人、组织或无国籍人也可能成为纳税义务的主体。比如,《中华人民共和国个人所得税法》第1条第1款规定:"在中国境内有住所,或者无住所而一个纳税年度内在中国境内居住累计满一百八十三天的个人,为居民个人。居民个人从中国境内和境外取得的所得,依照本法规定缴纳个人所得税。"但是,依照我国有关法律规定应予免税的各国驻华使馆、领事馆的外交代表、领事官员和其他人员的所得,免纳个人所得税。纳税义务在主体范围上的特征,是其区别于其他公民基本义务的一个显著特点。

3. 纳税义务的内容。纳税义务集中反映了公民与国家之间的关系,其内容主要表现在以下两点:首先,征税必须依据法律,这是税收法定原则的基本要求。该原则具有丰富的内涵,从形式意义上而言,税收法定原则要求征税的重要事项必须通过代议机关制定的法律予以规范,而且,税法法律规范应尽量明确、没有歧义,能够给公民确定的行为指引;从实质意义上而言,税收法定原则要求税收立法应当有纳税人的参与,遵循"无代表则不纳税"原则,内容上需体现对纳税人合法权益的尊重和保护。不过,在我国,税收法定原则尚未得到严格贯彻,实践中很多税收立法权是由国务院行使的。其次,税收负担应力求公平。对公民而言,重要的并非在于纳税义务,而是税收的公平课征与用途。这就要求国家在制定税收法律时,努力实现税制的科学合理和税收负担的公平,既要保证国家的财政需要,又要使纳税人有承受能力。例如,我国在个人所得税制度的设计上,采取超额累进税率,对高收入者课征较高的税收,除了达到实质上的负担公平外,也有助于对经济上的弱势群体给予必要的扶助。

**六、其他方面的基本义务**

我国《宪法》规定的基本义务具有多样性。除上述的基本义务外，宪法还规定了劳动的义务、受教育的义务、计划生育的义务、父母抚养教育未成年子女的义务和成年子女赡养扶助父母的义务。

1. 劳动义务。公民需要通过自己的劳动来维持生活，因此，工作对个人、对社会均具有重要意义。现行《宪法》第42条规定"中华人民共和国公民有劳动的权利和义务"，这是以前三部宪法中都没有的规定，这种权利义务的一致性反映了我国社会主义制度下劳动的性质。根据《宪法》第42条的规定，劳动义务强调的是，劳动是一切有劳动能力的公民的光荣职责，劳动者应当以国家主人翁的态度对待自己的劳动。因此，绝不能将劳动义务理解为国家有权强制公民劳动，并可以对违反义务的公民处以法律制裁，这是因为强制劳动与宪法所保障的公民人身自由和私有财产权无法并存。不过，从社会保障制度的角度看，劳动义务也具有消极的法律意义，如果有劳动能力的公民无正当理由而拒绝工作，国家可以拒绝支付社会保障金。比如，根据《中华人民共和国社会保险法》第51条的规定，失业人员无正当理由，拒不接受当地人民政府指定部门或者机构介绍的适当工作或者提供的培训的，停止领取失业保险金，并同时停止享受其他失业保险待遇。

2. 受教育义务。将受教育权同时作为权利和义务是1982年《宪法》继劳动权的规定后的又一创新。在现代社会，教育构成个人充分发展其人格并取得社会成就所不可欠缺的前提，而且对整个民族的生存与发展也将产生重要影响，因此，《宪法》第46条规定公民有受教育的义务，体现了对教育的重视。为具体落实宪法规定的受教育义务，我国于1986年制定《中华人民共和国义务教育法》，规定国家实行九年义务教育制度，各级人民政府及其有关部门应当保障适龄儿童、少年接受义务教育的权利，适龄儿童、少年的父母或者其他法定监护人应当保证其按时入学、接受并完成义务教育。之所以作出这样的规定，是因为学龄儿童还未成年，故这一义务应由其父母或监护人代为负担，也就是说，学龄儿童的父母或监护人有使其接受义务教育的义务。为保证义务教育制度的实施，避免学龄儿童因家庭经济困难而不能接受教育，国家有责任建立义务教育经费保障机制。

3. 计划生育义务。《宪法》第49条第2款规定："夫妻双方有实行计划生育的义务"，这是《宪法》总纲第25条规定的"国家推行计划生育，使人口的增长同经济和社会发展计划相适应"的进一步具体化。根据《宪法》规定，夫妻双方在计划生育义务的实施中负有共同的责任，都是该义务的主体。不过，由于生育并不以婚姻为前提，故仅以夫妻作为该义务的主体，不仅不合适，也有违宪法上的平等原则。有鉴于此，2001年通过的《中华人民共和国人口与计划生育法》第17条中规定："公民有生育的权利，也有依法实行计划生育的义务"，将宪法规定的计划生育义务的主体从夫妻扩大解释为公民。

计划生育的目的并不是使生育水平越来越低，而是为了调节人口再生产，使人口再生产与物质再生产相协调，与社会经济发展相适应，与人的全面发展互相促进。因此，开展计划生育工作，应当与增加妇女受教育和就业机会、提高妇女地位相结合。不过，必须注意的是,生育行为其实属于公民隐私权的范围,计划生育政策与胎儿的生命权存在一定的冲突,据此,在依计划生育义务限制公民的基本权利时,应尽量使用限制程度最小的手段,特别是在实践中,应避免对违反计划生育义务的妇女采取强制堕胎措施。

4. 父母抚养教育未成年子女的义务和成年子女赡养扶助父母的义务。《宪法》第49条第3款规定:"父母有抚养教育未成年子女的义务,成年子女有赡养扶助父母的义务。"这两项义务无疑是伦理观念在宪法中的体现,而且也已被《民法通则》《继承法》《婚姻法》等法律确定为法律上的义务。父母是未成年子女的法定监护人,抚养教育未成年子女,不仅是父母对未成年子女应尽的法律义务,也是对社会应尽的责任。当父母年老体衰没有劳动能力时,成年子女也应尽到赡养扶助父母的义务。目前在我国,这两项义务主要偏重于物质上的帮助,随着经济的发展和社会保障制度的完善,将更多地体现为精神上的慰藉。

# 第十章 国家机构(上)

## 第一节 国家机构概述

**一、国家机构的概念和职能**

国家机构是国家借助国家权力为实现其管理社会、维护社会秩序职能而建立起来的一整套有机联系的国家机关的总和。国家机构是国家机关的总和,但并不是国家机关的简单总合,因为这些国家机关各有分工,又相互联系,形成一个完整的组织体系,共同维系国家机构的正常运转。

国家机构在任何时候都要为国家的需要服务。我国是人民民主专政的社会主义国家,国家机构也就是为人民服务的国家组织,国家机构进行的所有活动都以人民的利益为依归。总体上说,国家机构就是人民民主专政政权的组织形式。国家机构的职能有:(1)维护人民民主专政的国家政权,保护人民,镇压敌人;(2)国家机构主要为国家的经济发展服务,为把国家建设成富强、民主、文明的社会主义国家而工作;(3)管理各项社会事务,发展为公民服务的各项制度和设施,提高全民族的科学文化水平;(4)维护社会秩序,建设社会主义法治国家;(5)维护国家主权独立和领土完整,反抗侵略,为维护世界和平而努力。

**二、国家机关的分类**

按照不同的标准,对国家机关可有不同的分类。

(一)以行使职权的性质为标准的分类

西方国家一般根据立法、行政、司法三权将国家机关分为立法机关、行政机关和司法机关三种。在我国,根据宪法规定,国家机关则分为权力机关、行政机关、监察机关、审判机关、检察机关、军事机关等。

(二)以行使职权的地域范围为标准的分类

在单一制国家,可将国家机关分为中央国家机关和地方国家机关;在联邦制国家,可将国家机关分为联邦国家机关和组成联邦的各组成单位的国家机关。我国是单一制国家,中央国家机关包括全国人民代表大会及其常务委员会、国家主席、国务院、中央军事委员会、国家监察委员会、最高人民法院、最高人民检察院等;地方国家机关包括地方各级人民代表大会及县级以上人民代表大会常务委员会、地方各级人民政府、地方各级监察委员会、地方各级人民法院、地方各级人民检察院,民族自治地方的自治机关,特别行政区政权机关等。

（三）以国家机关的产生方式为标准的分类

根据国家机关产生方式的不同,可以将国家机关分为民选的国家机关和非民选的国家机关。其中,民选的国家机关又可以分为直接选举产生的国家机关和间接选举产生的国家机关。通常,立法机关或权力机关都是民选的国家机关。

### 三、我国国家机构的组织和活动原则

（一）民主集中制原则

我国《宪法》第3条第1款规定了国家机构实行民主集中制的原则。民主集中制是一种民主与集中相结合的制度,是在民主基础上的集中和在集中指导下的民主的结合。我国国家机关贯彻民主集中制原则主要表现为:(1)在意志代表方面,权力机关由民主选举产生,对人民负责,受人民监督;由最高国家权力机关代表人民的最高意志,制定法律,决定国家的重大问题。(2)在权限划分方面,国家行政机关、国家监察机关、国家审判机关、国家检察机关、国家军事机关等由权力机关选举或决定产生,对它负责,受它监督;各机关在其宪法权限内处理属于各自职权范围内的国家事务。(3)在中央和地方的权力关系方面,遵循在中央统一领导下,充分发挥地方积极性、主动性的原则。(4)在国家机关内部关系方面,权力机关实行集体领导体制,而行政机关和军事机关则都实行首长个人负责制。(5)在具体工作方面,不管在哪一个国家机关,具体决策过程都必须遵循民主集中制的原则,既不能出现"一言堂"的情况,也不能出现互相推诿的情况。

（二）责任制原则

我国《宪法》第27条规定了国家机关实行工作责任制的原则。责任制原则是指国家机关及其工作人员,对其决定、行使职权、履行职责所产生的结果,都必须承担责任。国家机关体系的责任制表现为:国家权力机关向人民负责,每一个代表都要受选民和原选举单位的监督,选民或原选举单位可随时罢免自己所选出的代表;国家行政机关、国家监察机关、国家审判机关、国家检察机关和国家军事机关则向国家权力机关负责。责任制主要有集体负责制和个人负责制两种形式。集体负责制是指机关的全体组成人员和领导成员在重大问题的决策或决定上权利平等,全体成员集体讨论,并按照少数服从多数的原则作出决定,集体承担责任。个人负责制是指在决策问题上由首长个人作出决定并承担相应责任的决策形式。

（三）法治原则

法治原则要求国家机关在其组织和活动中都要依法办事,不以个别领导人的个人意志为转移,也不能以政策代替法律。我国《宪法》第5条提出依法治国,建设社会主义法治国家的要求,国家机关首当其冲地要严格遵循宪法的这一规定。国家机关依法办事,首先,要使它们的设立和活动都有法可依,任何国家机关及其附属机构的存在都必须能够于法有据。其次,它们作出决定、命令、裁判等工作的程序必须符合法律的要求,工作成果亦必须符合法律规范,也即有法必依;特别是最高国家行政机关必须做依法行政的模范,因

为依法治国从根本上说,主要是依法行政,没有依法行政便无所谓法治。最后,任何违反宪法和法律的国家机关的行为,必须予以纠正;任何错误也应有人对法律负责。国家机关都应以宪法为根本的活动准则,维护法律的尊严,建设法治国家。

（四）联系群众,为人民服务原则

在我国,人民群众是国家的主人,处理国家事务必须依靠人民群众,一切都要从人民群众的利益出发,按照人民群众的意志办事。根据我国《宪法》的规定,一切国家机关和国家工作人员必须依靠人民的支持,经常保持同人民的密切联系,倾听人民的意见和建议,接受人民的监督,努力为人民服务。至于为人民服务的质量如何,要受人民的检验,因而必须接受人民的监督。为此,《宪法》还规定,中华人民共和国公民对于任何国家机关和国家工作人员的违法失职行为,有向有关国家机关提出申诉、控告或者检举的权利。对于公民的申诉、控告或者检举,有关国家机关必须查清事实,负责处理,任何人不得压制和打击报复。这也是人民群众参加国家管理和对国家实行民主监督的法律保证。

（五）精简与效率原则

所谓精简,是指依法设置国家机关和制定人员编制定额,定员定岗,国家机关相互之间职责明确、层次清楚。所谓效率,是指国家机关及其工作人员处理国家事务时能够正确、妥善、及时和具有活力。我国《宪法》第27条第1款规定:"一切国家机关实行精简的原则,实行工作责任制,实行工作人员的培训和考核制度,不断提高工作质量和工作效率,反对官僚主义。"精简和效率原则主要表现在:首先,国家机关的设置做到有法可依、职权明确、定岗定员,避免因人设位、职责不清、机构臃肿、人浮于事。其次,简政放权,按照经济体制改革和政企分开的原则,将经营管理权下放到企业,同时合并和裁减专业管理部门和综合部门内部的专门机构。最后,严格执行公务员制度,提高公务员素质,逐步健全国家机关工作人员录用、奖惩、升降、退休、退职和淘汰制度。

（六）民族平等和民族团结原则

我国是统一的多民族国家,实现民族平等和民族团结是我们党和国家历来奉行的基本政策。对此,我国《宪法》第4条第1款明确规定:"中华人民共和国各民族一律平等。国家保障各少数民族的合法的权利和利益,维护和发展各民族的平等团结互助和谐关系。禁止对任何民族的歧视和压迫,禁止破坏民族团结和制造民族分裂的行为。"这是我国国家机构组织活动必须遵守民族平等和民族团结原则的宪法依据。民族平等和民族团结原则主要体现在:首先,从最高国家权力机关来看。《宪法》规定,全国人民代表大会中,各民族都应当有适当名额的代表。依照宪法,全国人民代表大会设立民族委员会,专门研究有关民族问题,提出议案,审查法律草案中有关少数民族利益的条款并提出报告,等等。根据《宪法》规定,全国人民代表大会常务委员会组成人员中应有适当名额的少数民族代表。其次,从最高国家行政机关来看。国务院领导和管理民族事务,保障少数民族的平等权利与民族自治地方的自治权。国务院还设立有国家民族事务委员会,作为在国务院领导下专门管理民族事务的机关。最后,《宪法》专设一节对民族自治地方的自治机关作出了规定。

## 第二节 全国人民代表大会

### 一、全国人民代表大会的性质和地位

我国《宪法》第 2 条第 1 款、第 2 款规定：中华人民共和国的一切权力属于人民。人民行使国家权力的机关是全国人民代表大会和地方各级人民代表大会。全国人民代表大会是最高国家权力机关。全国人民代表大会和全国人民代表大会常务委员会行使国家立法权。这些规定表明了全国人民代表大会的性质和它在整个国家机构体系中的地位。

全国人民代表大会是行使包括国家立法权在内的最高国家权力的代表机关，在我国国家机构体系中居于最高地位。具体表现在以下几个方面：

1. 全国人民代表大会是全国人民的代表机关

全国人民代表大会由省、自治区、直辖市、军队和特别行政区按照法定程序选举产生的代表组成，集中代表全国各族人民的意志和利益，具有最高的广泛性和代表性。

2. 全国人民代表大会行使的职权是最高国家权力

全国人民代表大会作为代表全国人民行使国家权力的机关，虽然从理论上讲应当是一个全权机关，但基于效率等方面的考虑，全国人民代表大会不可能处理所有的国家事务，它只将那些最具有决定性的事务保留给自己，其他事务通过宪法和法律授权给其他国家机关行使。对于最高国家权力行使的结果——全国人民代表大会制定的法律和通过的决议，其他国家机关都必须遵守和执行。

3. 全国人民代表大会是行使国家立法权的机关

国家权力根据性质可有立法权、行政权、监察权、司法权、军事权等之分，而立法权又有国家立法权和地方立法权之分。国家立法权是制定全国范围内统一适用的法律的权力。

4. 全国人民代表大会在国家权力机关系统中处于最高地位

全国人民代表大会与地方各级人民代表大会构成了我国的国家权力机关系统。在这个系统中，全国人民代表大会监督、指导地方各级人民代表大会的工作，有权审查和撤销地方各级人民代表大会制定的规范性文件，在地位上是最高的。

5. 其他中央国家机关向全国人民代表大会负责

全国人民代表大会产生并监督全国人民代表大会常务委员会、国家主席、国务院、中央军委、国家监察委员会、最高人民法院和最高人民检察院，这些中央国家机关要向全国人民代表大会负责。

### 二、全国人民代表大会的组成和任期

根据现行《宪法》，全国人民代表大会由省、自治区、直辖市、军队和特别行政区选出的代表组成。这表明，我国实行地域代表制与职业代表制相结合、以地域代表制为主的代表

机关组成方式。

按照《选举法》等法律的规定,全国人民代表大会代表以间接选举方式产生。其中,省、自治区、直辖市出席全国人民代表大会的代表由该省、自治区、直辖市人民代表大会根据选举法的规定选举产生。军队的代表由人民解放军各总部、大军区级单位和中央军事委员会办公厅的军人代表大会根据《中国人民解放军选举全国人民代表大会和县级以上地方各级人民代表大会代表的办法》选举产生。我国台湾地区出席全国人民代表大会的代表由各省、自治区、直辖市和中国人民解放军的我国籍贯为台湾地区的人员到北京协商产生。特别行政区按照由全国人民代表大会常务委员会规定的特定办法推选产生全国人民代表大会代表。

全国人民代表大会每届任期 5 年。为保证在全国人民代表大会任期届满前有新的一届及时更替,宪法规定全国人民代表大会任期届满的 2 个月以前,全国人民代表大会常务委员会必须完成下届全国人民代表大会代表的选举工作。如果遇到不能进行选举的非常情况,由全国人民代表大会常务委员会以全体组成人员 2/3 以上的多数通过,可以推迟选举,延长本届全国人民代表大会的任期;但在非常情况结束后 1 年以内,全国人民代表大会常务委员会必须完成下届全国人民代表大会代表的选举。

### 三、全国人民代表大会的职权

根据《宪法》规定,全国人民代表大会行使以下六个方面的职权:

(一)修改宪法,监督宪法的实施

宪法的修改,由全国人民代表大会常务委员会或者 1/5 以上的全国人民代表大会代表提议,并由全国人民代表大会以全体代表的 2/3 以上的多数通过。此外,全国人民代表大会还有权监督宪法的实施。

(二)制定和修改基本法律

基本法律是为实施宪法而由全国人民代表大会制定的最重要的法律,主要包括民刑法律、诉讼法、组织法、选举法、民族区域自治法、有关特别行政区的立法等。由于这些法律涉及公民基本权利和义务,调整国家政治和社会生活,关系到全国各族人民的根本利益,因此必须由全国人民代表大会来制定和修改。

(三)选举、决定和罢免国家领导人

全国人民代表大会选举全国人民代表大会常务委员会委员长、副委员长、秘书长和委员,选举国家主席、副主席,选举中央军事委员会主席、国家监察委员会主任、最高人民法院院长、最高人民检察院检察长;根据国家主席的提名,决定国务院总理的人选,根据国务院总理的提名决定国务院副总理、国务委员、各部部长、各委员会主任、审计长和秘书长的人选;根据中央军事委员会主席的提名决定中央军委副主席和委员的人选。对于以上人员,根据全国人民代表大会主席团或者三个以上的代表团或者 1/10 以上的代表的罢免案,全国人民代表大会有权依照法定程序,在主席团提请大会审议并经全体代表过半数的同意后,予以罢免。

### (四)决定国家重大问题

全国人民代表大会有权审查和批准国民经济和社会发展计划以及有关计划执行情况的报告;审查和批准国家预算和预算执行情况的报告;批准省、自治区和直辖市的建置;决定特别行政区的设立及其制度;决定战争与和平问题。

### (五)最高监督权

全国人民代表大会有权监督由其产生的其他国家机关的工作。全国人民代表大会听取并通过全国人民代表大会常务委员会的工作报告,有权改变或撤销全国人民代表大会常务委员会不适当的法律、决定;听取、建议修改和通过国务院的工作报告,撤销其不适当的行政法规、决定和命令;听取最高人民法院、最高人民检察院的工作报告;中央军委主席、国家监察委员会也要向全国人民代表大会负责。全国人民代表大会还有权对国务院或者国务院的组成部门提出质询案。

### (六)其他职权

我国《宪法》规定,全国人民代表大会有权行使"应当由最高国家权力机关行使的其他职权"。例如,全国人民代表大会认为必要时,可以组织特定问题的调查委员会,并根据调查委员会的报告,作出相应的决议。

## 四、全国人民代表大会的会议制度

全国人民代表大会作为合议制国家机关,是通过举行会议来行使职权的。全国人民代表大会会议有正式会议、临时会议两种形式。正式会议是全国人民代表大会行使职权的通常方式。如果全国人民代表大会常务委员会认为必要,或者1/5全国人民代表大会代表提议,可以召集全国人民代表大会临时会议。全国人民代表大会会议公开举行;在必要的时候,经主席团提议、代表团团长会议决定,可以举行秘密会议。

全国人民代表大会的正式会议,也称例会,每年举行一次,由全国人民代表大会常务委员会召集。每届全国人民代表大会的第一次会议,由上届全国人民代表大会常务委员会召集。全国人民代表大会会议须有2/3以上的代表出席始得举行。

## 五、全国人民代表大会的工作程序

全国人民代表大会的主要工作是讨论、审议并通过议案。其程序是:

### (一)提出议案

全国人民代表大会主席团、全国人民代表大会常务委员会、全国人民代表大会各专门委员会、国务院、中央军事委员会、国家监察委员会、最高人民法院、最高人民检察院以及一个代表团或者30名以上的代表联名,可以向全国人民代表大会提出属于全国人民代表大会职权范围内的议案。

### (二)审议议案

对国家机关提出的议案,由主席团决定交各代表团审议,或交有关的专门委员会审议并提出报告,再由主席团决定是否列入大会议程表决;对代表团和代表提出的议案,则由主席团审议决定是否列入大会议程,或者先交有关专门委员会审议,提出是否列入大会议程的意见,再决定是否列入大会议程。

（三）表决通过议案

宪法修正案由全国人民代表大会全体代表 2/3 以上的多数通过,法律和其他议案由全国人民代表大会全体代表过半数通过。表决结果由会议主持人当场宣布。

（四）公布法律、决议

法律议案通过后即成为法律,由中华人民共和国主席签署主席令予以公布;选举结果及其他议案由全国人民代表大会主席团发布公告予以公布,或由国家主席发布命令公布。

**六、全国人民代表大会各专门委员会**

全国人民代表大会各专门委员会是隶属于全国人民代表大会的工作机构,是由全国人民代表大会从代表中选举产生,并按照专业进行分工而组织起来的机构。专门委员会受全国人民代表大会的领导;在全国人民代表大会闭会期间,受全国人民代表大会常务委员会的领导。专门委员会不是独立行使职权的国家机关,而只负有帮助全国人民代表大会及其常务委员会审议及拟订议案的职责。

专门委员会目前共有 10 个,即 1982 年《宪法》规定设立的民族委员会、宪法和法律委员会、财政经济委员会、教育科学文化卫生委员会、外事委员会、华侨委员会;1988 年第七届全国人民代表大会第一次会议增设的监察和司法委员会;1993 年第八届全国人民代表大会第一次会议增设的环境保护委员会(1994 年第八届全国人民代表大会第二次会议改为环境与资源保护委员会);1998 年第九届全国人民代表大会第一次会议增设的农业与农村委员会;2018 年第十三届全国人民代表大会第一次会议增设的社会建设委员会。

**七、全国人民代表大会代表**

全国人民代表大会代表是全国人民代表大会组成人员。全国人民代表大会代表,代表全国人民的利益和意志,依照宪法和法律赋予全国人民代表大会的各项职权,参加行使国家权力。

（一）全国人民代表大会代表的权利

全国人民代表大会代表享有以下权利:(1) 出席全国人民代表大会会议,参加审议各项议案、报告和其他议题,发表意见;(2) 依法联名提出议案、质询案、罢免案等;(3) 提出对各方面工作的建议、批评和意见;(4) 参加全国人民代表大会的各项选举;(5) 参加全国人民代表大会的各项表决;(6) 获得依法执行代表职务所需的信息和各项保障;(7) 法律规定的其他权利。

（二）全国人民代表大会代表的义务

全国人民代表大会代表应履行以下义务:(1) 模范地遵守宪法和法律,保守国家秘密,在自己参加的生产、工作和社会活动中,协助宪法和法律的实施;(2) 按时出席全国人民代表大会会议,认真审议各项议案、报告和其他议题,发表意见,做好会议期间的各项工作;(3)积极参加统一组织的视察、专题调研、执法检查等履职活动;(4)加强履职学习和调查研究,不断提高执行代表职务的能力;(5)与原选举单位和人民群众保持密切联系,听取和反映他们的意见和要求,努力为人民服务;(6)自觉遵守社会公德,廉洁自律,公道正派,勤勉尽责;(7)法律规定的其他义务。

(三)全国人民代表大会代表执行职务的保障

全国人民代表大会代表在全国人民代表大会各种会议上的发言和表决,不受法律追究。全国人民代表大会代表,非经全国人民代表大会主席团许可,在全国人民代表大会闭会期间,非经全国人民代表大会常务委员会许可,不受逮捕或者刑事审判。如果因为是现行犯被拘留,执行拘留的机关应当立即向全国人民代表大会主席团或者全国人民代表大会常务委员会报告。

## 第三节 全国人民代表大会常务委员会

### 一、全国人民代表大会常务委员会的性质和地位

全国人民代表大会常务委员会是全国人民代表大会的常设机关,是在全国人民代表大会经常行使国家权力的国家权力机关,是行使国家立法权的机关,是最高国家权力机关的组成部分。它隶属于全国人民代表大会,必须服从全国人民代表大会的领导和监督,向全国人民代表大会负责并报告工作。全国人民代表大会有权"改变或者撤销全国人民代表大会常务委员会不适当的法律、决定"。

全国人民代表大会常务委员会一方面从属于全国人民代表大会,另一方面又高于其他国家机关。在全国人民代表大会闭会期间,最高国家行政机关、审判机关、检察机关对全国人民代表大会常务委员会负责并报告工作,最高国家军事机关、国家监察委员会也要向全国人民代表大会常务委员会负责。全国人民代表大会常务委员会制定的法律、通过的决议,其他国家机关都必须遵守执行。

### 二、全国人民代表大会常务委员会的组成和任期

全国人民代表大会常务委员会在每届全国人民代表大会第一次会议时,由全国人民代表大会从代表中选举委员长、副委员长若干人,秘书长和委员若干人组成。

我国宪法规定,全国人民代表大会常务委员会组成人员中应有适当名额的少数民族代表。为了保证全国人民代表大会常务委员会组成人员能够集中精力从事人民代表大会工作,对行政机关、监察机关、审判机关和检察机关的工作进行有效的监督,宪法还规定,全国人民代表大会常务委员会组成人员不得担任国家行政机关、监察机关、审判机关和检察机关的职务。如果担任上述职务,必须向常务委员会辞去常务委员会的职务。

全国人民代表大会常务委员会委员长召集、主持常务委员会会议,并主持常务委员会的工作。副委员长、秘书长协助委员长工作。副委员长受委员长委托,可以代行委员长的

部分职权。

全国人民代表大会常务委员会的任期与全国人民代表大会相同,即5年,行使职权至下届全国人民代表大会选出新的常务委员会为止。委员长、副委员长连续任职不得超过两届。

### 三、全国人民代表大会常务委员会的职权

(一)宪法解释权和宪法监督权

全国人民代表大会常务委员会是最高国家权力机关的组成部分,又是全国人民代表大会闭会期间的常设机关,由其对宪法进行日常的解释是适宜的。全国人民代表大会常务委员会对宪法条文作出的解释与宪法条文本身有同等效力。同时,1982年《宪法》在全国人民代表大会有权监督宪法实施的基础上,考虑到日常监督宪法实施的需要,增加规定全国人民代表大会常务委员会也有权监督宪法的实施。

(二)立法权和法律解释权

全国人民代表大会常务委员会在宪法规定的范围内行使立法权,有权制定和修改除由全国人民代表大会制定的基本法律以外的其他法律。全国人民代表大会常务委员会还可以修改、补充由全国人民代表大会制定的基本法律,但不得与该法的基本原则相抵触。立法权之外,全国人民代表大会常务委员会还有权解释法律,不仅可以解释由它自己制定的法律,还可以解释由全国人民代表大会制定的法律。

(三)国家重大事项决定权

在全国人民代表大会闭会期间,全国人民代表大会常务委员会有对国民经济和社会发展计划以及国家预算部分调整方案的审批权;有权决定批准或废除同外国缔结的条约和重要协定;决定驻外全权代表的任免;规定军人和外交人员的衔级制度和其他专门衔级制度;规定和决定授予国家勋章和荣誉称号;决定特赦;遇到国家遭受武装侵犯或者必须履行国家间共同防止侵略的条约的情况,有权决定宣布战争状态;决定全国总动员和局部动员;决定全国或者个别省、自治区和直辖市进入紧急状态等。

(四)任免权

在全国人民代表大会闭会期间,全国人民代表大会常务委员会有权根据国务院总理的提名,决定部长、委员会主任、审计长、秘书长的人选;根据国家监察委员会主任的提请,任免国家监察委员会的副主任、委员;根据中央军委主席的提名,决定中央军委其他组成人员的人选;根据最高人民法院院长的提请,任免最高人民法院副院长、审判员、审判委员会委员和军事法院院长;根据最高人民检察院检察长的提请,任免最高人民检察院副检察长、检察员、检察委员会委员和军事检察院检察长,并且批准省、自治区、直辖市人民检察院检察长的任免。

(五)监督权

全国人民代表大会常务委员会有权撤销国务院制定的同宪法、法律相抵触的行政法规、决定和命令;有权撤销省、自治区、直辖市的国家权力机关制定的同宪法、法律和行政

法规相抵触的地方性法规和决议。在全国人民代表大会常务委员会会议期间,常务委员会组成人员10人以上联名,可以向国务院及其各部委、最高人民法院、最高人民检察院提出书面质询案。国务院、最高人民法院、最高人民检察院在常务委员会会议上,围绕本单位职权范围内的事务向常务委员会作工作汇报。

（六）其他职权

除上述职权外,全国人民代表大会常务委员会还有权行使全国人民代表大会授予的其他职权。例如,1987年4月11日第六届全国人民代表大会第五次会议通过《关于授权全国人民代表大会常务委员会审议批准〈中华人民共和国政府和葡萄牙共和国政府关于澳门问题的联合声明〉的决定》。

### 四、全国人民代表大会常务委员会的会议制度

全国人民代表大会常务委员会的工作方式是举行会议。会议的形式有两种：由全体组成人员组成的全体会议和由委员长、副委员长、秘书长组成的委员长会议。

全国人民代表大会常务委员会全体会议一般每两个月举行一次,通常都在双月的下旬,会期大约一周左右。如果有特殊的需要,可以临时召集会议。全体会议由委员长召集和主持,过半数组成人员出席才可开会,全体成员过半数赞成方能通过决议。

### 五、全国人民代表大会常务委员会的工作程序

全国人民代表大会常务委员会举行会议期间,委员长会议、国务院、中央军委、国家监察委员会、最高人民法院、最高人民检察院、全国人民代表大会各专门委员会、常务委员会组成人员10人以上联名,可以向全国人民代表大会常务委员会提出属于其职权范围内的议案。委员长会议提出的议案,由常务委员会会议审议。国务院、中央军委、国家监察委员会、最高人民法院、最高人民检察院、全国人民代表大会各专门委员会提出的议案,由委员长会议决定提请常务委员会会议审议；或者先把该议案交给有关的专门委员会审议,由专门委员会提出审议报告,委员长会议再根据该报告决定提请常务委员会会议审议。常务委员会组成人员10人以上联名提出的议案,由委员长会议决定提请常务委员会会议审议,或者把议案先交给有关的专门委员会审议,提出审议报告,委员长会议再决定该议案是否提请常务委员会会议审议；如果决定不提请常务委员会会议审议的,要向常务委员会会议报告或者向提案人作出说明。

法律案是一类极为重要的议案,其审议有不同于其他议案的严格程序。根据《立法法》的规定,列入常务委员会会议审议的法律案,一般要经过三次常务委员会会议的审议再交付表决,即实行三审制。

## 第四节 中华人民共和国主席

### 一、中华人民共和国主席的性质和地位

一般认为,中华人民共和国主席是我国的国家元首,对内对外代表国家。它不是握有一定国家权力的个人,而是一个国家机关。国家主席是国家主权的代表,是国家统一和民族团结的象征。国家主席对内代表整个国家机构和国家权力,对外代表中华人民共和国和全体中国人民。

### 二、中华人民共和国主席的产生和任期

我国《宪法》第79条第2款规定:"有选举权和被选举权的年满45周岁的中华人民共和国公民可以被选为中华人民共和国主席、副主席。"据此规定,当选国家主席和副主席有三个基本条件:一是国籍条件,即必须为中华人民共和国公民;二是政治条件,即必须有选举权和被选举权;三是年龄条件,即必须年满45周岁。

国家主席、副主席由全国人民代表大会选举产生。国家主席、副主席要受全国人民代表大会和全国人民代表大会常务委员会的监督,全国人民代表大会还有权罢免国家主席、副主席。

国家主席、副主席的任期同全国人民代表大会每届任期相同,即都是5年。

### 三、中华人民共和国主席的职权

我国国家主席没有个人决策权,他的职权要同全国人民代表大会及其常务委员会的职权结合起来行使。国家主席的职权主要有:

(一)公布权

公布权即公布法律、发布命令的权限。法律在全国人民代表大会或全国人民代表大会常务委员会正式通过后,由国家主席予以颁布施行。此外,国家主席根据全国人民代表大会或者全国人民代表大会常务委员会的决定,发布特赦令、宣布进入紧急状态、宣布战争状态、发布动员令等。

(二)任免权

全国人民代表大会或全国人民代表大会常务委员会决定国务院总理、副总理、国务委员、各部部长、各委员会主任、审计长、秘书长的正式人选后,由国家主席宣布其任职;在相反的情况下,宣布其免职。根据全国人民代表大会常务委员会的决定,国家主席派出或召回代表国家的常驻外交代表,即驻外使节。

(三)外交权

国家主席代表国家进行国事活动,接受外国使节。根据全国人民代表大会常务委员会的决定,国家主席宣布批准或废除同外国缔结的条约和重要协定。

### (四)荣典权

根据全国人民代表大会常务委员会的决定,国家主席代表国家向那些对国家有重大功勋的人或单位授予勋章和荣誉称号。

我国宪法未对国家副主席的职权作出明确规定,但规定副主席协助主席工作。

### 四、中华人民共和国主席职位的补缺

国家主席、副主席缺位,是指担任国家主席、副主席的人因病或其他情况不能再继续担任该职务,或因去世而使国家主席、副主席的职位出现空缺时的情况。根据宪法,在国家主席缺位时,由副主席继任;副主席缺位时,由全国人民代表大会补选;国家主席、副主席都缺位时,由全国人民代表大会补选,在补选以前,由全国人民代表大会常务委员会委员长暂时代理主席职位。

## 第五节 国务院

### 一、国务院的性质和地位

我国《宪法》第85条规定:"中华人民共和国国务院,即中央人民政府,是最高国家权力机关的执行机关,是最高国家行政机关。"这一规定表明了国务院的性质和它在国家机构中的地位。

(一)国务院是我国的中央人民政府

就国际关系而言,国务院就是中华人民共和国政府,以中国政府的名义活动,代表国家的主权。同时,相对于地方各级人民政府而言,国务院即中央人民政府,统一领导地方各级人民政府的工作。

(二)国务院是最高国家权力机关的执行机关

就国务院与最高国家权力机关的关系来看,国务院是全国人民代表大会及其常务委员会的执行机关,从属于全国人民代表大会及其常务委员会。国务院由全国人民代表大会及其常务委员会产生,并对全国人民代表大会及其常务委员会负责和报告工作,受全国人民代表大会及其常务委员会监督。全国人民代表大会及其常务委员会制定的法律和通过的决议,由国务院执行。

(三)国务院是最高国家行政机关

就国务院在整个国家行政系统中的地位而言,国务院在整个国家行政系统中处于最高地位,它负责国家行政管理,通过制定行政法规、规定行政措施、发布决定和命令,统一领导国家的行政工作,包括地方各级人民政府的工作以及国务院组成部门、直属机构等的工作。

### 二、国务院的组成和任期

《宪法》规定,国务院由总理、副总理若干人,国务委员若干人,各部部长、各委员会主

任、审计长、秘书长组成。① 国务院在每届新选出的全国人民代表大会第一次会议上组成。其产生程序是：国家主席提名国务院总理人选，由全国人民代表大会全体会议决定，再由国家主席根据全国人民代表大会的决定，发布任命令。总理提名国务院其他组成人员人选，由全国人民代表大会全体会议决定，再由国家主席发布任命令。在全国人民代表大会闭会期间，根据总理的提名，全国人民代表大会常务委员会有权决定部长、委员会主任、审计长和秘书长的任免。

国务院的每届任期与全国人民代表大会相同，均为 5 年。如全国人民代表大会因特殊情况需要延长任期，国务院的任期也相应延长。宪法规定，总理、副总理、国务委员连续任职不得超过两届。

### 三、国务院的领导体制

国务院整体实行总理负责制。总理负责制是指国务院总理对他主管的工作负全部责任，与此相联系，他对自己主管的工作有完全决定权。具体内容是：

1. 总理由国家主席提名，并由国家主席根据全国人民代表大会的决定，予以任命。由于国家主席是我国的国家元首，代表和象征着中华人民共和国，总理接受国家主席的任命也就意味着受命于国家，接受国家的托付，担负起总管国家行政的责任。

2. 国务院除总理外的其他组成人员，即国务院副总理、国务委员、各部部长、各委员会主任、审计长、秘书长，均由总理提名。

3. 总理领导国务院的工作，副总理、国务委员协助总理工作，其他组成人员都在总理领导下工作，向总理负责。

4. 总理主持召开国务院常务会议和全体会议，对于所议事项总理有最后决定权，并对决定的后果承担全部责任。

5. 国务院发布的行政法规、决定和命令，向全国人民代表大会及其常务委员会提出的议案，任免国务院有关人员的决定，都由总理签署。

### 四、国务院的职权

#### （一）行政法规制定权

国务院有权根据宪法和法律，规定行政措施，制定行政法规，发布决定和命令。根据《中华人民共和国立法法》的规定，国务院可以就下列事项制定行政法规：(1) 为执行法律的规定需要制定行政法规的事项；(2)《宪法》第 89 条规定的国务院行政管理职权的事项。此外，应当由全国人民代表大会及其常务委员会制定法律的事项，国务院根据全国人民代表大会及其常务委员会的授权可先制定行政法规。待经过实践检验，制定法律的条件成熟，再提请全国人民代表大会及其常务委员会制定法律。

---

① 按照《宪法》和《国务院组织法》的规定，国务院组成人员中并不包括中国人民银行行长。但因《国务院行政机构设置和编制管理条例》规定中国人民银行是国务院组成部门，实践中中国人民银行行长也被作为国务院组成人员，参加国务院全体会议，所以其人选亦是经国务院总理提名由全国人民代表大会决定。

### (二) 提出议案权

国务院有权向全国人民代表大会和全国人民代表大会常务委员会提出议案。主要包括五个方面：国民经济和社会发展计划和计划执行情况；国家预算和预算的执行情况；必须由全国人民代表大会常务委员会批准和废除的同外国缔结的条约和重要协定；国务院组成人员中必须由全国人民代表大会或者全国人民代表大会常务委员会决定任免的人选；在国务院职权范围内的其他必须由全国人民代表大会或者全国人民代表大会常务委员会审议或决定的事项。

### (三) 行政机关领导权

国务院的领导权包括对国务院各部委的领导权与对地方各级行政机关的领导权。对国务院各部委的领导权主要体现在：(1) 确定各部委的任务和职责；(2) 决定各部委工作中的重大事项，对各部委工作的请示、报告予以批复，作出指示和决定；(3) 领导不属于各部委的工作。国务院有权改变或者撤销各部委发布的不适当的命令、指示和规章。同时，国务院统一领导全国地方各级国家行政机关的工作，规定中央和省、自治区、直辖市国家行政机关职权的具体划分，改变或者撤销地方各级国家行政机关的不适当的决定和命令。

### (四) 行政工作领导和管理权

编制和执行国民经济和社会发展计划以及国家预算；领导和管理经济工作和城乡建设；领导和管理教育、科学、文化、卫生、体育和计划生育工作；领导和管理民政、公安、司法行政工作；领导和管理国防建设事业；管理对外事务，同外国缔结条约和协定；领导和管理民族事务，保障少数民族的平等权利和民族自治地方的自治权利；保护华侨的正当的权利和利益，保护归侨的合法的权利和利益。

### (五) 行政区划权

国务院有权批准省、自治区、直辖市的区域划分，批准自治州、县、自治县、市的建置和区域划分。

### (六) 编制和人事管理权

国务院审定行政机构的编制，依照法律规定任免、培训、考核和奖惩行政人员。

### (七) 紧急状态宣布权

国务院有权依照法律规定决定省、自治区、直辖市范围内部分地区进入紧急状态。

### (八) 其他职权

其他职权即由全国人民代表大会和全国人民代表大会常务委员会授予的其他职权。

## 五、国务院的会议制度

我国宪法规定：国务院工作中的重大问题，须经国务院常务会议或国务院全体会议讨论决定。

国务院全体会议由国务院全体组成人员组成，由总理召集和主持。会议的主要任务是：决定国务院工作中的重大事项，部署国务院的重要工作。

国务院常务会议由国务院总理、副总理、国务委员和秘书长组成。由总理召集并主持。常务会议的主要任务是：讨论国务院工作中的重要事项；讨论法律草案、审议行政法规草案；通报和讨论其他重要事项。

**六、国务院的组成部门**

国务院的组成部门，即各部、各委员会，是依法分别履行国务院基本行政职能的机构。各部管理比较专门的行政事务，各委员会则负责管理较综合性的行政事务，其管理对象通常涉及多个部门。各部、各委员会的设立、撤销或者合并，经总理提出，由全国人民代表大会决定；在全国人民代表大会闭会期间，由全国人民代表大会常务委员会决定。各部设部长一人，副部长2—4人；各委员会设主任一人，副主任2—4人，委员5—10人。各部、各委员会实行部长、主任负责制。各部部长、各委员会主任领导本部门的工作，召集和主持部务会议或者委员会会议、委务会议，签署上报国务院的重要请示、报告和下达的命令、指示。副部长、副主任协助部长、主任工作。

## 第六节 中央军事委员会

**一、中央军事委员会的性质和地位**

我国《宪法》第29条规定："中华人民共和国的武装力量属于人民……"确认了我国的武装力量属于人民的性质。《宪法》第93条第1款并规定："中华人民共和国中央军事委员会领导全国武装力量。"因而，中央军事委员会是全国武装力量的最高领导机关。

《宪法》第94条还规定："中央军事委员会主席对全国人民代表大会和全国人民代表大会常务委员会负责"，从而确认中央军委在中央国家机关体系中从属于最高国家权力机关的法律地位。

**二、中央军事委员会的组成和任期**

中央军委由主席、副主席若干人、委员若干人组成。中央军委主席由全国人民代表大会选举产生；根据中央军委主席的提名，全国人民代表大会决定中央军委其他组成人员的人选。全国人民代表大会有权罢免中央军委主席和其他组成人员。在全国人民代表大会闭会期间，全国人民代表大会常务委员会根据中央军委主席的提名，决定其他组成人员的人选。

中央军委每届任期同全国人民代表大会每届任期相同，即5年。考虑到军事领导工作的特殊性，军委主席没有任职届数的限制，可以连选连任。

**三、中央军事委员会的领导体制**

中央军委实行主席负责制。因而，虽然中央军委在组织形式上是一个集体组成的国家机关，但其领导体制则是首长负责制。主要表现在：第一，中央军委副主席和委员均由中央军委主席提名;第二,宪法规定由中央军委主席对全国人民代表大会和全国人民代表大会常务委员会负责,而不是规定中央军委向最高国家权力机关承担集体责任;第三,有关的重大问题虽然要经委员会集体讨论,但是中央军委主席有决定权,中央军委其他组成人员必须接受主席的领导;第四,中央军委发布的军令和其他命令须由主席签署方具有法律效力。

### 四、中央军事委员会的职权

我国宪法虽然没有明确列举中央军委的职权,但是基于其相对独立的国家机关地位,中央军委的职责应该主要体现为领导全国武装力量,享有对国家武装力量的决策权和指挥权。根据我国《宪法》《兵役法》《国防法》《立法法》《反分裂国家法》等有关法律,中央军委主要享有以下职权:统一指挥全国武装力量;决定军事战略和武装力量的作战方针;领导和管理中国人民解放军的建设,制定规划、计划并组织实施;向全国人民代表大会或者全国人民代表大会常务委员会提出议案;根据宪法和法律,制定军事法规,发布决定和命令;决定人民解放军的体制和编制,规定总部以及军区、军兵种和其他军区级单位的任务和职责;依照法律、军事法规的规定任免、培训、考核和奖惩武装力量成员;批准武装力量的武器装备体制和武器装备发展规划、计划,协同国务院领导和管理国防科研生产;会同国务院管理国防经费和国防资产;法律规定的其他职权。

# 第十一章 国家机构(下)

## 第一节 地方各级人民代表大会及其常务委员会

### 一、地方各级人民代表大会

(一)地方各级人民代表大会的性质和地位

1. 县级以上地方各级人民代表大会的性质和地位

县级以上地方各级人民代表大会包括省、自治区、直辖市、设区的市、自治州、县、自治县、不设区的市、市辖区的人民代表大会。它们是地方国家权力机关,是相应的行政区域内的人民行使国家权力的机关。与其同级的人民代表大会常务委员会、监察委员会、人民政府、人民法院和人民检察院均由它产生,对它负责,受它监督,监察委员会以外的其他国家机关向它报告工作。因此,在同级国家机关中,县级以上地方各级人民代表大会处于核心和支配地位。

2. 乡镇人民代表大会的性质和地位

乡镇人民代表大会包括乡、民族乡、镇设立的人民代表大会。它是乡、民族乡、镇的人民行使国家权力的机关。乡镇的人民代表大会主席团,以及乡镇人民代表大会的主席、副主席、乡长、副乡长、镇长、副镇长都由它产生,它在国家权力机构的体系中处于一种基础的地位。

(二)地方各级人民代表大会的组成和任期

1. 地方各级人民代表大会的组成

地方各级人民代表大会由经选举产生的代表组成。

省、自治区、直辖市、自治州、设区的市的人民代表大会由下一级的人民代表大会选举产生的代表组成;县、自治县、不设区的市、市辖区、乡、民族乡、镇的人民代表大会由选民直接选举的代表组成。《选举法》具体规定了地方各级人民代表大会代表名额和代表产生办法。

《选举法》第 14 条规定,地方各级人民代表大会代表名额,由本级人民代表大会常务委员会或者本级选举委员会根据本行政区域所辖的下一级各行政区域或者各选区的人口数,按照每一代表所代表的城乡人口数相同的原则,以及保证各地区、各民族、各方面都有适当数量代表的要求进行分配。在县、自治县的人民代表大会中,人口特少的乡、民族乡、镇,至少应有代表 1 人。地方各级人民代表大会代表名额的分配办法,由省、自治区、直辖市人民代表大会常务委员会参照全国人民代表大会代表名额分配的办法,结合本地区的具体情况规定。

2. 地方各级人民代表大会的任期

地方各级人民代表大会的任期在不同历史时期的规定有所不同。根据1954年《宪法》的规定,省人民代表大会的任期是4年。直辖市、县、市、市辖区的人民代表大会的任期是2年。根据1975年和1978年《宪法》的规定,省、直辖市的人民代表大会的任期是5年,市辖区(地区)、市、县的人民代表大会的任期是3年。根据1982年《宪法》的规定,省、直辖市、设区的市的人民代表大会每届任期是5年。县、不设区的市、市辖区的人民代表大会的任期为3年。1993年的《宪法修正案》将省、直辖市、县、市、市辖区的人民代表大会任期改为5年,进行这一修改的原因在于"十四大党章把县级党组织的任期已改为5年,政权组织应与此相适应"。①

乡镇人民代表大会的任期也经历了一个历史发展过程。1954年、1975年、1978年《宪法》都规定乡、民族乡、镇的人民代表大会的任期为2年。1982年《宪法》将乡、民族乡、镇的人民代表大会的任期改为3年。2004年的《宪法修正案》将乡、民族乡、镇的人民代表大会的任期与县级以上地方各级人民代表大会的任期统一起来,都是5年。这样修改,各级人民代表大会任期一致,有利于协调各级经济社会发展规划、计划和人事安排。

(三) 地方各级人民代表大会的职权

1. 县级以上地方各级人民代表大会的职权

(1) 保证宪法、法律、法规、决议、计划、预算等的遵守与执行

在本级行政区域内,保证宪法、法律、行政法规以及上级人民代表大会及其常务委员会决议的遵守和执行,保证国家计划和国家预算的执行。这是县级以上地方各级大人的首要职权。之所以如此,是因为我国是单一制的统一的多民族国家,通过地方各级人民代表大会保证宪法、法律、行政法规等的遵守和执行,中央的集中统一领导和国家法制的统一才能有保障。

(2) 制定地方性法规

制定地方性法规是县级以上地方各级人民代表大会保证国家法律的实施的一种重要方式,同时也是为了发挥地方积极性,完善中央和地方的关系。②

省、自治区、直辖市的人民代表大会根据本行政区域的具体情况和实际需要,在不同宪法、法律、行政法规相抵触的前提下,可以制定和颁布地方性法规,报全国人民代表大会常务委员会和国务院备案。设区的市级的人民代表大会根据本行政区域的具体情况和实际需要,在不同宪法、法律、行政法规和本省、自治区的地方性法规相抵触的前提下,可以制定地方性法规,报省、自治区的人民代表大会常务委员会批准后施行,并由省、自治区的人民代表大会常务委员会报全国人民代表大会常务委员会和国务院备案。经济特区所在地的省、市的人民代表大会及其常务委员会根据全国人民代表大会的授权决定,制定法

---

① 全国人大常委会办公厅研究室政治组编著:《中国宪法精释》,中国民主法制出版社1996年版,第258页。
② 同上书,第259—260页。

规,在经济特区范围内实施。

(3) 决定本地方的重大事项

包括审查和批准本行政区域内的国民经济和社会发展计划、预算以及执行情况的报告;讨论和决定本行政区域内的政治、经济、教育、科学、卫生、民政、民族、环境和资源保护等工作的重大事项。

(4) 人事任免

选举并罢免本级人民代表大会常务委员会的组成人员、监察委员会主任、人民法院院长和人民检察院检察长,选出的人民检察院检察长须报上一级人民检察院检察长提请该级人民代表大会常务委员会批准;选举并罢免省长、副省长,自治区主席、副主席,市长、副市长,州长、副州长,县长、副县长,区长、副区长;选举上一级人民代表大会代表。

(5) 对由它产生的国家机关实施监督

听取和审查本级人民代表大会常务委员会的工作报告;监督本级监察委员会的工作;听取和审查本级人民政府和人民法院、人民检察院的工作报告;改变或者撤销本级人民代表大会常务委员会的不适当的决议;撤销本级人民政府的不适当的决定和命令。

(6) 权益保障

保护社会主义的全民所有的财产和劳动群众集体所有的财产,保护公民私人所有的合法财产,维护社会秩序,保障公民的人身权利、民主权利和其他权利;保护各种经济组织的合法权益;保障少数民族的权利;保障宪法和法律赋予妇女的男女平等、同工同酬和婚姻自由等各项权利。

2. 乡镇人民代表大会的职权

(1) 保证宪法、法律、法规、决议的遵守和执行。即在本行政区域内,保证宪法、法律、行政法规和上级人民代表大会及其常务委员会决议的遵守和执行。

(2) 在职权范围内通过和公布决议。

(3) 决定重要事务。即根据国家计划,决定本行政区域内的经济、文化事业和公共事业的建设计划;审查和批准本行政区域内的财政预算和预算执行情况的报告;决定本行政区域内的民政工作的实施计划。

(4) 人事任免。即选举和罢免本级人民代表大会主席、副主席,选举和罢免乡长、副乡长,镇长、副镇长。

(5) 监督。即听取和审议乡、民族乡、镇人民政府的工作报告,撤销乡、民族乡、镇的人民政府不适当的决定和命令。

(6) 保护权益。即保护社会主义的全民所有制的财产和劳动群众集体所有的财产,保护公民私人所有的合法财产,维护社会秩序,保障公民的人身权利、民主权利和其他权利;保护各种经济组织的合法权益;保障少数民族的权利;保障宪法和法律赋予妇女的男女平等、同工同酬和婚姻自由等各项权利。

此外,少数民族聚居的乡、民族乡、镇的人民代表大会在行使职权时,应当采取适合民族特点的具体措施。

### (四) 地方各级人民代表大会的会议制度和工作程序

举行会议是地方各级人民代表大会的主要工作方式,地方组织法对其工作程序以及会议制度都作出了明确规定。县级以上地方各级人民代表大会与乡镇人民代表大会的会议制度和工作程序存在差异。

#### 1. 县级以上地方各级人民代表大会的会议制度和工作程序

(1) 会议次数

县级以上地方各级人民代表大会每年至少举行一次会议,经 1/5 以上的代表提议,可以临时召集会议。

(2) 会议的准备与召集

每次会议先举行预备会议。预备会议由本级人民代表大会常务委员会主持,每届人民代表大会第一次会议的预备会议由上届本级人民代表大会常务委员会主持。预备会议选举本次会议的主席团和秘书长,通过本次会议的议程和其他准备事项的决定。

人民代表大会会议由本级人民代表大会常务委员会召集,每届第一次会议在本届人民代表大会代表选举完成后的 2 个月内,由上届本级人民代表大会常务委员会召集。

(3) 会议的主持者以及与会人员

人民代表大会会议由主席团主持。人民政府组成人员、监察委员会主任、人民法院院长、人民检察院检察长列席本级人民代表大会会议;其他有关机关、团体负责人,经本级人民代表大会常务委员会决定,可以列席本级人民代表大会会议。

(4) 会议主要内容

第一,听取和审议各项工作报告。

听取和审查本级人民代表大会常务委员会的工作报告;听取和审查本级人民政府和人民法院、人民检察院的工作报告;审查和批准本行政区域内的国民经济和社会发展计划、预算以及它们执行情况的报告等。

第二,审议议案。

主席团、常务委员会、各专门委员会、本级人民政府可以向本级人民代表大会提出属于本级人民代表大会职权范围内的议案,由主席团决定提交人民代表大会会议审议,或者并交有关的专门委员会审议,再由主席团审议并提交大会表决。

县级以上的地方各级人民代表大会代表 10 人以上联名,可以向本级人民代表大会提出属于本级人民代表大会职权范围内的议案。但是代表提出的议案,要由主席团或者专门委员会决定是否列入大会议程。列入会议议程的议案,在交付大会表决前,提案人要求撤回的,经主席团同意,会议对该项议案的审议即行终止。

第三,人事任免。

人民代表大会常务委员会组成人员,省长、副省长,自治区主席、副主席,市长、副市长,州长、副州长,县长、副县长,区长、副区长,监察委员会主任、人民法院院长,人民检察院检察长的人选,由本级人民代表大会主席团提名。省、自治区、直辖市的人民代表大会代表 30 人以上书面联名,设区的市和自治州的人民代表大会代表 20 人以上书面联名,县级人民代表大会代表10以上书面联名,也可以提出上述人选的候选人。

主席团提名的候选人人数,每一代表与其他代表联合提名的候选人人数,均不得超过应选名额。提名人应当如实介绍所提名的候选人的情况。

县级以上的地方各级人民代表大会换届选举本级国家机关领导人员时,提名、酝酿候选人的时间不得少于2天。县级以上地方各级人民代表大会选举本级国家机关领导人员,获得过半数选票的候选人人数超过应选名额时,以得票多的当选。如遇票数相等不能确定当选人时,应当就票数相等的人再次投票,以得票多的当选。获得过半数选票的当选人数少于应选名额时,不足的名额另行选举。

另行选举时,可以根据在第一次投票时得票多少的顺序确定候选人,也可以依照地方组织法规定的程序另行提名、确定候选人。经本级人民代表大会决定,不足的名额的另行选举可以在本次人民代表大会会议上进行,也可以在下一次人民代表大会会议上进行。另行选举人民代表大会常务委员会副主任、人民政府副职领导人员时,依照地方组织法的相关规定,确定差额数,进行差额选举。

在补选人民代表大会常务委员会主任、副主任、秘书长,省长、副省长,自治区主席、副主席,市长、副市长,州长、副州长,县长、副县长,区长、副区长,人民法院院长,人民检察院检察长时,候选人数可以多于应选人数,也可以同应选人数相等。选举办法由本级人民代表大会决定。

主席团、常务委员会或者1/10以上代表联名,可以提出对本级人民代表大会常务委员会组成人员、人民政府组成人员、监察委员会主任、人民法院院长、人民检察院检察长的罢免案,由主席团提请大会审议。罢免案应当写明罢免理由。罢免案由主席团交会议审议后,提请全体会议表决;或者由主席团提议,经全体会议决定,组织调查委员会,由本级人民代表大会下次会议根据调查委员会的报告审议决定。

第四,质询和询问。

代表10人以上联名,可以书面提出对本级人民政府和它的所属各工作部门以及监察委员会、人民法院、人民检察院的质询案,由主席团决定交受质询机关在主席团会议、大会全体会议或者有关的专门委员会会议上口头答复,或者由受质询机关书面答复。在主席团会议或者专门委员会会议上答复的,提质询案的代表有权列席会议,发表意见;主席团认为必要的时候,可以将答复质询案的情况报告印发会议。质询案以口头答复的,应当由受质询机关的负责人到会答复;质询案以书面答复的,应当由受质询机关的负责人签署,由主席团印发会议或者印发提质询案的代表。

在审议议案时,代表可以向有关地方国家机关提出询问,由有关机关派人说明。

(5)会议进行选举和通过决议,以全体代表的过半数通过

2. 乡镇人民代表大会的会议制度和工作程序

(1)会议次数

乡镇人民代表大会每年至少举行一次会议,经1/5以上的代表提议,可以临时召集会议。

(2) 会议的准备、召集、主持以及与会者

乡、民族乡、镇的人民代表大会举行会议的时候,选举主席团。由主席团主持会议,并负责召集下一次的本级人民代表大会会议。乡、民族乡、镇的人民代表大会主席、副主席为主席团的成员。乡、民族乡、镇人民代表大会每届第一次会议,在本届人民代表大会代表举行完成后的2个月内,由上届人民代表大会主席团召集。乡级人民政府领导人员列席人民代表大会会议。

(3) 会议主要内容

第一,听取和审议各项工作报告。

听取和审议的工作报告主要包括:本级人民代表大会的工作报告;本级政府的工作报告;本级政府关于经济文化事业和公共事业的建设计划的报告;本级政府的财政预算和预算执行情况的报告。

第二,审议议案。

主席团、本级人民政府可以向大会提出属于本级人民代表大会职权范围内的议案,由主席团决定提交大会审议、表决。代表5人以上联名,可以向大会提出属于本级人民代表大会职权范围内的议案,由主席团决定是否列入大会议程。列入会议议程议案,在交付大会表决前,提案人要求撤回的,经主席团同意,会议对该项议案的审议即行终止。

第三,人事任免。

乡、民族乡、镇的人民代表大会主席团或代表10人以上书面联名,可以提出本级人民代表大会主席、副主席,乡长、副乡长,镇长、副镇长的人选。

乡、民族乡、镇的人民代表大会主席,人民政府正职领导人员的候选人数一般应多1人,进行差额选举;如果提名的候选人只有1人,也可以等额选举。乡、民族乡、镇的人民代表大会副主席,人民政府副职领导人员的候选人数应比应选人数多1人至3人,如果提名的候选人数符合选举办法规定的差额数,由主席团提交代表酝酿、讨论后,进行选举。如果提名的候选人数超过选举办法规定的差额数,由主席团提交代表酝酿、讨论后,进行预选,根据在预选中得票多少的顺序,按照选举办法规定的差额数,确定正式候选人名单,进行选举。

另行选举乡、民族乡、镇的人民代表大会副主席,人民政府副职领导人员时,依照地方组织法的有关规定,确定差额数,进行差额选举。补选乡、民族乡、镇的人民代表大会主席、副主席,乡长、副乡长,镇长、副镇长,候选人数可以多于应选人数,也可以同应选人数相等。选举办法由本级人民代表大会决定。

主席团或者1/5以上代表联名,可以提出对人民代表大会主席、副主席,乡长、副乡长,镇长、副镇长的罢免案,由主席团提请大会审议。罢免案应当写明罢免理由。被提出罢免的人员有权在主席团会议或者在大会全体会议上提出申辩意见,或者书面提出申辩意见,由主席团印发会议。

大会主席、副主席,乡长、副乡长,镇长、副镇长,可以向大会提出辞职,由大会决定是否接受辞职。

第四，质询和询问。

代表10人以上联名可以书面提出对本级人民政府和它所属各工作部门的质询案。质询案必须写明质询对象、质询的问题和内容。质询案由主席团决定交由受质询的机关在主席团会议或者大会全体会议上口头答复，或者由受质询机关书面答复。在主席团会议上答复的，提质询案的代表有权列席会议，发表意见；主席团认为有必要时，可以将答复质询案的情况报告印发会议。质询案以口头答复的，应当由受质询机关的负责人到会答复；质询案以书面答复的，应当由受质询机关的负责人签署，由主席团印发会议或者印发提质询案的代表。

人民代表大会会议审议议案时，代表可以向有关地方国家机关提出询问，有关机关应派人进行说明。

(4) 大会进行选举和通过决议，以全体代表的过半数通过

(五) 专门委员会和调查委员会

1. 专门委员会

省、自治区、直辖市、自治州、设区的市的人民代表大会根据需要，可以设法制（政法）委员会、财政经济委员会、教育科学文化卫生委员会等专门委员会。各专门委员会受本级人民代表大会领导；在大会闭会期间，受本级人民代表大会常务委员会领导。

各专门委员会的主任委员、副主任委员和委员的人选，由主席团在代表中提名，大会通过。各专门委员会在本级人民代表大会及其常务委员会领导下，研究、审议和拟订有关议案；对属于本级人民代表大会及其常务委员会职权范围内同本委员会有关的问题，进行调查研究，提出建议。

2. 调查委员会

县级以上的地方各级人民代表大会可以组织关于特定问题的调查委员会。主席团或者1/10以上代表书面联名，可以向本级人民代表大会提议组织关于特定问题的调查委员会，由主席团提请全体会议决定。

调查委员会由主任委员、副主任委员和委员组成，由主席团在代表中提名，提请全体会议通过。调查委员会应当向本级人民代表大会提出调查报告。人民代表大会根据调查委员会的报告，可以作出相应的决议。

## 二、县级以上地方各级人民代表大会常务委员会

(一) 性质和地位

1954年《宪法》没有规定在地方各级人民代表大会设立常务委员会。地方各级人民代表大会的工作实际由地方各级人民委员会兼任。在实践中这种体制存在很多问题。从1957年我国就开始酝酿在县级以上地方各级人民代表大会设立人民代表大会常务委员会，但是由于种种原因被搁置下来。一直到1979年7月1日第五届全国人民代表大会第

二次会议通过的修宪决议,才明确规定县级以上地方各级人民代表大会设立常务委员会。[①] 1982年《宪法》对此加以重新加以确认。

县级以上地方各级人民代表大会常务委员会是本级人民代表大会的常设机关,是经常行使国家权力的机关,是同级国家权力机关的组成部分。同时,要对本级人民代表大会负责并报告工作。

(二) 组成和任期

省、自治区、直辖市、自治州、设区的市的人民代表大会常务委员会由本级人民代表大会在代表中选举主任、副主任若干人,秘书长、委员若干人组成。县、自治县、不设区的市、市辖区的人民代表大会常务委员会由本级人民代表大会在代表中选举主任、副主任若干人和委员若干人组成。

省、自治区、直辖市每届人民代表大会常务委员会组成人员的名额,由省、自治区、直辖市的人民代表大会依照地方组织法的有关规定,按人口多少确定。自治州、县、自治县、市、市辖区每届人民代表大会常务委员会组成人员的名额,由省、自治区、直辖市的人民代表大会常务委员会依照地方组织法的有关规定,按人口多少确定。每届人民代表大会常务委员会组成人员的名额经确定后,在本届人民代表大会的任期内不再变动。

常务委员会的组成人员不得担任国家行政机关、监察机关、审判机关和检察机关的职务;如果担任上述职务,必须向常务委员会辞去常务委员会的职务。

常务委员会每届任期同本级人民代表大会每届任期相同,都是5年。它行使职权到下届本级人民代表大会选出新的常务委员会为止。

(三) 职权

根据我国现行《宪法》以及《地方各级人民代表大会和地方各级人民政府组织法》《立法法》等有关法律的规定,县级以上地方各级人民代表大会常务委员会的职权包括:

1. 保证宪法、法律等的实施

在本行政区域内,保证宪法、法律、行政法规和上级人民代表大会及其常务委员会决议的遵守和执行。

2. 制定地方性法规

享有与同级人民代表大会相同的地方性法规的制定权,并按照相同的程序制定地方性法规。

3. 决定重大事项

讨论、决定本行政区域内的政治、经济、教育、科学、文化、卫生、环境和资源保护民政等工作的重大事项;根据本级政府的建议,决定对本行政区域内的国民经济和社会发展计划、预算的部分变更;决定授予地方的荣誉称号。

4. 组织选举、召集会议

领导或者主持本级人民代表大会代表的选举;召集本级人民代表大会会议。在本级

---

① 全国人大常委会办公厅研究室政治组编著:《中国宪法精释》,中国民主法制出版社1996年版,第257页。

人民代表大会闭会期间,补选上一级人民代表大会出缺的代表和罢免个别代表。

5. 人事任免

在本级人民代表大会闭会期间,决定副省长、自治区副主席、副市长、副州长、副区长的个别任免;在省长、自治区主席、市长、州长、县长、区长、监察委员会主任和人民法院院长、人民检察院检察长因故不能担任职务时,从本级人民政府、人民法院和人民检察院副职领导人中决定代理的人选;决定代理检察长,须报上一级人民检察院和人民代表大会常务委员会备案。根据省长、自治区主席、市长、州长、县长的提名,决定本级人民政府秘书长、厅长、局长、主任、科长的任免,报上一级人民政府备案;根据监察委员会主任的提请,任免监察委员会副主任、委员;按照人民法院组织法和人民检察院组织法的规定,任免人民法院副院长、庭长、副庭长、审判委员会委员、审判员,任免人民检察院副检察长、检察委员会委员、检察员;批准任免下一级人民检察院检察长;省、自治区、直辖市人民代表大会常务委员会根据主任会议的提名,决定在省、自治区内按地区设立的和在直辖市内设立的中级人民法院院长的任免,根据省、自治区、直辖市的人民检察院检察长的提名,决定人民检察院分院检察长的任免。

在本级人民代表大会闭会期间,决定撤销个别副省长、自治区副主席、副市长、副县长、副区长的职务;决定撤销由它任命的本级人民政府其他组成人员,监察委员会副主任、委员和人民法院副院长、庭长、副庭长、审判委员会委员、审判员,人民检察院副检察长、检察委员会委员、检察员,中级人民法院院长、人民检察院分院检察长的职务。

6. 监督本级国家机关

监督本级人民政府、监察委员会、人民法院和人民检察院的工作,联系本级人民代表大会代表,受理人民群众对上述机关和国家工作人员的申诉和意见;撤销本级人民政府不适当的决定和命令;撤销下一级人民代表大会及其常务委员会的不适当的决议。

(四)地方各级人民代表大会常务委员会的会议制度

地方各级人民代表大会常务委员会的会议包括常务委员会会议和主任会议。

1. 常务委员会会议

常务委员会会议由主任召集,每两个月至少举行一次。常务委员会的决议,由常务委员会以全体组成人员的过半数通过。

2. 主任会议

省、自治区、直辖市、自治州、设区的市的人民代表大会常务委员会主任、副主任和秘书长组成主任会议;县、自治县、不设区的市、市辖区的人民代表大会常务委员会主任、副主任组成主任会议。主任会议处理常务委员会的重要日常工作。

## 第二节 地方各级人民政府

### 一、地方各级人民政府的性质和地位

根据我国现行宪法和地方政府组织法,地方各级人民政府包括省、自治区、直辖市、自治州、设区的市、县、自治县、不设区的市、市辖区以及乡、民族乡、镇的人民政府。

地方各级人民政府是地方各级人民代表大会的执行机关,是地方各级国家行政机关。

地方各级人民政府实行双重负责制,即对本级人民代表大会和上一级人民政府负责并报告工作。县级以上的地方各级人民政府在本级人民代表大会闭会期间,对本级人民代表大会常务委员会负责并报告工作。地方各级人民政府都是国务院统一领导下的国家行政机关,都服从国务院。

### 二、地方各级人民政府的组成和任期

(一)组成

省、自治区、直辖市、自治州、设区的市的人民政府分别由省长、副省长,自治区主席、副主席,市长、副市长,州长、副州长和秘书长、厅长、局长、委员会主任等组成。

县、自治县、不设区的市、市辖区的人民政府分别由县长、副县长,市长、副市长,区长、副区长和局长、科长等组成。

乡、民族乡的人民政府设乡长、副乡长。民族乡的乡长由建立民族乡的少数民族公民担任。镇人民政府设镇长、副镇长。

(二)任期

地方各级人民政府每届任期5年,与同级人民代表大会的每届任期相一致。

### 三、地方各级人民政府的领导体制

地方各级人民政府分别实行省长、自治区主席、市长、州长、县长、区长、乡长、镇长负责制。

省长、自治区主席、市长、州长、县长、区长、乡长、镇长分别主持地方各级人民政府的工作。省长、自治区主席、市长、州长、县长、区长召集和主持本级人民政府全体会议和常务会议。政府工作中的重大问题,须经政府常务会议或者全体会议讨论决定。

### 四、地方各级人民政府的职权

(一)县级以上地方各级人民政府的职权

根据我国现行宪法和地方组织法,县级以上地方各级人民政府的职权主要包括:

1. 执行决议、预算等

执行本级人民代表大会及其常务委员会的决议,以及上级国家行政机关的决定和命

令,执行国民经济和社会发展计划、预算。

2. 制定规章、行政措施等

省、自治区、直辖市的人民政府可以根据法律、行政法规和本省、自治区、直辖市的地方性法规,制定规章,报国务院和本级人民代表大会常务委员会备案。省、自治区的人民政府所在地的市和经国务院批准的较大的市的人民政府,可以根据法律、行政法规和本省、自治区的地方性法规,制定规章,报国务院和省、自治区的人民代表大会常务委员会、人民政府以及本级人民代表大会常务委员会备案;规定行政措施,发布决定和命令。

3. 领导、管理和监督

领导所属各工作部门和下级人民政府的工作;管理本行政区域内的经济、教育、科学、文化、卫生、体育事业、环境和资源保护、城乡建设事业和财政、民政、公安、民族事务、司法行政、计划生育等行政工作;依照法律的规定任免、培训、考核和奖惩国家行政机关工作人员;改变或者撤销所属各工作部门的不适当的命令、指示和下级人民政府的不适当的决定、命令。此外,省、直辖市的人民政府决定乡、民族乡、镇的建置和区域划分。

4. 保护权益

依法保护公共财产、私有财产等合法权益,保障公民的各项权利。

5. 办理上级国家行政机关交办的其他事项。

(二) 乡镇人民政府的职权

乡镇人民政府的职权主要包括:(1) 执行本级人民代表大会的决议和上级国家行政机关的决定和命令,执行本行政区域内的经济和社会发展计划、预算;(2) 发布决定和命令;(3) 管理本行政区域内的经济、教育、科学、文化、卫生、体育事业和财政、民政、公安、司法行政、计划生育等行政工作;(4) 依法保护公共财产、私有财产等合法权益,保障公民的各项权利保护权益;(5) 办理上级人民政府交办的其他事项。

**五、地方各级人民政府所属工作部门**

(一) 设立原则

根据我国地方组织法,地方各级人民政府根据工作需要和精干的原则,设立必要的工作部门。

(二) 工作部门的设立

1. 省、自治区、直辖市的人民政府设立厅、局、委员会等工作部门,其设立、增加、减少、合并由本级人民政府报国务院批准,并报本级人民代表大会常务委员会备案。

2. 自治州、县、自治县、市、市辖区的人民政府设立局、科等工作部门,其设立、增加、减少、合并,由本级人民政府报请上一级人民政府批准,并报本级人民代表大会常务委员会备案。

3. 县级以上的地方各级人民政府设立审计机关。

(三) 领导体制

1. 人民政府所属各工作部门受本级人民政府统一领导,并受上级人民政府主管部门的领导或者业务指导。

2. 人民政府设立的审计机关依法独立行使审计监督权,对本级人民政府和上一级审计机关负责。

(四) 地方各级人民政府的派出机关

1. 派出机关的性质、地位

派出机关是受派出的人民政府的委托、代表派出的人民政府,进行行政管理的机构。如果有法律、法规、规章的授权,派出机构也可以以自己的名义进行行政管理。

2. 派出机关的设立

(1) 省、自治区的人民政府在必要的时候,经国务院批准,可以设立若干派出机关。

(2) 县、自治县的人民政府在必要的时候,经省、自治区、直辖市的人民政府批准,可以设立若干区公所,作为它的派出机关。

(3) 市辖区、不设区的市的人民政府,经上一级人民政府批准,可以设立若干街道办事处,作为它的派出机关。

## 第三节　基层群众性自治组织

### 一、基层群众性自治组织的概念

基层群众性自治组织是指在城市和农村按居民的居住地区建立起来的居民委员会和村民委员会。它是建立在我国社会的最基层、在自愿的基础上由城乡居民按照居住地区自己组织起来,进行自我管理、自我教育、自我服务的组织。

它不是国家机关,也不是国家机关的下属或下级组织。但是它们却写在我国《宪法》第三章"国家机构"中。之所以如此,首先是因为村民委员会和居民委员会是我国社会主义民主的基础。这种基层的民主是村民和城市居民最能有切身体验的,这种基层民主搞好了,在它的基础上再逐步扩大和提高,全国性的民主就有了坚实的基础。其次,居民委员会和村民委员会本身虽然不是国家机构,但它们与国家的基层政权有着密切的联系。

### 二、村民委员会

(一) 村民委员会的设立

村民委员会是村民自我管理、自我教育、自我服务的基层群众性自治组织。根据村民居住状况、人口多少,按照便于群众自治、有利于经济发展和社会管理的原则设立。

村民委员会的设立、撤销、范围调整,由乡、民族乡、镇的人民政府提出,经村民会议讨论同意后,报县级人民政府批准。

(二) 村民委员会的组织

村民委员会由主任、副主任和委员共 3 至 7 人组成,由村民直接选举产生。本村 1/5 以上有选举权的村民联名,可以要求罢免村民委员会成员。罢免村民委员会成员须经有选举权的村民过半数通过。村民委员会成员中,应当有适当的妇女名额,多民族村民居住的村应当有人数较少的民族的成员。

村民委员会可以按照村民居住状况分设若干村民小组,小组长由村民小组会议推选。村民委员会根据需要设人民调解、治安保卫、公共卫生与计划生育等委员会,人口少的村的村民委员会可以不设下属委员会。村民委员会成员可以兼任下属委员会的成员。村民委员会每届任期为5年,其成员可以连选连任。

(三) 村民委员会的职责

村民委员会的职责主要有:(1)宣传宪法、法律、法规和国家的政策,教育和推动村民履行法律规定的义务、爱护公共财产,维护村民的合法权益,发展文化教育,普及科技知识,促进男女平等,做好计划生育工作,促进村与村之间的团结、互助,开展多种形式的社会主义精神文明建设活动。(2)依法管理本村属于村农民集体所有的土地和其他财产,引导村民合理利用自然资源,保护和改善生态环境。(3)支持和组织村民依法发展各种形式的合作经济和其他经济,承担本村生产的服务和协调工作,促进农村生产建设和经济发展。(4)尊重并支持集体经济组织依法独立进行经济活动的自主权,维护以家庭承包经营为基础、统分结合的双层经营体制,保障集体经济组织和村民、承包经营户、联户或者合伙的合法财产权和其他合法权益。

(四) 会议制度

1. 村民会议

村民会议由本村18周岁以上的村民组成。村民会议由村民委员会召集。有1/10以上的村民提议,应当召集村民会议。召开村民会议,应当有本村18周岁以上村民的过半数参加,或者有本村2/3以上的户的代表参加,所作决定应当经到会人员的过半数通过。

村民会议讨论决定涉及村民利益的下列事项:(1)本村享受误工补贴的人员及补贴标准;(2)从村集体经济所得收益的使用;(3)本村公益事业的兴办和筹资筹劳方案及建设承包方案;(4)土地承包经营方案;(5)村集体经济项目的立项、承包方案;(6)宅基地的使用方案;(7)征地补偿费的使用、分配方案;(8)以借贷、租赁或者其他方式处分村集体财产;(9)村民会议认为应当由村民会议讨论决定的涉及村民利益的其他事项。

村民会议可以制定和修改村民自治章程、村规民约,并报乡、民族乡、镇的人民政府备案。

村民会议审议村民委员会的年度工作报告,评议村民委员会成员的工作;有权撤销或者变更村民委员会不适当的决定;有权撤销或者变更村民代表会议不适当的决定。

2. 村民代表会议

人数较多或者居住分散的村,可以设立村民代表会议,讨论决定村民会议授权的事项。村民代表会议由村民委员会成员和村民代表组成,村民代表应当占村民代表会议组成人员的4/5以上,妇女村民代表应当占村民代表会议组成人员的1/3以上。

村民代表会议由村民委员会召集。村民代表会议每季度召开一次。有1/5以上的村民代表提议,应当召集村民代表会议。村民代表会议有2/3以上的组成人员参加方可召开,所作决定应当经到会人员的过半数同意。

### 三、居民委员会

(一) 居民委员会的设立

居民委员会是居民自我管理、自我教育、自我服务的基层群众性自治组织。根据居民居住状况,按照便于居民自治的原则,一般在 100 户至 700 户的范围内设立。居民委员会的设立、撤销、规模调整,由不设区的市、市辖区的人民政府决定。

(二) 居民委员会的组织

居民委员由主任、副主任和委员 5—9 人组成。多民族居住地区,居民委员会中应当有人数少的民族的成员。居民委员会主任、副主任和委员,由本居住地区全体有选举权的居民或者由每户派代表选举产生。居民委员会每届任期 5 年,其成员可以连选连任。

居民委员会根据工作需要可以设立人民调解、治安保卫、公共卫生等委员会。居民委员会成员可以兼任上述下属委员会成员。居民较少的居民委员会可以不设下属委员会,由居民委员会的成员分工负责有关工作。居民委员会可以分设若干居民小组,小组长由居民小组推选。

(三) 居民委员会的职责

居民委员会的职责主要有:(1) 宣传宪法、法律、法规和国家的政策,维护居民的合法权益,教育居民履行依法应尽的义务,爱护公共财产,开展多种形式的社会主义精神文明建设活动;(2) 办理本居住地区居民的公共事务和公益事业;(3) 调解民间纠纷,协助维护社会治安;(4) 协助人民政府或者它的派出机关做好与居民利益有关的公共卫生、计划生育、优抚救济、青少年教育等项工作,向人民政府或者它的派出机关反映居民的意见,要求和提出建议;(5) 对被依法剥夺政治权利而被编入居民小组的人进行监督和教育。

(四) 会议制度

居民委员会向居民会议负责并报告工作。居民会议由 18 周岁以上的居民组成。居民会议可以由全体 18 周岁以上的居民或者每户派代表参加,也可以由每个居民小组选举代表 2—3 人参加。居民会议必须有全体 18 周岁以上的居民、户的代表或者居民小组选举的代表的过半数出席,才能举行。

居民会议由居民委员会召集和主持。有 1/5 以上的 18 周岁以上的居民、1/5 以上的户或者 1/3 以上的居民小组提议,应当召集居民会议。涉及全本居民利益的重要问题,居民委员会必须提请居民会议讨论决定。

居民会议讨论制定居民公约,报不设区的市、市辖区的人民政府或者它的派出机关备案,由居民委员会监督执行。居民公约的内容不得与宪法、法律、法规和国家的政策相抵触。居民应当遵守居民会议的决议和居民公约。

居民会议有权撤换和补选居民委员会成员。居民委员会决定问题,采取少数服从多数的原则。会议的决定,由出席人的过半数通过。

## 第四节 监察委员会

### 一、监察委员会的性质和地位

中华人民共和国设立国家监察委员会和地方各级监察委员会。中华人民共和国各级监察委员会是国家的监察机关。各级监察委员会是行使国家监察职能的专责机关,是依照宪法和监察法对所有行使公权力的公职人员(以下称"公职人员")进行监察,调查职务违法和职务犯罪,开展廉政建设和反腐败工作,维护宪法和法律的尊严的机关。

中华人民共和国国家监察委员会是最高监察机关。省、自治区、直辖市、自治州、县、自治县、市、市辖区设立监察委员会。

国家监察委员会由全国人民代表大会产生,负责全国监察工作。国家监察委员会由主任、副主任若干人、委员若干人组成,主任由全国人民代表大会选举,副主任、委员由国家监察委员会主任提请全国人民代表大会常务委员会任免。国家监察委员会主任每届任期同全国人民代表大会每届任期相同,连续任职不得超过两届。国家监察委员会对全国人民代表大会及其常务委员会负责,并接受其监督。

地方各级监察委员会由本级人民代表大会产生,负责本行政区域内的监察工作。地方各级监察委员会由主任、副主任若干人、委员若干人组成,主任由本级人民代表大会选举,副主任、委员由监察委员会主任提请本级人民代表大会常务委员会任免。地方各级监察委员会主任每届任期同本级人民代表大会每届任期相同。地方各级监察委员会对本级人民代表大会及其常务委员会和上一级监察委员会负责,并接受其监督。

各级监察委员会可以向本级中国共产党机关、国家机关、法律法规授权或者委托管理公共事务的组织和单位以及所管辖的行政区域、国有企业等派驻或者派出监察机构、监察专员。监察机构、监察专员对派驻或者派出它的监察委员会负责。

派驻或者派出的监察机构、监察专员根据授权,按照管理权限依法对公职人员进行监督,提出监察建议,依法对公职人员进行调查、处置。

国家实行监察官制度,依法确定监察官的等级设置、任免、考评和晋升等制度。

国家监察委员会领导地方各级监察委员会的工作,上级监察委员会领导下级监察委员会的工作。

监察委员会依照法律规定独立行使监察权,不受行政机关、社会团体和个人的干涉。监察机关办理职务违法和职务犯罪案件,应当与审判机关、检察机关、执法部门互相配合,互相制约。

### 二、监察委员会的职责、监察范围和管辖

监察委员会依照监察法和有关法律规定履行监督、调查、处置职责:

(1) 对公职人员开展廉政教育,对其依法履职、秉公用权、廉洁从政从业以及道德操

守情况进行监督检查;

(2) 对涉嫌贪污贿赂、滥用职权、玩忽职守、权力寻租、利益输送、徇私舞弊以及浪费国家资财等职务违法和职务犯罪进行调查;

(3) 对违法的公职人员依法作出政务处分决定;对履行职责不力、失职失责的领导人员进行问责;对涉嫌职务犯罪的,将调查结果移送人民检察院依法审查、提起公诉;向监察对象所在单位提出监察建议。

监察机关对下列公职人员和有关人员进行监察:

(1) 中国共产党机关、人民代表大会及其常务委员会机关、人民政府、监察委员会、人民法院、人民检察院、中国人民政治协商会议各级委员会机关、民主党派机关和工商业联合会机关的公务员以及参照《中华人民共和国公务员法》管理的人员;

(2) 法律、法规授权或者受国家机关依法委托管理公共事务的组织中从事公务的人员;

(3) 国有企业管理人员;

(4) 公办的教育、科研、文化、医疗卫生、体育等单位中从事管理的人员;

(5) 基层群众性自治组织中从事管理的人员;

(6) 其他依法履行公职的人员。

各级监察机关按照管理权限管辖本辖区内监察法规定的人员所涉监察事项。上级监察机关可以办理下一级监察机关管辖范围内的监察事项,必要时也可以办理所辖各级监察机关管辖范围内的监察事项。监察机关之间对监察事项的管辖有争议的,由其共同的上级监察机关确定。上级监察机关可以将其所管辖的监察事项指定下级监察机关管辖,也可以将下级监察机关有管辖权的监察事项指定给其他监察机关管辖。监察机关认为所管辖的监察事项重大、复杂,需要由上级监察机关管辖的,可以报请上级监察机关管辖。

### 三、监察委员会的监察权限

1. 监督、调查权

监察机关行使监督、调查职权,有权依法向有关单位和个人了解情况,收集、调取证据。有关单位和个人应当如实提供。监察机关及其工作人员对监督、调查过程中知悉的国家秘密、商业秘密、个人隐私,应当保密。任何单位和个人不得伪造、隐匿或者毁灭证据。

2. 要求说明、陈述权

对可能发生职务违法的监察对象,监察机关按照管理权限,可以直接或者委托有关机关、人员进行谈话或者要求说明情况。

在调查过程中,对涉嫌职务违法的被调查人,监察机关可以要求其就涉嫌违法行为作出陈述,必要时向被调查人出具书面通知。对涉嫌贪污贿赂、失职渎职等职务犯罪的被调查人,监察机关可以进行讯问,要求其如实供述涉嫌犯罪的情况。

3. 询问权

在调查过程中,监察机关可以询问证人等人员。

4. 留置权

被调查人涉嫌贪污贿赂、失职渎职等严重职务违法或者职务犯罪,监察机关已经掌握其部分违法犯罪事实及证据,仍有重要问题需要进一步调查,并有下列情形之一的,经监察机关依法审批,可以将其留置在特定场所:(1)涉及案情重大、复杂的;(2)可能逃跑、自杀的;(3)可能串供或者伪造、隐匿、毁灭证据的;(4)可能有其他妨碍调查行为的。对涉嫌行贿犯罪或者共同职务犯罪的涉案人员,监察机关可以依照上述规定采取留置措施。留置场所的设置、管理和监督依照国家有关规定执行。

5. 查询、冻结权

监察机关调查涉嫌贪污贿赂、失职渎职等严重职务违法或者职务犯罪,根据工作需要,可以依照规定查询、冻结涉案单位和个人的存款、汇款、债券、股票、基金份额等财产。有关单位和个人应当配合。冻结的财产经查明与案件无关的,应当在查明后3日内解除冻结,予以退还。

6. 搜查权

监察机关可以对涉嫌职务犯罪的被调查人以及可能隐藏被调查人或者犯罪证据的人的身体、物品、住处和其他有关地方进行搜查。在搜查时,应当出示搜查证,并有被搜查人或者其家属等见证人在场。搜查女性身体,应当由女性工作人员进行。监察机关进行搜查时,可以根据工作需要提请公安机关配合。公安机关应当依法予以协助。

7. 调取、查封、扣押权

监察机关在调查过程中,可以调取、查封、扣押用以证明被调查人涉嫌违法犯罪的财物、文件和电子数据等信息。采取调取、查封、扣押措施,应当收集原物原件,会同持有人或者保管人、见证人,当面逐一拍照、登记、编号,开列清单,由在场人员当场核对、签名,并将清单副本交财物、文件的持有人或者保管人。

对调取、查封、扣押的财物、文件,监察机关应当设立专用账户、专门场所,确定专门人员妥善保管,严格履行交接、调取手续,定期对账核实,不得毁损或者用于其他目的。对价值不明物品应当及时鉴定,专门封存保管。

查封、扣押的财物、文件经查明与案件无关的,应当在查明后3日内解除查封、扣押,予以退还。

8. 勘验检查、鉴定权

监察机关在调查过程中,可以直接或者指派、聘请具有专门知识、资格的人员在调查人员主持下进行勘验检查。勘验检查情况应当制作笔录,由参加勘验检查的人员和见证人签名或者盖章。

监察机关在调查过程中,对于案件中的专门性问题,可以指派、聘请有专门知识的人进行鉴定。鉴定人进行鉴定后,应当出具鉴定意见,并且签名。

#### 9. 采取技术措施权

监察机关调查涉嫌重大贪污贿赂等职务犯罪,根据需要,经过严格的批准手续,可以采取技术调查措施,按照规定交有关机关执行。

批准决定应当明确采取技术调查措施的种类和适用对象,自签发之日起3个月以内有效;对于复杂、疑难案件,期限届满仍有必要继续采取技术调查措施的,经过批准,有效期可以延长,每次不得超过3个月。对于不需要继续采取技术调查措施的,应当及时解除。

#### 10. 通缉和限制出境权

依法应当留置的被调查人如果在逃,监察机关可以决定在本行政区域内通缉,由公安机关发布通缉令,追捕归案。通缉范围超出本行政区域的,应当报请有权决定的上级监察机关决定。

监察机关为防止被调查人及相关人员逃匿境外,经省级以上监察机关批准,可以对被调查人及相关人员采取限制出境措施,由公安机关依法执行。对于不需要继续采取限制出境措施的,应当及时解除。

#### 11. 建议权

涉嫌职务犯罪的被调查人主动认罪认罚,有下列情形之一的,监察机关经领导人员集体研究,并报上一级监察机关批准,可以在移送人民检察院时提出从宽处罚的建议:(1)自动投案,真诚悔罪悔过的;(2)积极配合调查工作,如实供述监察机关还未掌握的违法犯罪行为的;(3)积极退赃,减少损失的;(4)具有重大立功表现或者案件涉及国家重大利益等情形的。

职务违法犯罪的涉案人员揭发有关被调查人职务违法犯罪行为,查证属实的,或者提供重要线索,有助于调查其他案件的,监察机关经领导人员集体研究,并报上一级监察机关批准,可以在移送人民检察院时提出从宽处罚的建议。

## 第五节 人民法院

### 一、人民法院的性质和任务

根据《宪法》和《中华人民共和国人民法院组织法》(以下简称《人民法院组织法》)的规定,人民法院是国家的审判机关。作为国家审判机关,人民法院专门行使国家审判权,依照法律规定对刑事案件、民事案件、行政案件和其他案件进行审理和判决。审判权是国家权力的重要组成部分,只有人民法院才有权行使,宪法和组织法的这一规定表明了人民法院与其他国家机关之间的职能分工。

人民法院通过审判刑事案件、民事案件、行政案件以及法律规定的其他案件,惩罚犯罪,保障无罪的人不受刑事追究,解决民事、行政纠纷,保护个人和组织的合法权益,监督行政机关依法行使职权,维护国家安全和社会秩序,维护社会公平正义,维护国家法制统

一、尊严和权威,保障中国特色社会主义建设的顺利进行。

## 二、人民法院的组织系统和领导体制

（一）组织系统

《宪法》规定,中华人民共和国设立最高人民法院、地方各级人民法院和军事法院等专门人民法院。《人民法院组织法》具体规定了人民法院的组织,我国人民法院的组织系统是最高人民法院、地方各级人民法院和专门人民法院。在新疆生产建设兵团设立的人民法院的组织、案件管辖范围和法官任免,依照全国人民代表大会常务委员会的有关规定。

1. 最高人民法院。最高人民法院是我国的最高审判机关,依法行使国家最高审判权,同时监督地方各级人民法院和专门人民法院的工作。最高人民法院可以设巡回法庭,审理最高人民法院依法确定的案件。巡回法庭是最高人民法院的组成部分。巡回法庭的判决和裁定即最高人民法院的判决和裁定。

2. 地方各级人民法院。地方各级人民法院按照行政区划设立,分为三级:(1) 高级人民法院。包括省高级人民法院、自治区高级人民法院和直辖市高级人民法院。(2) 中级人民法院。包括在省、自治区内按地区设立的中级人民法院;在直辖市内设立的中级人民法院;在省辖市、自治区辖市设立的中级人民法院;自治州中级人民法院。(3) 基层人民法院。包括县人民法院、不设区的市人民法院、自治县人民法院、旗人民法院、市辖区人民法院。基层人民法院根据地区、人口和案件情况,可以设立若干人民法庭。人民法庭是基层人民法院的组成部分。人民法庭的判决和裁定即基层人民法院的判决和裁定。

3. 专门人民法院。专门人民法院不按照行政区划设立,而是设立在特定部门或者对特定案件设立的审判机关。我国设立的专门人民法院主要是军事法院和海事法院、知识产权法院、金融法院等。

（二）领导体制

我国《宪法》规定,最高人民法院是国家最高审判机关,最高人民法院监督地方各级人民法院和专门人民法院的审判工作,上级人民法院监督下级人民法院的审判工作。

## 三、人民法院的职权

人民法院是我国的审判机关,行使国家审判权,其主要任务是审理各类案件,人民法院的职权主要表现为最高人民法院、地方各级人民法院和专门人民法院之间在审理各类案件上的权限划分。

（一）地方各级人民法院的职权

1. 基层人民法院的职权。基层人民法院负责审判除法律规定由上级人民法院和专门人民法院管辖以外的所有第一审案件,并且指导人民调解委员会的工作。基层人民法院对所受理的案件,认为案情重大应当由上级人民法院审判的,可以请求移送上级人民法院。

2. 中级人民法院的职权。中级人民法院管辖的案件是：(1) 法律规定由其管辖的第一审案件；(2) 基层人民法院报请审理的第一审案件；(3) 上级人民法院指定管辖的第一审案件；(4) 对基层人民法院判决和裁定的上诉、抗诉案件；(5) 按照审判监督程序提起的再审案件。

中级人民法院对其受理的案件，认为案情重大应当由上级人民法院审理时，可以请求移送上级人民法院受理。

3. 高级人民法院的职权。高级人民法院管辖的案件包括：(1) 法律规定由其管辖的第一审案件；(2) 下级人民法院报请审理的第一审案件；(3) 最高人民法院指定管辖的第一审案件；(4) 对中级人民法院判决和裁定的上诉、抗诉案件；(5) 按照审判监督程序提起的再审案件；(6) 中级人民法院报请复核的死刑案件。

另外，对中级人民法院判处的死刑缓期执行的案件，被告人没有上诉的，由中级人民法院报送高级人民法院复核；根据《国家赔偿法》的规定，处理有关国家赔偿案件。

（二）专门人民法院的职权

1. 军事法院的职权。军事法院管辖的案件包括：在刑事案件方面，是现役军人和军内在编职工的刑事犯罪案件；在民事案件方面，是当事人双方均为军队内部单位的经济纠纷案件。军事法院不审理行政案件。

2. 海事法院的职权。海事法院管辖第一审的海事案件和海商案件。

3. 知识产权法院的职权。知识产权法院管辖第一审专利商标等知识产权授权确权行政案件。

4. 金融法院的职权。金融法院管辖涉金融的第一审民商案件。

（三）最高人民法院的职权

根据《宪法》和有关法律的规定，最高人民法院管辖的案件包括：(1) 法律规定由其管辖的和其认为应当由自己管辖的第一审案件；(2) 对高级人民法院判决和裁定的上诉、抗诉案件；(3) 按照全国人民代表大会常务委员会的规定提起的上诉、抗诉案件；(4) 按照审判监督程序提起的再审案件；(5) 高级人民法院报请核准的死刑案件。死刑除依法由最高人民法院判决的以外，应当报请最高人民法院核准。

除了审理上述案件之外，作为国家的最高审判机关，最高人民法院还行使下列职权：监督地方各级人民法院和专门人民法院的审判工作；可以对属于审判工作中具体应用法律的问题进行解释；可以发布指导性案例。

### 四、人民法院的人员组成和任期

（一）人民法院的人员组成

最高人民法院由院长1人，副院长、庭长、副庭长和审判员若干人组成。最高人民法院设刑事审判庭、民事审判庭、行政审判庭和根据需要设的其他审判庭。最高人民法院院长由全国人民代表大会选举和罢免，副院长、审判委员会委员、庭长、副庭长和审判员由最高人民法院院长提请全国人民代表大会常务委员会任免。

地方各级人民法院由院长1人,副院长、庭长、副庭长和审判员若干人组成。地方各级人民法院设刑事审判庭、民事审判庭、行政审判庭和根据需要设的其他审判庭。地方各级人民法院院长由地方各级人民代表大会选举和罢免,副院长、审判委员会委员、庭长、副庭长和审判员由本院院长提请本级人民代表大会常务委员会任免。在省、自治区内按地区设立的和在直辖市内设立的中级人民法院院长,由省、自治区、直辖市人民代表大会常务委员会根据主任会议的提名决定任免,副院长、审判委员会委员、庭长、副庭长和审判员由高级人民法院院长提请省、自治区、直辖市的人民代表大会常务委员会任免。

(二)法院院长的任期

各级人民法院院长任期与本级人民代表大会每届任期相同,都是5年。最高人民法院院长连续任职不得超过两届。

(三)人民法院的法官

在我国,最高人民法院、地方各级人民法院和军事法院等专门人民法院的院长、副院长、审判委员会委员、庭长、副庭长、审判员和助理审判员等依法行使国家审判权的审判人员,统称为法官。

法官的职责为依法参加合议庭审判或者独任审判案件以及法律规定的其他职责。担任法官必须具备《中华人民共和国法官法》所规定的条件。法官职务的任免,依照宪法和法律规定的任免权限和程序办理。

**五、人民法院审判工作的基本制度**

(一)合议制

《人民法院组织法》规定,人民法院审判案件,实行合议制。合议制是指由3人以上单数的审判员或者审判员与人民陪审员组成审判庭,以人民法院的名义,采取少数服从多数的原则,对案件进行审理并作出裁判的制度。合议庭审判是我国人民法院审理案件的基本组织形式。

(二)审判委员会制度

《人民法院组织法》规定,各级人民法院设审判委员会。审判委员会由院长、副院长和若干资深法官组成,成员应当为单数。审判委员会会议分为全体会议和专业委员会会议。中级以上人民法院根据审判工作需要,可以按照审判委员会委员专业和工作分工,召开刑事审判、民事行政审判等专业委员会会议。

审判委员会履行下列职能:(1)总结审判工作经验;(2)讨论决定重大、疑难、复杂案件的法律适用;(3)讨论决定本院已经发生法律效力的判决、裁定、调解书是否应当再审;(4)讨论决定其他有关审判工作的重大问题。

最高人民法院对属于审判工作中具体应用法律的问题进行解释,应当由审判委员会全体会议讨论通过;发布指导性案例,可以由审判委员会专业委员会会议讨论通过。

审判委员会召开全体会议和专业委员会会议,应当有其组成人员的过半数出席。审判委员会会议由院长或者院长委托的副院长主持。审判委员会实行民主集中制。审判委员会举行会议时,同级人民检察院检察长或者检察长委托的副检察长可以列席。合议庭认为案件需要提交审判委员会讨论决定的,由审判长提出申请,院长批准。审判委员会讨论案件,合议庭对其汇报的事实负责,审判委员会委员对本人发表的意见和表决负责。审判委员会的决定,合议庭应当执行。审判委员会讨论案件的决定及其理由应当在裁判文书中公开,法律规定不公开的除外。

（三）两审终审制

《人民法院组织法》规定,人民法院审判案件,实行两审终审制。两审终审制是我国的审级制度,是指一个案件经过两级人民法院的审判,即告终结的制度。地方各级人民法院第一审案件的判决和裁定,当事人可以按照法律规定的程序向上一级人民法院上诉,人民检察院可以按照法律规定的程序向上一级人民法院抗诉。上一级人民法院对上诉、抗诉案件按照第二审程序进行审理后所作的判决或者裁定,就是终审的判决或者裁定,发生法律效力,当事人不服的也不能再提起上诉。地方各级人民法院第一审案件的判决和裁定,如果在上诉期限内当事人不上诉、人民检察院不抗诉,就是发生法律效力的判决和裁定。中级人民法院、高级人民法院和最高人民法院审判的第二审案件的判决和裁定,最高人民法院审判的第一审案件的判决和裁定,都是终审的判决和裁定。

（四）审判监督制度

审判监督制度是指对人民法院已经发生法律效力的判决、裁定,发现确有错误的,经法定的人民法院或者人民检察院提起,依法重新进行审判的一种特殊制度。根据法律规定,有权提起审判监督程序的主体是:(1)各级人民法院院长对本院已经发生法律效力的判决和裁定,如果发现在认定事实上或者在适用法律上确有错误,必须提交审判委员会处理。(2)最高人民法院对各级人民法院已经发生法律效力的判决和裁定,上级人民法院对下级人民法院已经发生法律效力的判决和裁定,如果发现确有错误,有权提审或者指令下级人民法院再审。(3)最高人民检察院对各级人民法院已经发生法律效力的判决和裁定,上级人民检察院对下级人民法院已经发生法律效力的判决和裁定,如果发现确有错误,有权按照审判监督程序提出抗诉。

（五）回避制度

诉讼中的回避制度是指在诉讼过程中,如果审判人员以及其他人员与人民法院正在审理的案件有利害关系或其他关系,退出该案诉讼程序的制度。该制度是为了防止审判人员因与案件有利害关系或者其他关系而可能产生的主观偏向、故意偏袒、徇私枉法等不公正现象,保证案件得到客观、公正的处理,保障当事人合法权益。

### 六、人民法院审判工作的基本原则

（一）依法独立审判原则

人民法院依照法律规定独立行使审判权，不受行政机关、社会团体和个人的干涉。

（二）当事人在适用法律上一律平等原则

人民法院审判案件，对于一切公民，不分民族、种族、性别、职业、社会出身、宗教信仰、教育程度、财产状况、居住期限，在适用法律上一律平等，不允许有任何特权。

（三）公开审判原则

公开审判是指人民法院对受理的案件公开审理和公开宣判。《宪法》规定，人民法院审理案件，除法律规定的特别情况外，一律公开进行。《人民法院组织法》规定，审理案件，除涉及国家机密、个人隐私和未成年人犯罪案件以外，一律公开进行。

（四）使用本民族语言文字进行诉讼原则

各民族公民都有用本民族语言文字进行诉讼的权利。人民法院对于不通晓当地通用的语言文字的诉讼参与人，应当为他们翻译。在少数民族聚居或者多民族共同居住的地区，应当用当地通用的语言进行审理；起诉书、判决书、布告和其他文书应当根据实际需要使用当地通用的一种或者几种文字。

（五）被告人有权获得辩护原则

被告人有权获得辩护，是宪法和有关法律规定的一项重要的司法原则，是国家赋予被告人反驳不实指控、保护自己合法权益的一种重要诉讼权利。在刑事诉讼中，被告人和他的辩护人有权针对控诉进行申辩，通过提出相应的事实和材料等手段，说明自己无罪、罪轻或者有应当从轻、减轻、免除处罚的情节，以维护自己的合法权益。

## 第六节 人民检察院

### 一、人民检察院的性质和任务

根据《宪法》和《中华人民共和国人民检察院组织法》（以下简称《人民检察院组织法》）的规定，人民检察院是国家的法律监督机关。人民检察院也被称为检察机关，它通过行使检察权，对国家机关及其工作人员和公民是否遵守法律进行监督，保障法律的统一实施。

人民检察院的任务是：人民检察院通过行使检察权，追诉犯罪，维护国家安全和社会秩序，维护个人和组织的合法权益，维护国家利益和社会公共利益，保障法律正确实施，维护社会公平正义，维护国家法制统一、尊严和权威，保障中国特色社会主义建设的顺利进行。

## 二、人民检察院的组织系统和领导体制

### (一) 组织系统

《宪法》规定,中华人民共和国设立最高人民检察院、地方各级人民检察院和军事检察院等专门人民检察院。《人民检察院组织法》具体规定了人民检察院的组织。我国人民检察院的组织系统是最高人民检察院、地方各级人民检察院和军事检察院等专门人民检察院。在新疆生产建设兵团设立的人民检察院的组织、案件管辖范围和检察官任免,依照全国人民代表大会常务委员会的有关规定。

1. 最高人民检察院。最高人民检察院是最高检察机关,领导地方各级人民检察院和专门人民检察院的工作。

2. 地方各级人民检察院。地方各级人民检察院分为三级,分别是:(1) 省级人民检察院,包括省、自治区、直辖市人民检察院;(2) 设区的市级人民检察院,包括省、自治区辖市人民检察院,自治州人民检察院,省、自治区、直辖市人民检察院分院;(3) 基层人民检察院,包括县、自治县、不设区的市、市辖区人民检察院。省级人民检察院和设区的市级人民检察院根据检察工作需要,经最高人民检察院和省级有关部门同意,并提请本级人民代表大会常务委员会批准,可以在辖区内特定区域设立人民检察院,作为派出机构。人民检察院根据检察工作需要,可以在监狱、看守所等场所设立检察室,行使派出它的人民检察院的部分职权,也可以对上述场所进行巡回检察。

3. 专门人民检察院。专门人民检察院是在特定的组织系统内设立的检察机关。专门人民检察院主要有军事检察院等。

### (二) 领导体制

根据《宪法》和《人民检察院组织法》的规定,最高人民检察院对全国人民代表大会和全国人民代表大会常务委员会负责并报告工作,地方各级人民检察院对本级人民代表大会和本级人民代表大会常务委员会负责并报告工作;最高人民检察院领导地方各级人民检察院和专门人民检察院的工作,上级人民检察院领导下级人民检察院的工作。因此,我国人民检察院实行的是双重领导体制。

人民检察院办理案件,根据案件情况可以由一名检察官独任办理,也可以由两名以上检察官组成办案组办理。由检察官办案组办理的,检察长应当指定一名检察官担任主办检察官,组织、指挥办案组办理案件。检察官在检察长领导下开展工作,重大办案事项由检察长决定。检察长可以将部分职权委托检察官行使,可以授权检察官签发法律文书。

各级人民检察院设检察委员会。检察委员会由检察长、副检察长和若干资深检察官组成,成员应当为单数。

检察委员会履行下列职能:(1) 总结检察工作经验;(2) 讨论决定重大、疑难、复杂案件;(3) 讨论决定其他有关检察工作的重大问题。最高人民检察院对属于检察工作中具体应用法律的问题进行解释、发布指导性案例,应当由检察委员会讨论通过。检察委员会

召开会议，应当有其组成人员的过半数出席。检察委员会会议由检察长或者检察长委托的副检察长主持。检察委员会实行民主集中制。地方各级人民检察院的检察长不同意本院检察委员会多数人的意见，属于办理案件的，可以报请上一级人民检察院决定；属于重大事项的，可以报请上一级人民检察院或者本级人民代表大会常务委员会决定。

检察官可以就重大案件和其他重大问题，提请检察长决定。检察长可以根据案件情况，提交检察委员会讨论决定。检察委员会讨论案件，检察官对其汇报的事实负责，检察委员会委员对本人发表的意见和表决负责。检察委员会的决定，检察官应当执行。

人民检察院实行检察官办案责任制。检察官对其职权范围内就案件作出的决定负责。检察长、检察委员会对案件作出决定的，承担相应责任。

### 三、人民检察院的职权

根据《人民检察院组织法》及刑事、民事、行政诉讼法的规定，各级人民检察院行使下列职权：

1. 依照法律规定对有关刑事案件行使侦查权；
2. 对刑事案件进行审查，批准或者决定是否逮捕犯罪嫌疑人；
3. 对刑事案件进行审查，决定是否提起公诉，对决定提起公诉的案件支持公诉；
4. 依照法律规定提起公益诉讼；
5. 对诉讼活动实行法律监督；
6. 对判决、裁定等生效法律文书的执行工作实行法律监督；
7. 对监狱、看守所的执法活动实行法律监督；
8. 法律规定的其他职权。

人民检察院行使上述法律监督职权，可以进行调查核实，并依法提出抗诉、纠正意见、检察建议。有关单位应当予以配合，并及时将采纳纠正意见、检察建议的情况书面回复人民检察院。

最高人民检察院对最高人民法院的死刑复核活动实行监督；对报请核准追诉的案件进行审查，决定是否追诉。

最高人民检察院可以对属于检察工作中具体应用法律的问题进行解释。最高人民检察院可以发布指导性案例。

上级人民检察院对下级人民检察院行使下列职权：(1)认为下级人民检察院的决定错误的，指令下级人民检察院纠正，或者依法撤销、变更；(2)可以对下级人民检察院管辖的案件指定管辖；(3)可以办理下级人民检察院管辖的案件；(4)可以统一调用辖区的检察人员办理案件。上级人民检察院的决定，应当以书面形式作出。下级人民检察院应当执行上级人民检察院的决定；有不同意见的，可以在执行的同时向上级人民检察院报告。

人民检察院检察长或者检察长委托的副检察长，可以列席同级人民法院审判委员会会议。

#### 四、人民检察院的人员组成和任期

根据《人民检察院组织法》的规定,人民检察院的检察人员由检察长、副检察长、检察委员会委员和检察员等人员组成。人民检察院检察长领导本院检察工作,管理本院行政事务。人民检察院副检察长协助检察长工作。

最高人民检察院检察长由全国人民代表大会选举和罢免,副检察长、检察委员会委员和检察员由检察长提请全国人民代表大会常务委员会任免。

地方各级人民检察院检察长由本级人民代表大会选举和罢免,副检察长、检察委员会委员和检察员由检察长提请本级人民代表大会常务委员会任免。地方各级人民检察院检察长的任免,须报上一级人民检察院检察长提请本级人民代表大会常务委员会批准。省、自治区、直辖市人民检察院分院检察长、副检察长、检察委员会委员和检察员,由省、自治区、直辖市人民检察院检察长提请本级人民代表大会常务委员会任免。

人民检察院检察长任期与产生它的人民代表大会每届任期相同,最高人民检察院检察长连续任职不得超过两届。全国人民代表大会常务委员会和省、自治区、直辖市人民代表大会常务委员会根据本级人民检察院检察长的建议,可以撤换下级人民检察院检察长、副检察长和检察委员会委员。

人民检察院的检察官、检察辅助人员和司法行政人员实行分类管理。

检察官实行员额制。检察官员额根据案件数量、经济社会发展情况、人口数量和人民检察院层级等因素确定。最高人民检察院检察官员额由最高人民检察院商有关部门确定。地方各级人民检察院检察官员额,在省、自治区、直辖市内实行总量控制、动态管理。

检察官从取得法律职业资格并且具备法律规定的其他条件的人员中选任。初任检察官应当由检察官遴选委员会进行专业能力审核。上级人民检察院的检察官一般从下级人民检察院的检察官中择优遴选。

#### 五、人民检察院的工作原则

(一)人民检察院依法独立行使检察权原则

人民检察院依法独立行使检察权,不受行政机关、社会团体和个人的干涉。

(二)公民在适用法律上一律平等原则

各级人民检察院行使检察权,对于任何公民,在适用法律上一律平等,不允许有任何特权。

(三)公民使用本民族语言文字进行诉讼原则

人民检察院在办理案件过程中,对于不通晓当地语言文字的当事人,应当为他配备翻译。在少数民族聚居区或者多民族杂居的地区,应当用当地通用的语言进行讯问,用当地通用的文字制作起诉书或其他法律文书。

#### 六、人民法院、人民检察院和公安机关的关系

我国《宪法》规定,人民法院、人民检察院和公安机关办理刑事案件,应当分工负责,互

相配合，互相制约，以保证准确有效地执行法律。这是一项重要的宪法原则。

人民法院、人民检察院和公安机关在办理刑事案件中的分工负责主要表现在：除人民检察院依法自行侦查的案件及当事人自诉案件外，在办理刑事案件时，公安机关负责对案件的侦查、预审、执行逮捕、依法执行判决；人民检察院负责批准逮捕、审查起诉和出庭公诉、抗诉；人民法院负责审判。

人民法院、人民检察院和公安机关在办理刑事案件中的互相配合主要表现在：公安机关依照法律规定完成自己的职责后及时移交人民检察院，人民检察院完成自己的职责后依法及时向人民法院提起公诉，由人民法院对该案件进行审判。同时，每一个机关在工作上需要另一机关协助时，另一机关能依法在职权范围内协助。互相配合是为了保证国家权力运行的有效性，要求把三机关的工作看成一个整体，经过各自工作而完成共同的打击刑事犯罪、预防犯罪、减少犯罪的任务。

人民法院、人民检察院和公安机关在办理刑事案件中的互相制约是指三机关通过各自的工作发现另外机关工作中存在的问题，可提出建议要求其纠正；通过下一阶段的工作审查前一阶段工作是否存在问题，并作出相应的处理。具体表现在：公安机关在侦查过程中，需要逮捕犯罪嫌疑人时要经过人民检察院审查批准，对不予批准的，公安机关认为有错误的可以要求复议以及向上级人民检察院要求复核。人民检察院对公安机关侦查终结移送起诉的案件，进行审查，决定是否起诉。犯罪事实不清、证据不足的，可以退回公安机关补充侦查或自行侦查。在办理案件中发现公安机关有违法情况的，通知公安机关予以纠正。公安机关对人民检察院的决定认为有错误的，可以要求复议，以及要求上一级检察机关复核。人民法院对人民检察院提起公诉的案件，经审判，根据具体情况和法律作出有罪、无罪的判决。人民检察院认为判决有错误的，可以提出抗诉。对发生法律效力的判决，人民检察院认为有错误的，可以依照审判监督程序通过抗诉引起再审。

分工负责、互相配合和互相制约三者密切相关，分工负责是前提，互相配合是基础，互相制约是核心。只有分工负责，才能互相配合，互相制约；只有互相制约才能保证办案质量。只有在办理刑事案件中实行分工负责、互相配合、互相制约，才能发挥三机关的整体功能，既达到打击犯罪、预防犯罪和减少犯罪的目的，又防止主观片面和滥用权力，保证准确有效地适用法律，保护公民的基本权利。

# 第十二章 宪法实施及其保障

## 第一节 宪法实施概述

### 一、宪法实施的含义

宪法实施是将宪法文本上抽象的权利义务关系,转化为实际生活中具体的权利义务关系,从而将宪法规范所反映的统治阶级的意志转化为现实中的人们的行为。从宪法实施主体的范围来看,宪法实施主要包括两方面:

(一)宪法的执行和宪法的适用

宪法的执行通常是指国家立法机关和国家行政机关实施宪法、贯彻落实宪法规范的活动。宪法的适用是指国家司法机关从事司法活动中贯彻落实宪法、适用宪法的活动,宪法适用与宪法执行一样是实施宪法、维护宪法权威的重要形式。

(二)宪法的遵守

宪法的遵守是指一切国家机关、社会组织和公民严格依照宪法规定从事各种行为的活动。社会组织与个人需要了解宪法,尊重宪法从而遵守宪法,宪法的遵守是宪法实施最基本、最普遍的形式。当然在这个过程中,首位需要遵守宪法的主体是掌握国家权力的机关,因为对于国家权力实际行使者而言,最容易发生不遵守宪法的情形。

### 二、宪法实施的主要特点

(一)宪法实施的广泛性和综合性

宪法实施的广泛性有两方面的内容:第一,宪法实施的事务范围上的广泛性,这是由宪法规范的内容所决定的。宪法需要对国家、社会的基本制度和公民的基本权利与义务等方面作出规范,而一般法律只调整一个或几个方面,这就使宪法规范调整的国家、社会事务范围非常广泛,也就决定了宪法实施范围上的广泛性。第二,宪法实施的主体上的广泛性。一方面,宪法调整事务范围上的广泛性决定了宪法实施主体上的广泛性;另一方面,我国宪法在序言中表明:全国各族人民、一切国家机关和武装力量、各政党和各社会团体、各企事业组织,都必须以宪法为根本活动准则,负有保证宪法实施的职责。宪法实施的综合性是指在宪法实施过程中综合考虑国家政治、经济、文化等多方面的因素。

(二)宪法实施的最高性和原则性

一方面,法律体系是以宪法为核心的有机统一体,宪法在一国法律体系中居于根本法的地位,具有最高的法律效力,一切法律、法规与其他规范性文件的制定都以宪法为基础,其内容不得与宪法相抵触。另一方面,宪法实施的最高性表现在任何政党、国家机关、社会团体与个人都不得有超越宪法之上的权力,都必须在宪法之下活动,违宪行为将受到制裁。现行《宪法》第 5 条第 4 款规定:"一切国家机关和武装力量、各政党和各社会团体、各企业事业组织都必须遵守宪法和法律。一切违反宪法和法律的行为,必须予以追究"。宪法规范的原则性与纲领性使宪法的实施具有原则性,这也表现在两个方面:第一,宪法实施并不解决具体问题,只是表明人们行为的原则方向,具体问题通常由一般法律实施来解决;第二,宪法实施并不解决具体行为的合法性问题以及对违法行为的制裁问题,只是表明对一般行为的原则性评价,具体行为的合法性问题以及对违法行为的制裁问题通常由一般法律实施来解决。一般法律实施的具体性,保障支持宪法实施的原则性,使宪法对社会事务的原则规范落到实处。

(三) 宪法实施的直接性和间接性

宪法实施的直接性是指由宪法直接规定具体行为模式,对具体违宪行为给出制裁方式,实施主体按宪法规定直接适用即可。宪法实施更多体现间接性特点,所谓间接性就是指宪法在实施过程中并不直接作用于具体人和事。

### 三、宪法实施的主要原则

(一) 最高权威性原则

坚持宪法实施的最高权威性原则是宪法实施的基本原则,也是宪法得到实施的最低要求。这是由宪法的法律地位决定的,也是实现"依法治国,建设社会主义法治国家"目标的前提条件。坚持此原则必须做到:第一,任何违宪的法律性文件不得制定实施;第二,任何政党、国家机关、社会团体、个人不能具有超越宪法的权威;第三,违宪行为必须受到追究。不坚持此原则,就动摇了法治国家的基础。

(二) 民主原则

法国资产阶级革命提出了"自由、民主与平等",我国新民主主义革命时期提出了"民主与科学",无论是资本主义还是社会主义,民主都是一个普遍的追求。宪法承认并使民主事实法律化。任何一部宪法都得体现民主的原则。同样,宪法的实施也要坚持此项原则。

(三) 合法性原则

宪法实施的合法性原则是指宪法实施主体的身份,行使权限的范围、方式、方法以及实施宪法的程序都须依照法律规定。

(四) 稳定性原则

坚持宪法实施的稳定性原则在于宪法实施的稳定性与国家政治经济生活的稳定性密切相连,频繁修宪危及各阶层利益,也损害宪法的权威与尊严。

(五) 发展原则

宪法实施的发展原则是指在宪法实施的过程中,根据客观社会生活的发展变化而相应地对宪法内容作出解释和修改,从而在实践中发展宪法。

**四、宪法实施的条件**

(一) 宪法实施的外部条件

政治、经济与思想意识等各方面的因素对宪法实施具有深刻持续影响作用。

1. 宪法实施的政治条件

宪法实施与政治基础、政治环境密切相连。民主政治是宪法实施的政治基础,稳定的政治形势是宪法实施的政治环境。政治民主化是宪法对政治的要求,是民主原则在国家政治领域的贯彻。政治不民主必将导致宪法实施难以进行;而一个民主的政治基础必然对宪法实施起到巨大的推动作用。中华人民共和国成立以来的宪法实施经验充分证明了这一点。同时,宪法必须在一个稳定的政治环境中才能实施。

2. 宪法实施的经济条件

市场经济的普遍发展是资本主义国家宪法产生发展的前提,也是其得以实施的经济基础;而我国确立的以建立社会主义市场经济体制为经济体制改革目标的经济方针,则为宪法的实施提供了经济上的支持与保障。

3. 宪法实施的思想意识条件

宪法实施的思想意识条件主要是指人们对于宪法的认识、期望与评价对宪法实施产生的制约与影响。宪法规范的最终落实必然具体到各个实施主体的行为,然而每个主体的行为都将受其思想意识因素的指导。如果对于"宪法是什么""宪法对此如何规定"等问题没有正确的认识,对于宪法规定的权利与义务置若罔闻,那么宪法能否实施可想而知。不仅宪法实施离不开思想意识条件,宪法的发展也需要根据人们对社会客观发展的认识而提出要求。

(二) 宪法实施的自身条件

1. 宪法典自身规范完善

这不仅仅是指宪法结构是否科学,宪法条文用语是否统一、明确;更是要求宪法与实际社会生活相一致,反映社会生活的重大方面与发展方向。无论是宪法规范表面上的漏洞与冲突,还是宪法在实际内容上与实际社会相脱节,都将给宪法实施带来自身的阻碍。

2. 宪法规范须具有完善合理的实施保障机制

没有实施机制的宪法只能是"纸上的宪法",无法具体到实际社会生活;实施保障机制使宪法实施具有体制上的保障,增强宪法实施的权威与尊严。

**五、宪法实施保障的内容**

宪法实施保障就是指为保障宪法的贯彻落实而设立的制度及进行的活动。宪法实施保障与宪法监督体制密切相连,但并不等于宪法监督体制。宪法监督体制是指特定的有权国家机关通过一定的程序,审查和裁决法律、法规和法律性文件以及有关宪法实施主体行为的合宪性,以保障宪法实施的法律制度。宪法实施保障不仅内含有宪法监督体制,还包括其他能够保障宪法实施的非法律制度。

在立宪主义下,宪法被认为是控制国家权力的法。而行使国家权力的国家机关直接依据宪法实施的行为,被称为宪法行为。宪法行为可以分为两类:一类是依据宪法制定规范性法律文件的行为,另一类是依据宪法作出的具体行为。因此,宪法实施保障的对象主要是以下两类:

1. 保障法律、法规和法律性文件的合宪性

一方面,宪法是整个国家法律体系得以构建的基础,法律、法规和法律性文件以宪法为法律效力的来源;另一方面,宪法只有依靠法律等规范性文件才能对整个社会起到良好的调节作用。因此,法律等规范性文件在理论与实践中都不得违宪。违宪的法律、法规和法律性文件如果不被撤销而继续实施,必将损害宪法的权威与尊严,冲击宪法的根本法地位。在一个法治比较发达的国家,通常情况下,立法机关依据宪法制定了法律,行政机关和司法机关则依据法律行使各自的职权。因此,宪法实施保障的主要内容就是保障法律的合宪性。

2. 保障国家机关及其工作人员、各政党、武装力量、社会团体、企事业组织的行为的合宪性

这些主体直接依据宪法实施的具体行为,才是宪法实施保障的对象;这些主体如果是直接依据法律实施的行为,则是法律行为。判断具体宪法行为的依据是宪法,而判断法律行为的依据是法律。绝大多数情况下,这些主体是直接依据法律行使自己的职权。

## 第二节 合宪性审查体制

### 一、合宪性与合宪性审查

(一) 合宪性的概念

合宪性审查所首要解决的乃是判断某一行为是否违反宪法的问题。因此,在研究合宪性审查制度时,首先需要解释和界定的重要术语就是"违宪"的概念。违宪是指国家机关、公共权力主体、执行某种公共职能或具有某种优势地位的社会经济组织的行为、活动或存在状态违反了宪法所保护的秩序。

(二) 合宪性审查的概念

合宪性审查是特定的国家机关对国家机关、公共机构以及社会组织的某种行为、活动或存在状态是否违反宪法所保护的秩序进行具有法律效力的审查和处理,其目的在于使宪法的原则和内容在社会生活中得到实现。这一定义表明:

第一,合宪性审查是由特定的国家机关所进行的审查。违宪审查实质是对国家或公权力行为的一种审查,它直接影响到一个国家宪法实施状况和宪政生活的走向,非一般人、一般机关不能承担如此重要的职责,承担这一职责的机关必须在该国家和社会中具有崇高的政治地位和较强的权威,只有这样其判决才能为社会普遍接受。

第二,合宪性审查机关所作出的审查结论具有法律效力。任何组织、任何公民都能对

于某一国家机关或社会组织的行为是否符合宪法提出自己的看法,作出自己的判断。然而,这些看法和判断都不具有法律意义,都不能产生法律效果。合宪性审查机关则是有权审查某一法律或行为是否合宪的国家机关,它所作出的审查结论具有法律效果,一切国家机关、组织和个人都必须予以遵守。

第三,合宪性审查的对象是国家机关、公共机构以及社会组织的某种行为、活动或存在状态。在这里国家机关或公共机构的行为包括抽象行为和具体行为两种类型。国家机关或公共机构(如地方自治团体)的抽象行为涉及立法或规范性文件。在美国,合宪性审查的主要对象是国会的立法,司法机关有权宣布国会立法违宪无效而拒绝适用。在德国,法律、行政规范性文件乃至公法人(如高等学校)的章程都可以成为宪法诉愿的标的,其中也包括反向的立法不作为。国家机关或公共机构的具体行为涉及行政机关的处理决定、司法判决、事实行为等。在德国,国家的具体行为违反宪法的情形很少,但在法律上,公民可以通过宪法诉愿制度要求审查国家的此类行为。在美国,国家机关的具体行为违宪的情形则较多。除了国家机关的行为外,一些社会组织的行为或存在状态也可以作为合宪性审查的标的。如在德国,宪法法院有权对于政党是否合宪的问题作出裁决,即使政党没有进行任何活动,但其本身的存在威胁到了自由民主宪政秩序,宪法法院有权判决其违宪并予以解散。在美国,法院有权对一些与公共职能相联系的社会组织的行为是否符合宪法作出裁决。

第四,合宪性审查是维护宪法秩序的必要手段。合宪性审查直接影响着一个国家的宪法实施状况和宪政生活的走向。合宪性审查实质是对国家机器运转的审查,是要保证国家机器在宪法的轨道上正常运行,纠正国家机器越出宪政轨道的行为。如果合宪性审查不能发挥应有的作用,国家机器就可能越轨,宪法秩序就可能遭到破坏,宪法就会变成一纸空文而被束之高阁。

为了准确把握"合宪性审查"这一概念的内涵,有必要来分析一下它与相关范畴的联系与区别。

1. 合宪性审查与司法审查

合宪性审查是一个范围更大的概念,而司法审查只是合宪性审查的一种具体类型。司法审查是指由普通司法机关负责审查国家立法、行政行为是否符合宪法的体制。它具体包括以下内容:首先,由司法机关审查国家立法是否合宪,若有违宪之处,则可宣布该立法违宪,不予适用。其次,对行政行为审查,此种审查涉及两方面的内容:其一,审查行政行为是否越权,宪法对国家机关的权力有明确的分工,行政机关超越宪法规定的权力作出的行政决定、制定的行政规章都是越权行为;其二,审查行政行为是否合法,亦即行政行为并不直接违宪,而是不符合国会制定的法律,司法机关有权对违法的行政行为进行司法审查,并宣布违法的行政行为无效。而在我国,司法审查是指人民法院依法对行政行为的合法性进行审查的国家司法活动。

2. 合宪性审查与宪法监督

合宪性审查与宪法监督并非同一概念。宪法监督的概念大于合宪性审查的概念,前者涵盖后者。宪法监督是指为保证宪法实施所采取的各种办法、手段、措施和制度。合宪性审查是保证宪法实施的一种具体的手段。从监督的主体来说，除了宪法监督的专职机关以外，还包括其他国家机关。如根据《俄罗斯联邦宪法》，宪法法院是专门的宪法监督机关，职司合宪性审查的任务。此外，《俄罗斯联邦宪法》还规定，俄罗斯总统是俄罗斯联邦宪法、人和公民的权利与自由的保障。总统如发现俄罗斯联邦政府的决议和命令违反宪法，联邦主体议会的文件违反宪法、联邦法律或侵犯人和公民的权利与自由时，总统有权废除或中止它们的效力。总统也有权就法律和规范性文件的合宪性问题，向联邦宪法法院提出询问。根据我国《宪法》，宪法监督的主体除了作为合宪性审查机关的全国人民代表大会及其常务委员会外，还包括地方国家权力机关。

3. 合宪性审查与宪法诉讼

合宪性审查与宪法诉讼是既相互统一又相互区别的概念。两者都属于宪法保障范畴，都意在维护宪法秩序，纠正违宪行为。宪法诉讼过程通常附带合宪性审查行为，合宪性审查并不一定要求进行宪法诉讼。二者的主要区别在于：（1）宪法诉讼必须以具体案件为前提，而合宪性审查则不一定要求具体案件的存在。（2）宪法诉讼是一种通过诉讼程序审查国家行为是否违反宪法的审判活动，而合宪性审查既可能是通过诉讼程序，也可能是通过政治程序来进行。（3）宪法诉讼是事后的宪法监督，而合宪性审查既可以是事先的也可以是事后的宪法监督。（4）宪法诉讼的主要标的是国家的具体行为，如行政决定、司法判决等，而合宪性审查的主要标的则是国家的抽象行为。

（三）合宪性审查的功能

合宪性审查制度是宪法发挥作用的基本条件，宪法能否得到实施，直接关系到社会的稳定和发展，也决定着国宪政生活的走向。宪法颁布后首先要关注宪法在社会生活中的实现问题。根据世界各国宪政实践，我们可以将合宪性审查制度的功能作如下归纳：

1. 有助于发挥宪法调整社会生活的功能，确立宪法在国家生活中的最高法地位

世界各国的宪政实践表明，仅在宪法中规定宪法的最高法地位与最高法律效力是远远不够的，只有对宪法的实施过程给予有效监督、对宪法价值的实现给予充分保障的国家，才能够在实践中真正确立宪法的最高法地位。合宪性审查制度通过对国家机关的活动进行审查和监督，可以宣布国家行为因违反宪法而无效，从而保证了宪法在整个社会政治生活中的至上地位。

2. 有助于保障宪法秩序的稳定，维护以宪法为核心的法制的统一性

宪法作为国家的根本法，是一国法律体系的基础。维护宪法权威是保障法制统一性的重要条件。违反宪法的法律规范性文件的存在可能会带来"法律无序"的现象，从而破坏法制的统一性。通过合宪性审查将违宪的法律从法律体系中剔除，避免法律之间的相互矛盾、相互抵触，并可统一人们对宪法的认识，从而维护法制的统一。

3. 有助于实现宪法规定的公民基本权利与自由

某种基本权利一旦为宪法所规定或认可，即可成为"基本权利"。然而在宪法中规定某种基本权利，不如在实际上保障这种基本权利来得更加重要。法律和社会的历史实践

表明,权利必须有救济方法和程序。这是因为,无论宪法对基本权利的规定如何细密、完备,如果不存在一个具体的、真实的救济体系,那么这些权利也只能是空中楼阁、无根浮萍。因此,基本权利的实效性,并非取决于权利的宪法规定本身,而是取决于对其实际的保障。在现代宪政国家中,合宪性审查制度对公民基本权利和自由的保障功能越来越受到重视。通过合宪性审查机制,对那些对公民基本权利和自由加诸了超过基本权利和自由本身的内在制约之限度的、为宪法所不能接受的限制的法律文件进行审查,从而确保公民的基本权利和自由不受国家权力的恣意侵害。

4. 有利于防止"多数人统治"的失范

从本质上讲,民主即多数人统治。现代宪政一方面承认民主程序是保护人权、民主的重要机制,另一方面则力图避免"多数人统治"的失范,因为群体意志下的个体意志可能出现扭曲和失真,民众可能为激情所驱使而失去自我控制的能力,从而无法形成科学、理性的决定。正如托克维尔所指出的,民主潜伏着一种多数人暴政的可能性并可能危及个人自由这一更为持久的价值。在某种层面上,法律是通过民意代表机关制定的,是民主程序的结果,反映了社会上多数人的意志。在实践中,多数人可能利用自己处于多数的地位和优势,通过立法侵犯少数人的权利。合宪性审查就是一种防止多数人的暴政、维护少数人的权利的最有效机制。通过合宪性审查程序,基于社会正义的要求,废除那些侵害少数人权利的立法,使多数人的意志和少数人的权利可以共存于民主政治的框架中,使民主的价值得到充分体现,从而维持宪政民主政体的平衡。

## 二、现代合宪性审查体制

合宪性审查需要有特定的机构负责,这种特定的机构往往因各国不同的宪政结构、不同的国情而有不同。根据合宪性审查的不同主体,我们大致可以将世界上的合宪性审查体制分为四大类:一是立法机关审查制,战后以苏联为代表的社会主义国家就采用此种方式;二是普通法院审查制,或称司法审查制,通常认为美国是采用此方式的典型国家;三是宪法委员会审查制,法国是采用此种方式的典型国家;四是宪法法院审查制,欧洲大陆的大多数国家是实行此种制度的代表。

### (一)立法机关审查制

立法机关审查制,即由国家立法机关或者最高权力机关行使合宪性审查权的体制。苏联实行的就是立法机关审查制。最高国家权力机关既有权制定和修改宪法,也有权解释宪法,监督宪法的实施。由最高国家权力机关负责合宪性审查的理论基础是社会主义民主集中制,根据民主集中制,苏维埃是人民代表机关,是最高的国家权力机关,其他的国家机关皆由权力机关产生,对权力机关负责,并向权力机关报告工作。司法机关绝无挑战权力机关立法的法律地位,无权宣布权力机关制定的法律违宪,只能忠实地执行权力机关制定的法律。在议行合一的理论指导下,也很难在权力机关之外成立一个专门的合宪性审查机关,去审查权力机关的立法是否合宪。因为宪法已经确立全国苏维埃代表大会是最高权力机关,是人民意志的代表机关,那就排除了另一个高居于其上或与之平行的机关的存在。

作为世界上第一个社会主义国家的苏联,在"一切权力归苏维埃"的口号下,首创了最高国家权力机关审查制。但是,在苏联存在的不同历史时期里,其最高国家权力机关审查制的具体内容有所不同。1918年苏俄《宪法》规定,全俄中央执行委员会(最高国家权力机关的常设机关)负责监督宪法的实施。在建设社会主义时期颁布的1924年苏联《宪法》,仍然规定由最高国家权力机关的常设机关(苏联中央执行委员会主席团)负责监督宪法的实施。在社会主义基本建成时期颁布的1936年苏联《宪法》与上述两部宪法不同,它规定由最高国家权力机关(最高苏维埃)负责监督宪法的实施。在苏联颁布的几部宪法中,1977年苏联《宪法》确认的合宪性审查制度较为完善。其主要内容包括:(1)明确规定苏联《宪法》的最高法律地位和最高法律效力。例如,1977年苏联《宪法》首次宣布其具有最高法律效力,苏联《宪法》的最高法律效力主要表现在两个方面:一是苏联《宪法》是普通法律的立法基础,普通法律不得同苏联《宪法》相抵触。例如其第173条规定:"一切法律和国家机关的其他文件都必须以苏联宪法为依据,并与苏联宪法相符合。"二是苏联《宪法》是苏共、各国家机关、社会组织、公职人员、公民的基本行为规则。例如其第6条规定:"苏共各级党组织都在苏联宪法范围内进行活动。"第4条规定:"一切国家机关、社会组织和公职人员必须遵守苏联宪法和苏维埃法律。"第5条规定:"苏联公民必须遵守苏联宪法和苏维埃法律。"(2)进一步强化苏联宪法监督机关,规定苏联最高苏维埃及其主席团都拥有宪法监督权,这样就使保障宪法实施成为最高国家权力机关及其常设机关的重要职责。(3)明确规定苏联最高苏维埃两院常设委员会协助最高国家权力机关实施宪法监督工作。例如,《苏联最高苏维埃议事规程》第59条规定,苏联最高苏维埃直接地或通过它所建立的机关(苏联最高苏维埃主席团、苏联最高苏维埃两院常设委员会),对国家机关和社会组织遵守和执行苏联宪法、苏联法律和苏联最高苏维埃其他决议的情况,对向苏联最高苏维埃报告工作的所有国家机关的活动实行监督。

在英国,由于不存在根本法意义上的宪法,因此不存在其他国家那种意义上的合宪性审查。但是,英国议会承认由议会通过的《人权法案》及《欧洲人权公约》在效力上要高于议会其他立法。法院在审理案件时,如果认为所适用的法律违反《人权法案》及《欧洲人权公约》,可对该法律进行谴责,由议会自行修改。

(二)普通法院审查制

普通法院审查制,亦称司法审查制,即由普通法院通过司法程序对正在审理的各类案件涉及的作为该案件审理依据的法律、法规及行政命令是否合宪进行审查的体制。普通法院审查制首创于美国的1803年"马伯里诉麦迪逊"案。早在1800年美国大选后,联邦党人约翰·亚当斯总统在选举中失败,由在大选中获胜的杰弗逊继任总统。亚当斯为了使联邦党人长期控制司法机关,在总统权力交接之前,利用手中的总统权力以及还为联邦党所控制的国会,对联邦司法机构作了重大调整,并且迅速委任许多联邦党人出任联邦法院法官。1800年12月,当时的美国最高法院首席大法官埃尔斯·沃思辞职,亚当斯即提名时任国务卿的联邦党重要领导人之一的马歇尔继任首席大法官,这一提名获得国会批准。同时,亚当斯抓紧提名由联邦党人出任新调整的法官职位,这些新提名的法官在杰弗逊就任总统前两天获得由联邦党人控制的国会批准,因而这些法官被人们称为"午夜法官"。在亚当斯总统卸任的前一天,他正式签署了42名哥伦比亚和亚历山大地区的法官的委任书,并盖了国印,由国务卿马歇尔颁发给法官本人。但是囿于当时的交通和通信条件,仍有几位法官的委任状未能送出,马伯里就是其中一位。杰弗逊就任总统后,任命麦迪逊为国务卿。杰弗逊对这些"午夜法官"甚是厌恶,于是命令国务卿麦迪逊停发尚未发出的法官委任状。马伯里等几位已得到法官任命、但未接到委任状的人对此当然不满,因此向联邦最高法院提起诉讼,请求联邦最高法院根据1791年的《司法法》对国务卿麦迪逊下达法院强制令,强制他向马伯里等人发出委任状。联邦最高法院依据《宪法》第3条关于最高法院管辖权的规定,认为联邦法院除对极少数案件有第一审管辖权外,只能审理上诉案件。司法权不应审查和干预行政部门或行政官员如何运用自由裁量权的问题,因为此类问题在性质上是政治问题,根据宪法和法律应由行政部门来处理,而不应由法院来处理。行政部门对于是否向公职人员颁发委任状属于其自由裁量权的范畴,涉及政治问题,司法权不应介入。因此《司法法》规定联邦最高法院对公职人员颁发执行命令的规定是违宪的,明确宣布"违宪的法律不是法律"。从此开创了美国联邦最高法院审查国会法律的先例。不仅如此,美国联邦最高法院对各州议会立法以及颁发的行政命令等也有审查权,如果违宪,可以宣布因违宪而不予执行,使违宪法案失效。后来,司法审查制被许多国家所采用,目前约有64个国家在宪法中规定了司法审查制度。

司法审查制与其他合宪性审查模式相比,具有如下特点:一是事后审查,即法院就已经生效的法律,在其实施过程中对它的合宪性提出疑问而进行的审查。二是附带性审查,即法院在审理具体案件的诉讼中,因提出对所适用的法律、法规是否有违宪的问题,而对该法律、法规进行审查,因此又可称为具体审查、个案审查。这一特点是由于司法权的本质所决定的,因为法院遵循"不告不理"原则,如果没有具体的诉讼案件,就没有司法审判,自然也就没有审查法律合宪性的问题。三是间接审查,即司法审查是在法院审理案件中对法律是否违宪的审查,如果法律明显违宪,只要法院的审判不涉及该部法律,法院是无权纠正的,违宪的法律便任其存在。相应地,法院对违宪的法律、法令的裁决,不是公开宣布撤销该项法律、法令,而只能"不执行""拒绝适用"该项法律、法令,因为根据分权理论,法院并无权干涉立法和行政机关的行动。四是提起审查请求的主体极其广泛,任何公民,只要其权利和自由遭到国家行为的侵害,就可以提起诉讼,并要求法院就相关法律的合宪性进行审查。

司法审查制的主要理论基础可以概括为以下几个方面:第一,司法权优越的法律传统。在英美普通法传统中,司法权被认为是正义、权利的最重要的维护者。所谓法是永久不变的习惯,这些习惯的形成又有赖于通过司法裁判的发现和宣示。换言之,法律不是哪个国家机关制定的,而是被法官发现的。法官对于普通法的解释,具有绝对的权威,包括英王在内的任何人都必须服从。英国17世纪的法官柯克就认为:"议会制定法违反正义和理性,自相矛盾及实施不可能时,法院有权宣布其无效。"第二,三权分立与制衡的政治原则。三权分立是美国的立国原则,其基本精义是立法权、行政权与司法权之间既相互分立又相互制约,以达到相互平衡。在立法、行政与司法三权中,司法权是最弱的一个,司法权即使偶尔出现压制个人的情况,也不至于有能力侵害人民普遍的自由和利益。汉密尔顿曾指出:"大凡认真考虑权力分配方案者必可察觉在分权的政府中,司法部门的任务性质决定该部门对宪法授予的政治权力危害最寡,由其具备的干扰与危害能量最小。行政部门不仅具有荣誉、地位的分配权,而且执掌社会的武力。立法部门不仅掌握财政权,且制定公民权利和义务的准则。与此相反,司法部门既无军权,又无财权,不能支配社会的力量与财富,不能采取什么主动的行动。故可断言:司法部门既无强制,又无意志,而只有判断;而且为实施判断亦需借助于行政部门的力量。"[①]而司法权的软弱,必然招致其他权力的侵犯、威胁与影响。为了使其能与强大的立法、行政权相抗衡,保持司法独立和维护三权之间的平衡,司法机关必须掌握违宪审查权才能实现"以野心对抗野心"的目标。第三,"反多数"的政治理念。民主意味着多数人的统治,但有时多数政府会为了其多数利益或情感而牺牲其他公民的权利,从而形成"多数人的暴政"。因此,美国的制宪者并非要建立一个纯粹的民主社会,而是要建立一个"平衡的共和政体"。民主像其他政府形式一样不可避免地具有自身的弱点,这种弱点必须通过某些非民主机制加以克服。司法权就集中体现了这种反多数的政治设计。联邦最高法院的法官不是经过民主选举程序产生的,而是经由总统提名,参议院同意任命,并不受民意检验。这样的非民主机构应有权宣告经过民意代表机构的立法并经总统签署生效的法律违反宪法而无效。法官作为非民主的力量,其任务不是直接对民意负责,也不代表多数利益要求,而是根据那些具有较强灵活性和柔软性的法律来审理案件。

(三)宪法委员会审查制

宪法委员会审查制,即由宪法委员会依照一定程序审查法律、法规及行政命令等规范性文件的合宪性,并有权撤销违宪的法律、法规及行政命令等规范性文件的体制。法国是世界上为数不多的几个设立宪法委员会来审查法律合宪性的国家之一。

法国的合宪性审查制度的产生和发展经历了曲折的过程。从法国大革命至1946年第四共和国宪法制定前这段时期,除了存续时间很短暂的1799年宪法和1852年宪法设立了"元老院"负责审查法律的合宪性外,其他几部宪法均未对法国的违宪审查制度作出规定,反而明确规定普通法院不得干预立法权的行使。法国在很长时期内排除法律的违宪审查可以从法国社会的政治、文化和历史中找到根据。

首先,立法者主权的政治体制。在资产阶级革命胜利后,包括法国在内的欧洲大陆国家大多建立起了立法权为优越地位的议会内阁制。在立法者优越的政治体制下,由选民选举产生的议会是民意的代表机关,是人民在政治上的代言人,它应当被赋予其一切可能的权力,从而保证人民主权原理的实现。立法机关除了行使立法权外,还可以行使宪法和法律的解释权,甚至还可行使只有修宪机关才能行使的宪法修改权。不仅行政机关不得干预立法权的行使,而且司法机关也不得干预立法权的行使。

---

① 〔美〕汉密尔顿等著:《联邦党人文集》,程逢如等译,商务印书馆1980年版,第391页。

其次,对司法权不信任的政治理念。在法国大革命以前,虽然实行中央集权的君主专制政体,国王享有立法权。但根据法国的传统做法,国王发布的命令必须到巴黎法院进行登记后才能生效。如果巴黎法院认为该命令违反国家的基本法律时,即有权拒绝登记,该命令也就不能产生法律效力。在法国大革命时期,巴黎法院也常常借登记之权,阻挠资产阶级实行新法律。资产阶级对巴黎法院干预立法权的作为深恶痛绝,罗伯斯庇尔就认为由法院来审查民主选举产生的国民议会的法律是一种极其荒谬的做法。因而,国民议会曾经制定专门的法律限制司法权范围,使其仅有在民事和刑事案件中适用法律的权力。如果法律出现疑义时,只能由议会进行解释,普通法院无权对法律进行解释和审查。1790年国民议会作出决议,明确规定"法院不得直接或者间接地参加立法权的行使,也不得妨害或者停止立法机关决议的执行","法院不得制定规范,遇有解释法律或者制定新法之必要时,应向立法机关提出"。这项决议体现的基本精神被以后的宪法和法律所遵循。

最后,法国没有司法造法的法律传统。法国是典型的大陆法系国家,大陆法系国家历来就有编纂法典的传统,统一成文法典的编纂体现了对法律安定性和客观性的诉求,人们建立系统、结构严谨、完备的成文法典的目的在于能够为司法者提供解决法律争议的尺度和标准,从而限制法官造法的可能性。司法者的职责就是根据法律的明确规定审理民事案件和刑事案件,而无须或者没有必要在审理案件过程中另行创造规范。如前所述,当法官认为需要制定新法时,只能向立法机关提出,而不得在审理案件过程中自行创造规范。受上述理念所决定,法院的判决不具有英美法系国家法院判决所起的判例的作用。

19世纪末至20世纪初,法国曾经就是否采用美国式司法审查制进行过争论。以著名宪法学家狄骥为代表的一派主张采用美国式的司法审查制。狄骥认为,无论在刚性宪法或者柔性宪法的国家,立法权理应受到宪法的限制。要使立法者所制定的法律不违背宪法,必须有独立的机关去审查法律,如果法律与宪法相抵触,则拒绝适用。而普通法院是审查法律是否违反宪法的最好机关。但是该观点并未被采纳,原因主要在于:法国实行的是立法者主权的分权体制,司法权不具有美国那样特殊的地位;法国的法院分为普通法院和行政法院,普通法院解决民事案件和刑事案件;行政法院本质上属于行政机关,解决行政案件,如果采用美国式的司法审查制,赋予法院对法律的违宪审查权,则可能出现普通法院和行政法院对同一项法律是否违反宪法作出不同解释的情况;社会对司法权持不信任的态度;担心法院代替议会决定国家政治生活中的根本问题,从而卷入国家的政治斗争。基于这些考虑,法国并未建立像美国那样的司法审查制,相反确立了由政治机关来审查法律是否符合宪法的合宪性审查制度。

1958年,法国通过了第五共和国宪法,设专章规定了监督和保障宪法实施的宪法委员会,形成了具有法国特色的合宪性审查体制。根据法国《宪法》第56条的规定,宪法委员会的成员为9人,任期9年,可连任。宪法委员会每3年改选1/3,由共和国总统、国民议会议长、参议院议长各任命3名。除上述规定的成员外,历届前任共和国总统为宪法委员会终身当然成员。宪法委员会主席由共和国总统任命。在裁决时,如双方票数相等,主席拥有最后决定权。《宪法》第57条规定:"凡担任宪法委员会成员职务者,不得兼任部长或议员。"宪法委员会尽管有其组织形式,但并不是司法审判机关,它是调整公共权力运行的政治性机关。因为宪法委员会在行使职权时与普通法院及最高行政法院之间没有丝毫的联系,其成员的产生方式、任期以及裁判效力都与普通法院及最高行政法院有着很大差别。从法国宪法的规定及其实践来看,宪法委员会有权而且在事实上也常常对国家政治生活中的重大问题作出决定,而不像美国式的司法审查制那样法院主动回避对政治问题的审查。根据法国宪法的规定,宪法委员会的职权范围主要包括:

第一,宪法委员会监督共和国总统的选举,审查申诉并公布投票结果。

第二,在发生争议的情形下,宪法委员会对国民议会、参议院议员选举的合法性进行裁决。

第三,宪法委员会监督公民投票程序的合法性并公布结果。

第四,各政府机构组织法在公布前、议会规章在实施前都必须提交宪法委员会,就其是否符合宪法作出裁决。

第五,各个法律在公布前,可由总统、总理、国民议会议长、参议院议长、60名国民议会议员或参议院议员提交宪法委员会进行合宪性审查。被宣布违反宪法的规定,不得予以公布,也不得实行。对宪法委员会的裁决,不得进行任何上告。此项裁决对公共权力机构、一切行政机关和司法机关都具有拘束力。

第六,宪法委员会审查国际协定或条约是否符合宪法。如果宪法委员会认为国际协定或条约含有违反宪法的条款时,必须在修改宪法之后,才可以授权批准或者通过该项协定。

法国于2008年修改宪法,允许法院在审理案件过程中,如果认为某项法律违反宪法,可提请宪法委员会进行审查。

法国宪法委员会审查制的基本特点在于:第一,注重事前审查,即在法律等规范性文件公布之前,由宪法委员会对其进行审查。第二,注重抽象的原则审查,与设立宪法法院的欧洲大陆其他国家还存在具体审查原则不同,法国较为排斥抽象的原则审查以外的其他审查方法和原则。第三,审查程序的非公开性,宪法委员会召开秘密会议,裁决宪法争议,只公布结果,不公布理由,也不公布内部讨论的内容。第四,提请审查的主体的特定性,在宪法委员会体制下,只有特定的国家机关人员与议员有权提起审查请求,其他主体则没有此项权力。

（四）宪法法院审查制

宪法法院审查制,即由宪法法院依据一定程序审查法律规范性文件的合宪性,并审理宪法诉讼案件的体制。传统的欧洲大陆法系国家,普遍持法律不受违宪审查的观念,而到了20世纪,这种观念在欧洲大陆法系国家发生了根本性转折,认为法律应当接受合宪性审查。这一观念转变是与奥地利著名法学家凯尔森的纯粹法学思想分不开的。凯尔森认为,社会即意味着秩序,而秩序是由不同规范来组成的及限制的;所谓法律秩序就是法律规范的一种等级体系。法律秩序是依次由"个别规范""一般规范""宪法"和"基本规范"所构成的等级制度。这些规范的统一性即由下列事实构成:一个规范的产生由另一个规范所决定,亦即低级规范的产生为较高级规范所决定;而后者的产生,又被更高级的规范所决定。这种"上溯"终究会达到一个最高级的规范,即基本规范。基本规范是整个法律秩序的最高的效力原因,是整个法律秩序统一性的依据,也是严格法律秩序和结构合理性的依据。换言之,一国的法律体系就是按照以具有一般性的法规范为上位法、以具有特殊性的法规范为其下位法的这样一种多层级的阶梯结构而建构起来的。其中,宪法作为基本规范,为最高位的法规范,此下依次有法律、行政法规以及个别的行政决定、判决等,由此整体上形成了一种严整有序的金字塔形态;在这一体系中,由于下位法是依据其上位法而成立的,并由该上位法赋予法律效力,为此从下位法"上溯"上去,最终便达到宪法这一层级的规范。也就是说,正是宪法支撑了整个法律规范的体系。凯尔森的学说在欧洲大陆法系国家有着巨大的影响。尤其是他关于法律规范有着等级之分,并且宪法处于法律规范的最高等级,是一切其他规范的来源的论述,对于欧洲大陆法系国家建立违宪审查制度具有重要的意义。凯尔森还认为,法官可以根据法律规范来制定精确的规范,他强调法官应当起立法者的作用,并应当有广泛的自由裁量权。凯尔森不同意"法官只适用法律"的说法,并主张"法官在审判活动中,可以超出法律规范的范围"。凯尔森的主张可以看作是欧洲大陆国家向"司法国家"转变的开始。1920年,凯尔森主持起草了奥地利《宪法》,率先在欧洲大陆法系国家中设立宪法法院,开创了由宪法法院对法律进行合宪性审查的先例。在第二次世界大战以后,德国、意大利、西班牙、葡萄牙等国都相继设立了宪法法院。苏联、东欧社会主义国家转型后,也普遍采用了由宪法法院负责合宪性审查的体制。现在,许多亚、非国家如韩国、南非、印度也都实行宪法法院的体制。

1948年意大利《宪法》规定设立宪法法院来监督宪法的实施。按照意大利《宪法》的规定,宪法法院由15名法官组成,分别由总统、议会两院联席会议、最高司法机关各任命1/3。从其组成人员来看,宪法法院是行政、立法、司法三权统一处理宪法纠纷的机构。但与法国宪法委员会不同,它不是一般的政治机构,而具有很强的司法机关属性。虽然行政、立法及司法机构各任命5名宪法法院法官,但法官必须是法学专业人士,必须是真正的法官,真正精通法律,并能从法律上解决宪法争议。根据意大利《宪法》第135条的规定,宪法法院的法官必须"从高等普通法院和高等行政法院的法官(包括已退休的法官)中,从大学常任法学教授和具有20年以上工作经历的律师中选出"。这一规定使宪法法院既具政治性,又具专业性。意大利《宪法》还明文规定,宪法法院的法官任期9年,且不得连任。在9年之间,宪法法院法官不得被无故罢免,但一旦满9年任期则不得以任何理由连任。这种对宪法法院法官任期的限制,源于意大利《宪法》发展经验的总结。因为宪法法院与普通法院不同。普通法院通常只裁决普通法律争议,它不涉及国家的基本宪法原则争议的处理。他们的职责只是把既有的法律适用于具体的案件,他们的工作主要是技术性的。而宪法法院却要根据不同的历史文化背景、社会现实状况和社会政治事件解释和发展宪法。宪法法官如任期过长,容易形成固定不变的政治倾向,趋于保守,从而阻碍政治改革和社会发展。况且,如宪法法院也实行终审制,它们自己也会逐步形成一种势力,形成一种独立的政治力量,这对裁决宪法争议的公正性不利。根据意大利宪法,宪法法院的职权范围包括以下几个方面:(1) 在普通诉讼程序中,当事人若认为法院所适用的法律有违宪之处,可以申请审理案件的法院停止审判而将案件移送宪法法院,由宪法法院对该法律进行合宪性审查;(2) 法院在审判案件中,若认为其所适用的法律有违宪的嫌疑,可以自动停止审判而将案件移送宪法法院;(3) 州法律公布的正式通告后 15 日内,由中央政府提请宪法法院审查该州法律有无违宪;(4) 州政府可以在中央法律正式公布后 30 日内,申请宪法法院审查该项法律是否违宪;(5) 州政府可以在他州法律公布后 60 日内,申请宪法法院审查该州法律有无违宪。宪法法院在受理案件后,应即时公布于政府公报,并允许相关当事人或国家机关在 20 日内提出书面辩论。宪法法院得指定一名法官对案件进行调查,并在 20 日内向宪法法院院长提出报告。宪法法院院长收到报告后,在 20 日内决定召开秘密庭审或公开审判。秘密庭审无审问形式,目的在于驳回申请。公开审判由法官提出报告,然后举行当事人的辩论,辩论结束后,改开秘密庭审,审理案件,举行表决,以绝对多数的同意作为法院的决定,判决公布于政府公报。

1949 年《德国基本法》仿行奥地利设立了宪法法院负责合宪性审查的工作。在六十多年的实践中,德国联邦宪法法院积累了大量的判例,这些判例产生了"溢出效应",成了欧洲人权法院和其他国家法院判决的重要参考。可以说,德国是设立宪法法院最具代表性的国家之一。联邦宪法法院由联邦法官和其他成员组成。联邦宪法法院的成员,半数由联邦议院选举产生,半数由联邦参议院选举产生。根据《德国基本法》,联邦宪法法院的职权范围主要包括:(1) 根据联邦政府、州政府或联邦议院 1/3 的议员请求,联邦宪法法院有权审查州法律是否与联邦法律相抵触、联邦法律是否与联邦基本法相抵触。这是宪法法院的主要和经常行使的职权。(2) 当某一联邦最高机关与由联邦基本法和联邦最高机关通过议事规则授予固有权利的其他关系人和组织等关于权利与义务的范围发生争议时,联邦宪法法院有权对基本法进行解释。(3) 联邦宪法法院对联邦与各州之间、各州之间或者一个州内部的其他属于公法范围内的争议案,在无其他法律途径可裁决时,有权裁决。(4) 根据联邦议院或联邦参议院的提请,联邦宪法法院有权审理和裁决因联邦总统故意违反联邦基本法或者其他联邦法律的行为而提起的弹劾案。(5) 联邦宪法法院有权审查公民个人所提出的国家公权力机关侵犯其享有的由联邦基本法某项条款规定的某项基本权利的宪法诉愿案件。这种宪法诉愿案,只有在当事人穷尽其他所有法律上的救济途径仍然无法得到解决的情况下,才能向宪法法院提请。(6) 联邦宪法法院有权审理和裁决某个政党是否具有违反宪法的问题。(7) 联邦宪法法院对滥用联邦基本法赋予的基本权利的人,是否使其丧失这种权利以及丧失的程度具有法定宣告权。(8) 联邦宪法法院裁决有关国际法的某项规则是否成为联邦法律的组成部分,或该项规则是否能直接创设个人的权利与义务的争议案。

## 第三节 我国的合宪性审查制度

### 一、我国的合宪性审查体制

在中华人民共和国成立后制定的几部宪法中,除了1975年《宪法》基于当时的特殊历史情况,对合宪性审查制度未作任何规定外,1954年《宪法》和1978年《宪法》,仿行其他社会主义国家的做法,确立了由最高国家权力机关负责合宪性审查的体制。现行《宪法》沿袭1954年《宪法》和1978年《宪法》的规定,仍然采用最高国家权力机关负责合宪性审查的体制。因为作为社会主义国家,我国的根本政治制度是实行民主集中制为基础的人民代表大会制度。根据这一制度,全国人民代表大会是我国的最高国家权力机关,全国人民代表大会常务委员会是全国人民代表大会的常设机关,它们既有立法权,又有组织、领导和监督行政机关、监察委员会、审判机关和检察机关及军事机关的权力等。它们的权力来自人民,是人民行使国家权力的机关,体现了真正的人民主权原则。在我国,最高人民法院由全国人民代表大会及其常务委员会产生,并受其监督,向其负责并报告工作,如果由最高人民法院行使合宪性审查权,审查全国人民代表大会及其常务委员会制定的法律,因地位上的差异,既达不到通过行使监督权而促使宪法实施的效果和目的,又违反了民主集中制原则。如果设立一个完全独立的专门机关(如宪法法院或与全国人民代表大会常务委员会地位相并列的宪法委员会)行使宪法监督权,该专门机关在现行体制内的地位及与其他国家机关的关系难以设计,也就难以真正有效地去监督最高国家权力机关。因此,现行宪法所确立的由最高国家权力机关负责合宪性审查的体制是与我国现行政治体制相吻合的。

### 二、我国合宪性审查制度的基本内容

我国1982年《宪法》确立了现行的富有中国特色的最高国家权力机关合宪性审查制度。

第一,现行《宪法》确立了宪法优位原则。现行《宪法》序言最后一段规定:"本宪法以法律的形式确认了中国各族人民奋斗的成果,规定了国家的根本制度和根本任务,是国家的根本法,具有最高的法律效力……"现行《宪法》第5条第2—5款规定:"国家维护社会主义法制的统一和尊严。一切法律、行政法规和地方性法规都不得同宪法相抵触。一切国家机关和武装力量、各政党和各社会团体、各企业事业组织都必须遵守宪法和法律。一切违反宪法和法律的行为,必须予以追究。任何组织或者个人都不得有超越宪法和法律的特权。"这些规定为我国确立合宪性审查制度提供了宪法依据。

第二,我国现行《宪法》在1954年《宪法》和1978年《宪法》规定"全国人民代表大会监督宪法实施"的基础上,增加了全国人民代表大会常务委员会也有权监督宪法的实施的规定。增加此规定是为了弥补因全国人民代表大会为非常设机关无法进行日常的合宪性审查活动的缺陷。

第三，我国现行《宪法》规定了一套对规范性文件的监督体系：(1) 全国人民代表大会有权改变或者撤销全国人民代表大会常务委员会不适当的法律、决定；(2) 全国人民代表大会常务委员会有权撤销国务院制定的同宪法、法律相抵触的行政法规、决定和命令，有权撤销省、自治区、直辖市国家权力机关制定的同宪法、法律和行政法规相抵触的地方性法规和决议；(3) 国务院有权改变或者撤销各部各委员会发布的不适当的命令、指示和规章，有权改变或者撤销地方各级国家行政机关的不适当的决定和命令；(4) 县级以上的地方各级人民代表大会有权改变或者撤销本级人民代表大会常务委员会不适当的决定；(5) 县级以上地方各级人民代表大会常务委员会有权撤销本级人民政府的不适当的决定和命令，撤销下一级人民代表大会的不适当的决议；(6) 县级以上的地方各级人民政府有权改变或者撤销所属各工作部门和下级人民政府的不适当的决定。从以上规定可以看出，全国人民代表大会及其常务委员会对一切违宪行为进行审查和监督。同时，上级国家机关对下级相应国家机关也能进行监督。这一套对规范性文件进行监督的体系是我国合宪性审查制度的重要补充。但以上规定是否意味着除了全国人民代表大会及其常务委员会以外，其他国家机关也拥有合宪性审查的权力呢？回答是否定的。因为，其他国家机关对规范性文件的审查和监督实质上是一种合法性审查，而非合宪性审查；从各国的合宪性审查实践来看，合宪性审查权与宪法解释权是密不可分的，有合宪性审查权的机关则必然有宪法解释权，没有宪法解释权则无法判断规范性文件是否符合宪法的原则或精神，而现行宪法规定了全国人民代表大会及其常务委员会具有专属的宪法解释权，从而排除了其他国家机关具有合宪性审查的可能性。

2000年《立法法》(2015年修改)、全国人民代表大会常务委员会制定的法规备案审查工作程序和司法解释备案审查工作程序对全国人民代表大会常务委员会的合宪性审查程序作了更为具体化的规定，进一步发展和完善了我国的合宪性审查制度。

第一，合宪性审查的主体主要是全国人民代表大会常务委员会。根据《宪法》的规定，在我国监督宪法实施的主体是全国人民代表大会和全国人民代表大会常务委员会，而因全国人民代表大会常务委员会是最高国家权力机关的常设机关，根据《立法法》的规定，进行合宪性审查的主体主要是全国人民代表大会常务委员会。

第二，《立法法》对备案制度作了更具可操作性的规定。《立法法》第98条规定："行政法规、地方性法规、自治条例和单行条例、规章应当在公布后的30日内依照下列规定报有关机关备案：(一) 行政法规报全国人民代表大会常务委员会备案；(二) 省、自治区、直辖市的人民代表大会及其常务委员会制定的地方性法规，报全国人民代表大会常务委员会和国务院备案；设区的市、自治州的人民代表大会及其常务委员会制定的地方性法规，由省、自治区的人民代表大会常务委员会报全国人民代表大会常务委员会和国务院备案；(三) 自治州、自治县的人民代表大会制定的自治条例和单行条例，由省、自治区、直辖市的人民代表大会常务委员会报全国人民代表大会常务委员会和国务院备案；自治条例、单行条例报送备案时，应当说明对法律、行政法规、地方性法规作出变通的情况；(四) 部门规章和地方政府规章报国务院备案；地方政府规章应当同时报本级人民代表大会常务委员会备案;设区的市、自治州的人民政府制定的规章应当同时报省、自治区的人民代表大会常务委员会和人民政府备案;(五)根据授权制定的法规应当报授权决定规定的机关备案;经济特区法规报送备案时,应当说明对法律、行政法规、地方性法规作出变通的情况。"这样,全国人民代表大会常务委员会可以通过交付备案这一渠道,对以上规范性文件是否符合宪法进行审查。2005年5月,全国人民代表大会常务委员会成立法规备案审查室的专门机构,来接受行政法规、地方性法规、自治条例和单行条例、经济特区法规、司法解释的备案并进行初步审查。

第三,合宪性审查的对象。在我国,合宪性审查的对象主要是法律、行政法规、地方性法规、自治条例和单行条例、特区经济法规、司法解释。

第四,合宪性审查的启动主体。《立法法》第90条对全国人民代表大会常务委员会合宪性审查的启动程序作了三个方面的规定:(1)国务院、中央军事委员会、最高人民法院、最高人民检察院和各省、自治区、直辖市的人民代表大会常务委员会认为行政法规、地方性法规、自治条例和单行条例同《宪法》或者法律相抵触的,可以向全国人民代表大会常务委员会书面提出进行审查的要求,由常务委员会工作机构分送有关的专门委员会进行审查、提出意见。(2)前款规定以外的其他国家机关和社会团体、企业事业组织以及公民认为行政法规、地方性法规、自治条例和单行条例同宪法或者法律相抵触的,可以向全国人民代表大会常务委员会书面提出进行审查的建议,由常务委员会工作机构进行研究,必要时,送有关的专门委员会进行审查、提出意见。这里需要指出的是,国务院、中央军事委员会、最高人民法院、最高人民检察院和省级人民代表大会常务委员会提出审查要求的,即启动全国人民代表大会常务委员会对行政法规、地方性法规、自治条例和单行条例是否符合宪法或者法律的审查程序,而其他主体提起的审查建议,则不一定启动审查程序,而须由全国人民代表大会常务委员会的工作机构视其"必要性"予以决定。(3)全国人民代表大会专门委员会和接受法规备案的全国人民代表大会常务委员会法制工作委员会可以主动启动合宪性审查程序。

第五,《立法法》在《全国人民代表大会组织法》规定的基础上,对全国人民代表大会各专门委员会在合宪性审查程序中的地位和作用作了更明确的规定,在一定程度上弥补了我国合宪性审查组织机构方面存在的不足。《立法法》第100条第1款规定:"全国人民代表大会专门委员会、常务委员会工作机构在审查中认为行政法规、地方性法规、自治条例和单行条例同宪法或者法律相抵触的,可以向制定机关提出书面审查意见、研究意见;也可以由法律委员会与有关的专门委员会、常务委员会工作机构召开联合审查会议,要求制定机关到会说明情况,再向制定机关提出书面审查意见。制定机关应当在2个月内研究提出是否修改的意见,并向全国人民代表大会法律委员会和有关的专门委员会或者常务委员会工作机构反馈。"2018年《宪法修正案》为了推进我国的合宪性审查工作,将全国人民代表大会法律委员会更名为"全国人民代表大会宪法和法律委员会"。2018年6月,全国人民代表大会常务委员会作出《关于全国人民代表大会宪法和法律委员会职责问题的决定》,明确确定其职责之一是推进合宪性审查工作。因此,作为全国人民代表大会专门委员会的全国人民代表大会宪法和法律委员会,是协助全国人民代表大会和全国人民代表大会常务委员会进行合宪性审查的重要机构。

第六,全国人民代表大会常务委员会关于合宪性审查的决定。全国人民代表大会宪法和法律委员会经审查认为行政法规、地方性法规、自治条例和单行条例、司法解释同宪法相抵触的,可建议制定机关自行修改;制定机关不予修改的,可以向委员长会议提出书面审查意见和予以撤销的议案,由委员长会议决定是否提请常务委员会会议审议决定。

# 后 记

经全国高等教育自学考试指导委员会同意,由法学类专业委员会负责高等教育自学考试法学类专业教材的审定工作。

《宪法学》自学考试教材由中国人民大学法学院胡锦光教授任主编,参加编写的人员有胡锦光教授、香港城市大学法律学院王书成助理教授、北京华文学院张德瑞教授、北京航空航天大学法学院王锴教授、中国人民大学公共管理学院王丛虎教授、昆明理工大学法学院曾娜副教授、中国政法大学法学院秦奥蕾教授、山东工商大学法学院张献勇教授、福州大学法学院沈跃东教授、黑龙江大学法学院尤晓红副教授、厦门大学法学院徐振东副教授。

参加本教材审稿讨论会并提出修改意见的有北京大学法学院王磊教授、中共中央党校(国家行政学院)政法部任进教授和中国政法大学法学院陈征教授。

对于编审人员付出的辛勤劳动,在此一并表示感谢!

全国高等教育自学考试指导委员会<br>
法学类专业委员会<br>
2019 年 1 月